Hans-Jürgen Eitner

KOLBERG

Ein preußischer Mythos 1807/1945

Mit 33 Abbildungen

edition q

Die Deutsche Bibliothek – CIP-Einheitsaufnahme

Eitner, Hans-Jürgen:
Kolberg : ein preußischer Mythos 1807/1945 /
Hans-Jürgen Eitner – Berlin : Ed. q, 1999
ISBN 3-86124-508-6

Lektorat: Dr. Jürgen Schebera
Umschlaggestaltung: Thomas Pricker
Umschlagabbildung: Archiv Peter Jancke

Bildnachweis:
Archiv für Kunst und Geschichte, Berlin (3).
Sämtliche weiteren Abbildungen im Buch stammen aus dem
Kolberg-Archiv Peter Jancke, Hamburg.
Verlag und Autor bedanken sich ausdrücklich für die großzügige
Unterstützung.

Druck und Bindearbeiten: Ebner Ulm
Printed in Germany

ISBN 3-86124-508-6

Inhalt

Vorwort 5

I. Germanen und Slawen, Pommern und Polen 10

II. Kolberg: Von den Anfängen bis ins 19. Jahrhundert 16

III. Ein Mythos entsteht: Kolbergs vier erste
Belagerungen 20

1630: König Gustav II. Adolf, Stettin und Kolberg 22

1758: Die erste russische Belagerung – erfolglos 27

1760: Die zweite russische Belagerung – erfolglos 30

1761: Die dritte russische Belagerung – erfolgreich 34

IV. Preußen und Europa 1806/1807 46

V. Der preußisch-deutsche Mythos: Festung Kolberg
gegen Napoleon 1807 89

Lucadou und Gneisenau, Schill und Nettelbeck 99

VI. 1944/1945: Der Zweite Weltkrieg erreicht den deutschen Osten 120

VII. Letztmals Mythos: Der Ufa-Durchhaltefilm „Kolberg" von 1943/44 148

VIII. Kolbergs sechste Belagerung – März 1945 164

Erster Kampfabschnitt – 4. bis 7. März 182

Zweiter Kampfabschnitt – 8. bis 12. März 188

Dritter Kampfabschnitt – 13. bis 15. März 194

Vierter Kampfabschnitt – 16. bis 18. März 197

IX. Abschied von 700 Jahren deutscher Osten 224

Literaturverzeichnis 241

Vorwort

Das vorliegende Buch spricht von einem Deutschland, das es nicht mehr gibt. Von diesem so gut wie vergessenen historischen deutschen Osten gehört Hinterpommern zu den vergessensten Landschaften.

Es ist eine stille, schwermütige Landschaft mit Wäldern und Seen, Dünen und Mooren, aber auch mit blühenden Handelsstädten und lebhaften Badeorten. Fluß- und Stadtlandschaften wie im deutschen Westen gibt es kaum. Keiner, der einmal in Hinterpommern war, wird etwa die langen Chaussee-Alleen, die Gutshöfe oder die endlosen weißen Sandstrände vergessen. Der pommersche Menschenschlag ist wortkarg, genügsam, pflichttreu, widerborstig. In Kriegen früherer Jahrhunderte ist Pommern insgesamt immer wieder von Polen und Schweden, von Russen und Franzosen erobert und ausgeraubt worden. Seit 1812 lebte diese Provinz bis zur Jahreswende 1944/45 wie auf einer Friedensinsel.

Dieses Buch berichtet von zweierlei Untergang. Zum einen vom Untergang Preußens 1806/07, zum anderen vom Untergang des deutschen Ostens 1945 und damit von 700 Jahren deutscher Geschichte. Beide Male steht eine sonst unbedeutende Hafenstadt in Hinterepommern im Mittelpunkt eines dramatsichen Geschehens preußisch-deutscher Geschichte: Kolberg.

Eine nicht oder höchst selten gestellte Frage hat den Verfasser fasziniert: Wie konnte nur zwanzig Jahre nach dem Tode Friedrichs des Großen sein Werk Preußen untergehen? In früheren deutschnationalen Geschichtsbüchern blieb diese Frage unbeantwortet. Sogar Sebastian Haffner ging in seinem hochgelobten Essay „Preußen ohne Legende" 1979 unverständlicherweise über das Schicksalsjahr 1806 mit nur vier Zeilen hinweg. Der Verfasser wagt eine Antwort.

7

Die Materialsammlung erstreckte sich für Kolberg 1806/07 auf schwer zugängliche Quellen, für Kolberg 1945 auch auf polnische, sowjetische und DDR-Publikationen. Überdies wurde eine Fülle bisher unveröffentlichter amtlicher und privater Unterlagen ausgewertet. Dadurch konnten einige unzutreffende Geschichtsdarstellungen berichtigt werden. Der Zeithistoriker darf sich nicht der Pflicht entziehen, auch den als NS-Durchhaltefilm zitierten Film „Kolberg" (1944) von Veit Harlan zu behandeln. Vorgelegt wird eine umfassende Analyse dieses Ufa-Farbfilms, mit wenig bekannten, überraschenden Fakten.

Der vormalige Bundespräsident Richard von Weizsäcker mahnte in seiner Rede zum 8. Mai 1985 eine klare Sicht und Sprache an: „Schonung unserer Gefühle durch uns selbst oder durch andere hilft nicht weiter. Wir brauchen und wir haben die Kraft, der Wahrheit, so gut wir es können, ins Auge zu sehen, ohne Beschönigung und ohne Einseitigkeit." Der Verfasser fühlt sich dieser Mahnung verpflichtet.

In Büchern über die ehemaligen deutschen Ostprovinzen, oft verklärte Heimatkunde, wird fast immer die NS-Zeit ausgeblendet. (Ostpreußen, Pommern und Schlesien waren schon 1932 NSDAP-Wahlhochburgen.) In diesem Buch nennt der Verfasser alle Tatsachen beim Namen. Und er ordnet „Kolberg" in den schwierigen geschichtlichen Zusammenhang von Germanen und Slawen, Deutschen und Polen ein. So wird preußische und deutsche Geschichte in Ostmitteleuropa einsichtiger.

Bei den Enkeln der Hitler-Generation sind Städtenamen wie Kolberg und Stolp in Pommern, Liegnitz und Oppeln in Schlesien, Allenstein und Insterburg in Ostpreußen nahezu unbekannt, unwert des Nachdenkens.

Aus dem Erfahrungsschatz der Deutschen insgesamt ist der frostklirrende Winter des Ostens mit seiner monatelangen Schneedecke über dem weiten Land verschwunden. Es verschwand der kurze, heiße Sommer über Wäldern, Seen und Kornfeldern. Es verschwand der widerstandsfähige Bauer des Ostens und der ostdeutsche Landadel mit seinen großen Gütern, soldatischen Traditionen und großzügigen Lebensformen. Die deutsche Sprache ist um die Mundarten der ostdeutschen Stämme ärmer geworden. Mit der schwindenden Sprache, mit dem verklingenden Lied ist jene ostdeutsche Kulturlandschaft versunken. Mit diesem Buch nimmt der Verfasser Abschied von seiner pommerschen Heimat.

Mein Dank gilt vor allem Herrn Peter Jancke in Hamburg, Nachfahre einer alten Kolberger Verlegerfamilie und Mitbegründer des historischen Arbeitskreises Kolberg, der bereitwillig sein umfangreiches Archiv öffnete und zur Verfügung stellte. Bei der Beschaffung entlegener Literatur hat die Frankfurter Stadt- und Universitätsbibliothek jahrelang Hilfe geleistet. Dank für weiterführende Auskünfte gebührt der Heimatortskartei in Lübeck, der Zentralnachweisstelle in Kornelimünster, dem Berliner Document Center und anderen Institutionen.

Frankfurt am Main, Sommer 1999   Hans-Jürgen Eitner

I

Germanen und Slawen, Pommern und Polen

Schon seit 1500 v. Chr., Beginn der Bronzezeit, gab es einen einheitlichen germanischen Kulturkreis. Urheimat der Germanen waren Dänemark, der anschließende Teil Nord- und Nordwestdeutschlands, Süd- und Mittelschweden, Südnorwegen und der West- und Südwestteil Finnlands. Vermutlich durch eine Klima–Verschlechterung ausgelöst, wanderten bis um 450 v. Chr. die Germanen nach Süden, Westen und Osten aus: im Süden bis in die deutschen Mittelgebirge, im Westen bis in die nördlichen Niederlande, im Osten bis zur unteren Weichsel. Ein weiteres Vordringen verhinderten die Kelten, deren Expansion um 400 v. Chr. einsetzte. Es bildeten sich drei große Germanen-Gruppen: Nordgermanen in Skandinavien, Westgermanen an Rhein, Weser, Nordsee und Elbe, Ostgermanen östlich der Elbe: Goten, Vandalen, Burgunder, Rugier u. a.

Nachfolgend werden, im Blick auf das Slawentum, nur anschließende Wanderungsbewegungen der Ostgermanen in Mittelosteuropa skizziert.

Um Christi Geburt siedelten an der pommerschen Küste, vermutlich auch auf der Insel Rügen, bis hin zur Danziger Bucht die Rugier aus Südwestnorwegen und Nordjütland. Zwischen Oder und Weichsel lebten die Burgunder; ob ihr Name mit Burgundarholm (= Bornholm) zusammenhängt, ist umstritten. Die Goten, ursprünglich in Südskandinavien und wahrscheinlich auf der Insel Gotland, traten mit den Gepiden in das Gebiet der Weichselmündung über. Die Vandalen (Silingen), wohl aus Nordjütland oder Mittelschweden kommend, zogen bis an Oberlauf und Quellgebiet der Oder und siedelten sich in Mittelschlesien an.

Im 2. Jahrhundert n. Chr. war das südliche Polen ostgermanisches Siedlungsgebiet und Ziel des römischen Fernhandels.

Zwischen 150 und 180 n. Chr. wanderten die Goten von der Weichselmündung ab. An den südlich der Pripjetsümpfe siedelnden Urslawen vorbeiziehend, kamen sie um 230 zwischen der Pruth-und Dnjeprmündung an das Schwarze Meer. Jener Gotenzug löste die erste germanische Völkerwanderung aus.

Die einheitliche europide Völkergruppe der Slawen war, ursprünglich, nördlich des Karpatenbogens zwischen Weichsel und Dnjepr beheimatet. Die Slawen führten ein abgeschiedenes, fast unbeachtetes und kaum beeinflußtes Leben auf der Stufe von Urproduktion, primitivem Ackerbau und Viehzucht. Sie breiteten sich nicht vor dem 1. Jahrhundert v. Chr. aus. Um Christi Geburt dürften sie die mittlere Weichsel erreicht haben; westlich davon siedelten germanische und keltische Stämme. Wiederholte Versuche einiger slawischer Forscher, die Urheimat der Slawen in die Gebiete zwischen Weichsel und Elbe zu verlegen, sind wissenschaftlich haltlos und dienen einzig der Propaganda.

Der eurasische Steppengürtel, ursprünglich vom nördlichen China bis zur Ukraine und zu den Karpaten reichend, gewann weltgeschichtliche Bedeutung durch die Völkerstürme seiner Reitervölker. Das schließliche Abprallen und Zurückweichen dieser Reiternomaden an der Chinesischen Mauer lenkte sie nach dem fernen Westen.

Um 375 brachen die Hunnen, ein mongolisch-nomadisches Reitervolk mit türkischem Einschlag, über die Wolga nach Europa vor. Das seit etwa 350 bestehende Gotenreich in Südrußland zwischen Don und Dnjestr, mit seiner Hauptstadt am Dnjepr, erlag bald ihrem Ansturm. Die Hunnen-Herrschaft erstreckte sich über die Karpaten bis in die Donau- und Theißebene.

Der Hunnen-Einfall löste die zweite germanische Völkerwanderung aus. So wanderten die Rugier von Pommern zur mittleren Donau ab und wurden, wie die Gepiden in Siebenbürgen, von den Hunnen abhängig, wie andere Ostgermanenstämme auch. Der südrussische Steppenweg wurde zum Einfallstor für türkisch-mongolische Nomadenvölker, die durch ihre überlegene Kriegstechnik die europäische Staatenwelt bedrohten. Der Wanderzug der Ostgermanen in die osteuropäische Tiefebene wurde unterbrochen und nach dem Süden und Westen Europas abgelenkt.

Die Ostgermanen verließen, teilweise unter Hunnen-Druck, ihre mittelosteuropäischen Gebiete und begründeten Reiche auf römischem Reichsboden. Die ostgermanischen Stämme gaben den Raum östlich der Elbe-Saale-Böhmerwald-Linie größtenteils auf. Die Landnahme der Slawen erstreckte sich bis zur Ostsee, zur Adria, dem Balkan und der oberen Wolga. Seit etwa 600 stießen die Stämme der Westslawen bis zur Elbe und zu den Ostalpen vor. So siedelte sich der elbslawische Stammverband der Abodriten in Westmecklenburg und Ostholstein an. Erst zu jener Zeit erscheinen die Slawen unter ihrem Namen in den historischen Quellen. Die schnelle, explosive Ausbreitung der Westslawen erreichte im 6. und 7. Jahrhundert im Süden und Westen Europas die Grenzen der Kulturwelt.

An der hinterpommerschen Küste mit Hinterland ließen sich die Pomoranen (= Meeresanwohner) nieder, westlich des Weichseldeltas die zu den Pomoranen zählenden Kaschuben, zwischen Oder und mittlerer Elbe die Nordwestslawen (Heveller/Wilzen). Die in Schlesien einsickernden Westslawen übernahmen von den vandalischen Silingen den Namen Slenzanen. Die zurückgebliebenen Germanen setzten den Westslawen keinen Widerstand entgegen und gingen sprachlich und stammesmäßig im Slawentum auf.

Bis zur Einführung des Christentums im 9. und 10. Jahrhundert waren die Slawenstämme ohne Schrift. Spät erst, im 9. Jahrhundert, begannen sich im Karpatenraum westslawische Staatengebilde zu entwickeln.

Im Siedlungsgebiet der Polanen oder Poleni (= Feldbewohner) zwischen Weichsel und Oder, mit Kernraum um Posen und Gnesen, faßte um 950 das Geschlecht der Piasten die ursprünglichen polnischen Stämme zusammen. Damit trat Polen in das Licht der Geschichte. Polens erster historischer Herrscher, Herzog Mieszko I. (er regierte um 960-992), unterlag 963 bei seiner Expansion nach Westen/Nordwesten an der unteren Oder. Für seine Teilgebiete zwischen Warthe und Oder wurde er daraufhin Kaiser Otto I. tributpflichtig. Gleichwohl stand Mieszko I. zum Reich der Deutschen und dessen Kaiser in einem freundschaftlichen Verhältnis.

Mit der offiziellen Übernahme des Christentums nach lateinischem Ritus in Polen im Jahre 966 bildeten die Westslawen – vor 1000 – feste staatliche Ordnungen. Mieszko I. legte die Grundlagen für einen modernen Staatsapparat. Staat und Kirche Polens blieben im Einflußbereich deutsch-ottonischer Reichskultur. Deutscher Expansion wußte Mieszko I. – geschickt – durch formale Anerkennung der kaiserlichen Oberhoheit und durch treue Bundesgenossenschaft zu begegnen. Es gab gemeinsame deutsch- polnische Kriegszüge gegen die 983 vom Reich abgefallenen Westslawen-Stämme zwischen Elbe, Oder und Ostsee. Gleichzeitig dehnte Mieszko I. seine Herrschaft über Pommern aus. Sein Konflikt mit Böhmen führte um 990 zur Eroberung Schlesiens und zur Angliederung der Gebiete an der oberen Weichsel mit Krakau. Ebenfalls um 990 stellte Mieszko I. Polen unter den Schutz des Heiligen Stuhls in Rom.

Diese erfolgreiche Politik krönte Mieszkos Sohn, Boleslaw I. Chrobry (= der Tapfere) (992-1025). Er vollendete die von seinem Vater begonnene staatliche Einigung Polens. Seine enge Freundschaft mit Kaiser Otto III., bis hin zur Eheverbindung zwischen Piasten und Ottonen, verschaffte seinem Staat, um 1000 von ausländischen Chronisten erstmals als Polonia bezeichnet, die Vormachtstellung in der christianisierten Slawenwelt an der Ostflanke Deutschlands. Religiöse und politische Motive beider Seiten führten dazu, eine selbständige polnische Kirchenprovinz und 999 das Erzbistum Gnesen zu errichten – mit den Diözesen Kolberg, Breslau und Krakau für die eingegliederten Landschaften Pommern, Schlesien und Kleinpolen nebst Posen.

Nach dem Tode Kaiser Ottos III. erhob Boleslaw I. Ansprüche auf das Erbe des Markgrafen von Meißen, was zum Konflikt mit Kaiser Heinrich II. führte. Thronwirren in Prag brachten Boleslaw I. 1003 die Herrschaft über Böhmen und Mähren ein. Seine ebenso stolze wie trotzige Weigerung, hierfür Heinrich II. den üblichen Lehnseid zu leisten, löste langdauernde Kämpfe von 1003 bis 1018 zwischen dem Reich und Polen aus. Boleslaw I. blieb unabhängiger Herrscher und Herr der Lausitzer Marken, von Mähren, Pommern und Schlesien. Sein Ausgreifen nach Osten (1018 Eroberung von Kiew) hatte keinen dauernden Erfolg.

Unter seinem Sohn Mieszko II. Lambert wurde 1033 die alte Lehnsabhängigkeit Polens vom Reich erneuert, allerdings nach Verlust von Pommern, Mähren, der Lausitzen und der Gebiete zwischen Bug und Weichsel. Perioden kriegerischer Auseinandersetzungen und enger Kooperation bestimmten das Verhältnis Polens zum Reich. Nach Mieszkos II. Tod fiel Polen auseinander.

Soziale und heidnische, gegen das Christentum gerichtete Volks-
aufstände verschärften die Krise in Polen, führten zur Annexion
Schlesiens durch Böhmen und verwüsteten das sieche Polen.
Heute kaum bekannt: In dieser dramatischen Notlage griff Deutschland
ein und rettete den polnischen Staat vor Anarchie und Zusammenbruch.

Kasimir I. Odnowiciel (= der Erneuerer) (1039-1058), einziger
Erbe Mieszkos II. und Sohn aus dessen Ehe mit der Nichte Kaiser
Ottos III., war durch eine Adelsopposition ins Exil vertrieben wor-
den. Mit Hilfe von Kaiser Heinrich III. und seiner deutschen
Verwandten kehrte er zurück und sicherte den Fortbestand der
Piasten-Dynastie und des erneuerten polnischen Staates. Dieser
wurde in enger kultureller und politischer Anlehnung an
Deutschland, mit Krakau als neuem Zentrum anstelle des zerstör-
ten Gnesen und Posen, wiederhergestellt, ebenso wie die polnische
Kirche, vornehmlich durch den Reichsklerus. Denkmäler der
Monumentalarchitektur des 10. und 11. Jahrhunderts bezeugen die
enge Verbindung Polens mit der ottonischen und salischen
Baukunst der Deutschen. 1054 trat Schlesien unter polnische
Oberhoheit.

Kasimir I. und seine Nachfolger mußten ihre Herrschaft gegen
ausländische Intervention (Böhmen, Hl. Römisches Reich, Kiewer
Reich) und gegen separatistische Tendenzen im Innern, etwa den
zeitweiligen Abfall von Pommern, verteidigen. Unter Boleslaw III.
Krzywousty (= Schiefmund) (1102-1138) erlebte Polen eine erstaun-
liche neue Machtentfaltung.

Boleslaw III. brachte 1109 Kaiser Heinrich V., der die Lehnshoheit
des Reiches über Polen wiederherstellen wollte, vor Glogau eine
Niederlage bei. Nach dem siegreichen Abschluß der Kämpfe mit
Böhmen mußte Böhmen 1111 auch auf den Tribut für Schlesien ver-
zichten. In langwierigen Kleinkämpfen um das unabhängig gewor-
dene Pommern gelang 1121 dessen erneute, aber wiederum nur
vorübergehende Unterwerfung. Es gab Kämpfe um die – ebenfalls
– noch heidnischen Gebiete zwischen Oder und Elbe; Boleslaw III.
veranlaßte deren Missionierung. Die Odergebiete aber blieben
deutsches Interessen- und Hoheitsgebiet, so daß Boleslaw III. 1135
für Vorpommern und Insel Rügen den Lehnseid leisten mußte.

Nach dem Ende des frühen Piasten-Staates (1138) zerfiel Polen
für 150 Jahre in sich bekriegende Teilfürstentümer. Eine völlige

Auflösung des polnischen Staates verhinderte die organisatorische Einheit der Kirche. Entscheidend aber für die Folgezeit erwies sich die „Verwestlichung" mit dem großen Einfluß deutscher Siedlung und Kultur in den Teilfürstentümern. Dabei gingen die schlesischen Piasten-Herzöge Heinrich I. und Heinrich II. voran. Schlesien und die westlichen Randgebiete Polens wurden rasch eingedeutscht, das verselbständigte Pommern 1182 Lehen des Reiches. (Erst 1309/1320 konsolidierte sich die monarchische Staatsgewalt in einem deutlich verkleinerten Polen.)

Die deutsche Ostkolonisation (siehe Kap. IX) insgesamt war nicht von nationalen deutschen Gesichtspunkten geleitet, sondern sie war, so Lothar Dralle, „ein Prozeß struktureller Angleichung Neueuropas an Alteuropa." Die deutsche Sprache war für Jahrhunderte die „lingua franca" Ostmitteleuropas. Polens Herrscher führten die überlegenen Ordnungsformen der Kulturwelt ein und fanden durch die christliche Lehre Anschluß an das Abendland. Sie leiteten damit den Prozeß der „Europäisierung" – nicht der „Germanisierung" – der ostmitteleuropäischen Staaten- und Völkerwelt ein, der nach der Jahrtausendwende für fast alle Slawen (und für die Magyaren) seinen ersten Abschluß fand.

Das Königreich Polen strebte verständlicherweise stets zum Mündungsgebiet von Weichsel und Oder. Polens Vorstöße zielten – immer wieder – auf Elbing und Danzig, daneben über Neustettin und Stargard auf Kolberg und Stettin. Wer die Weichsel- und Odermündung beherrsche, so hieß es, schaffe die Voraussetzungen, den Ostseeraum zu beherrschen.

1945 ist, unter Verlust Ostpolens, der Traum von Groß-Polen wahr geworden. Ganz Westpreußen mit Elbing und Danzig, ganz Hinterpommern mit Kolberg und Stettin und halb Ostpreußen gehören zu Polen. 1939 hatte Polen nur 69 km Seegrenze, nun sind es 497 km. 700 Jahre deutsche Geschichte von Ostpreußen, Pommern und Schlesien sind damit beendet.

II

Kolberg – von den Anfängen bis ins 19. Jahrhundert

Germanen und Wenden, Polen und Deutsche: kurzgefaßte Stadtgeschichte

Kolberg, einer der ältesten Orte Pommerns, Hafenstadt, See-, Sol- und Moorbad, gelegen an der Persante-Mündung, Fläche: 50,8 qkm, zählte im Jahre 1939 36.617 Einwohner.

Um Christi Geburt war der Ostgermanenstamm der Rugier aus Südwest-Norwegen und Nord-Jütland an der pommerschen Küste bis hin zur Danziger Bucht vorgedrungen. Im 4. Jahrhundert n. Chr. wanderten die Rugier dann an die mittlere Donau ab. Danach enstand eine Wenden-Siedlung „Ort am (Persante)-Ufer"; eine heidnische Opferstätte mit Tempel, Götterbildern und Burg. Im 6. und 7. Jahrhundert siedelte der Westslawenstamm der Pomoranen (Meeresanwohner) an der Küste Hinterpommerns.

Nach Gründung des Erzbistums Gnesen/Polen durch Kaiser Otto III. im Jahre 1000 wurde der Ort Sitz eines dem polnischen Metropoliten unterstellten Bistums. Erster Bischof war Reinbert aus Thüringen. Durch schon in frühgeschichtlicher Zeit ausgebeutete Sole- und Salzquellen nahe der Persante war der Platz berühmt, daher stammt auch der Name „salsa Cholbergiensis ecclesia" (Kirche Salz-Kolberg). Den Kern der Einwohnerschaft bildeten Schiffer, Fischer, Händler, Salzsieder, Frachtfahrer, Pfannschmiede (zur Salzgewinnung). Kolberg wurde zur Kastellanstadt (unter einem Kastellan [Burggraf]) der Pommernherzöge. Im 12. Jahrhundert gelangte es unter polnische Herrschaft von Pröpsten und Domherren deutscher Herkunft, 1248 unter dem Bischof von Cammin/Pommern. So entstand neben der wendisch-slawischen eine deutsche Siedlung, die durch Salzhandel über Neustettin-Bromberg-Posen bis nach Ungarn und zum Schwarzen Meer und als Seehandelsplatz zur Blüte gelangte. 1255 erhielt Kolberg

„Sigillum Burgensium de Kolberghe" – das erste Stadtsiegel aus dem Jahre 1257.

Lübecker Stadtrecht in Greifswalder Form, wurde als Tochtergründung von Greifswald mit Graben und Erdwall befestigt. Bald ließen sich hier deutsche Siedler aus Greifswald und Umgebung, aus Niedersachsen, Westfalen, Lübeck, Braunschweig, dem Rheinland, später Mecklenburg nieder. Dank Salzgewinnung und Seehandel wurde Kolberg zum wichtigsten Ostseehafen zwischen Danzig und Stettin. 1284 (?) trat die Stadt der Hanse bei; zugleich wurden die Hansefarben „Rot-Weiß" zu Kolberger Stadtfarben. Ab 1297, mit Ansiedlung der Appellationsinstanz (Berufungsbehörde) für alle später gegründeten pommerschen Städte, nahm die Bedeutung Kolbergs weiter zu. Amtssprache der Instanz war zunächst lateinisch, ab 1368 dann deutsch.

1631 kam Kolberg zu Schweden; in dieser Zeit erfolgte die Anlage einer ersten Festung. Nach den Festlegungen des Westfälischen Friedens gehörte die Stadt ab 1648 mit Hinterpommern und dem Bistum Cammin zu Kurbrandenburg. Nach Abzug der Schweden (1653) erfolgte die Inbesitznahme durch den Großen Kurfürsten. Bis 1688 war Kolberg Sitz der brandenburgisch-hinterpommerschen Regierung und des kurfürstlichen Hofgerichts für Hinterpommern; ab 1675 einziger kurbrandenburgischer Kriegshafen, wo auch die erste kurbrandenburgische Kriegsschiffswerft entstand (die 1680 nach Pillau/Königsberg verlegt wurde).

Nach Verlegung der Regierungsbehörden wurde Kolberg zu

Erste Textseite des Lübischen Rechtsbuches der Stadt Kolberg aus dem Jahre 1297. Rechte Spalte, Zeile 9/10: „... dher herrn van Kolberghe...".

einer unbedeutenden Landstadt. 1740 zählte sie rund 5.000 Einwohner. Auch der Salzhandel erlebte infolge des Importmonopols der Preußischen Seehandlung für Salz aus Spanien, England und Frankreich einen Niedergang. Der Hafen war weiterhin nur kleineren Schiffen zugänglich.

Für 1794 weist die Statistik 815 Häuser und 4.319 Einwohner aus. Seit 1800 wurde Kolberg als „Seebad" besucht und gelangte dadurch wieder zu bescheidenem Wohlstand. Mit 20 Solquellen (für Seewassertrinkkuren) und heilkräftigen Mooren sollte sich die Stadt in der Folgezeit zum Bade- und Kurort für In- und Ausländer entwickeln (Kurgäste 1875: 4.152, 1895: 10.611 bei nun 18.607 Einwohnern, 1905: 14.970 bei 22.856 Einwohnern).

1821 baute man die Festung aus, mit 147 Kanonen und neuen, massiven Ufer-Befestigungen war sie nun ein Bollwerk ersten Ranges.

Ein Dänemark/Kolberg-Kuriosum: Einst hatten Kolberger Schiffe dem von der englischen Flotte belagerten Kopenhagen in höchster Not Proviant und Munition gebracht. Dänemark erteilte Kolberg dafür einen Freibrief mit dem Versprechen, man werde sich niemals feindlich gegenüber der Stadt verhalten. Diese Zusage wurde in den Kriegen zwischen Dänemark und Preußen von 1849 und 1864 eingehalten. Während die preußischen Ostseehäfen von der dänischen Kriegsmarine blockiert werden, können die nach Kolberg bestimmten Schiffe frei ein- und auslaufen.

1872 wurde die Festung aufgehoben, Kolberg entwickelte sich zur Gartenstadt mit vielen Grünanlagen. Nach Verlust der alten Stellung als See- und Handelsplatz erlebte Kolberg eine neue Blüte als Bäderstadt. Mit der größten Zahl von Sonnenstunden in Norddeutschland stand es 1939 an der Spitze der deutschen Kur- und Badeorte.

III

Ein Mythos entsteht: Kolbergs vier erste Belagerungen

Die berühmte Belagerung des Jahres 1807 durch übermächtige napoleonische Truppen begründete den Kolberg-Mythos, der später in der Agonie des Dritten Reiches durch Adolf Hitler und Joseph Goebbels beschworen wurde. Doch schon zuvor erlebte Kolberg, wenig bekannt, im Dreißigjährigen Krieg eine Belagerung sowie im Siebenjährigen Krieg drei Belagerungen. Jene frühen vier Belagerungen werden nur verständlich vor dem Hintergrund des langen Ringens um die Vorherrschaft im Ostseeraum.

Im Dreißigjährigen Krieg von 1618 bis 1648 ist der Herzog von Pommern zu schwach, sich 1627 einer Invasion der kaiserlichen, dann auch der schwedischen Truppen zu widersetzen, zumal die Stände sich weigern, die zur Verteidigung nötigen Mittel zu bewilligen. Die kaiserlichen Truppen, hier: Wallensteiner, brandschatzen und plündern Pommern und berauben die Bevölkerung ihres Obdachs und Brotes. Von Pommern aus dringt das laute Klagegeschrei über Wallenstein durch alle Regionen, zuletzt über die greuliche Mißhandlung der Einwohner von Pasewalk am 7. September 1630, was die schwedische Propaganda überall verbreitet.

In jener Zeit großer Bedrückung und Not kommt das in ganz Deutschland bekannt werdende Lied auf: „Pommerland ist abgebrannt ..." Bei Beginn des Dreißigjährigen Krieges sind drei Viertel Deutschlands ganz oder mehrheitlich protestantisch, an seinem Ende nur noch ein gutes Drittel. Aus dem Dreißigjährigen Krieg gehen die deutschen Lande, die 1618 als reiche Lande gelten, arm, verstümmelt und kraftlos hervor, mit dem Verlust eines Drittels der Einwohner. Hinterpommmern jedoch wird, überdurchschnittlich, sogar zwei Drittel seiner Bevölkerung verlieren.

Am 20. November 1627 besetzen kaiserliche Truppen das unverteidigte Kolberg. Es sind fünf Kompanien zu je 300 Mann nebst wüstem Troß von Pferdejungen, Dirnen und Marketenderinnen. (Alle damaligen Heere werden von einem riesigen Troß an Frauen und Kindern, Stallknechten und anderem Lagergefolge begleitet. Da deren Unterhalt ungeregelt ist, muß dies ständig zu Reibungen und Streitigkeiten mit der gequälten Bevölkerung führen. Zudem plündert der Troß die Quartiere am ärgsten.) Die Kaiserlichen verstärken die alte Stadtumwallung Kolbergs zu einer Art Festung. Alle Vorstadtkirchen werden abgebrochen, die benachbarten Häuser unter erzwungener Mithilfe der Einwohner niedergebrannt. Zudem herrschen Pest und Seuchen. Durch Diebstahl von Stadtkasse und Silberschatz, Zwangsbesteuerung und Gewalttaten aller Art macht sich die kaiserliche Soldateska bei den ohnmächtigen Kolbergern verhaßt.

Um diese Zeit, 1627/28, ist durch die kaiserlichen Truppen nach zehn Jahren die Macht der protestantischen Reichsstände in Norddeutschland gebrochen. Kaiser Ferdinand II. kann jedoch seine Stellung im Norden Deutschlands nur behaupten, wenn er die volle Herrschaft über die Ostsee gewinnt. Seit den Hohenstaufen-Kaisern im 12. und 13. Jahrhundert verfügt kein deutscher Kaiser über so viel Macht an den Küsten der „Ost- und Westsee." Im Februar 1628 ernennt Ferdinand II. seinen ebenso fähigen wie skrupellosen Befehlshaber Albrecht von Wallenstein zum „General des Ozeanischen und Baltischen Meeres." Noch fehlt dem Kaiser die Flotte in der Ostsee, doch wie lange? Durch die kaiserliche Machtposition an der Ostsee ist die europäische Großmachtpolitik des Königreichs Schweden herausgefordert und offenbar ernstlich bedroht.

Schweden beanspruchte 150 Jahre lang die führende politische, militärische und wirtschaftliche Rolle im Ostseeraum. Das Wort vom „Dominium maris Baltici" meint – vor allem – die Herrschaft über die Schiffahrtswege zur und in der Ostsee. Es gibt erste Konfrontationen mit der zum Ostseeraum vordringenden kaiserlichen Macht.

Nachdem die Insel Rügen in seiner Hand ist, belagert Wallenstein im Juli 1628 – vergeblich – die mächtige Hanse- und Handelsstadt Stralsund gegenüber Rügen. Stralsund, dank günstiger Lage bei Unterstützung von See her fast unangreifbar, nun von Dänemark und Schweden unterstützt, ist nächst Stettin der wichtigste Hafen Pommerns, hat strategische Bedeutung und wird im August 1628 unter den „Schutz" Schwedens gestellt und dadurch faktisch ein Teil des schwedischen Reiches.

Im neuerlichen Krieg mit Polen, das durch religiöse und dynastische Bande eng mit Österreich verknüpft ist, benutzt Schweden Ostpreußen als Operationsbasis. Mit seinen anderthalb Millionen Einwohnern (nicht mehr als das damalige Kursachsen und Brandenburg zusammen) ist Schweden die stärkste Macht im Ostseeraum und hat den bestregierten Staat Europas. Nach dem Sieg über Polen, im September 1629, erringt Schweden die Kontrolle über die gesamte Küste von Reval bis Danzig.

1630: König Gustav II. Adolf, Stettin und Kolberg

Nun hat der 36 Jahre alte Gustav II. Adolf, seit 19 Jahren Herrscher Schwedens und sein größter König, seine Streitkräfte frei, um in Deutschland einzugreifen. Nachdem die schwedischen Truppen von Stralsund aus die Insel Rügen den Kaiserlichen entrissen haben, ist es am 26. Juni 1630 soweit. Der große Staatsmann und Feldherr Gustav Adolf, genannt „Löwe des Nordens", landet mit einem zunächst kleinen Invasionsheer von 14.000 Mann, darunter fast 3.000 Reiter, bei Peenemünde an der Nordwestspitze der pommerschen Insel Usedom.

Der Schwedenkönig wird schnell zum Liebling und Volkshelden der deutschen Protestanten; bei den Katholiken verstummt bald der Spott über die Landung des „Schneekönigs." In Gustav Adolf verbinden sich aufrichtige Frömmigkeit, rücksichtsloser Ehrgeiz und schlaue Politik, Opfermut, Humanität und Strenge. Anziehende und abstoßende Züge vereinen sich in ihm. Die von Gustav Adolf bezahlte Propaganda bezüglich seiner Person und Politik ist meisterhaft. Sein Heer von 70.000 Mann (das ist im Verhältnis zur Bevölkerungszahl mehr als Preußen 1813 in einer extremen patriotischen Kraftanstrengung aufstellen wird) besteht vorwiegend aus schwedischen und finnischen Bauernjungen, dazu deutschen und schottischen Söldnern. In Zucht, Ordnung, in der Verpflegung und in sicheren Rückzugslinien ist es das bestdisziplinierte Heer Europas.

Nach Inbesitznahme der Inseln Usedom und Wollin einschließlich Cammin ist die Pommern-Hauptstadt Stettin das nächste Ziel. Am Morgen des 10. Juli 1630 überqueren rund 10.000
Schweden mit Booten und Kähnen das Stettiner Haff und erreichen gegen Mittag Stettin. Es folgt ein theatralisches Schauspiel im
Stil der Zeit – wie eine Opernhandlung.

Erster Akt: Nach zwei Kanonenschüssen als Signal steigt Gustav
Adolf zur Oderburg hinauf. Die Garnison unter Obrist Siegfried
von Damitz und die Bürgerwehr stehen Gewehr bei Fuß. Die
Einwohner strömen zum Oder-Ufer, um den König, den Retter, von
nahem zu besehen.

Zweiter Akt: Ein Trompeter kommt im Auftrag des Kommandanten und verkündet, wenn die Schweden näherrückten, würde
geschossen. Der König erklärt, mit seinesgleichen rede man nicht
durch einen Boten. Daraufhin erscheint der Obrist in Begleitung
herzoglicher Beamter. Ihnen zeigt der König seine Kanonen: Hier
habe er die Schlüssel, um das Stadttor zu öffnen, falls es verschlossen bleibe. Im übrigen stehe ihm zu, daß Herzog Bogislaw
XIV. selbst erscheine.

Dritter Akt: Der Herzog tritt auf. Er kann nur schwer seine
Würde wahren, weist auf die schwache Stadtbefestigung hin und
sagt mit lauter Stimme: „Nun, in Gottes Namen!" Darauf gehen die
Tore auf, die Schweden ziehen ein und beginnen unverzüglich
damit, Gräben, Schanzen und Palisaden anzulegen. Obrist von
Damitz und seine Soldaten treten in schwedische Dienste.

Die Schweden bauen den strategischen Oder-Brückenkopf
Stettin zu einer der stärksten Festungen Europas aus. Gustav Adolf
gedenkt nicht, Pommern aufzugeben, besetzt im August 1630 ganz
Hinterpommern, aber noch ist Kolberg im Besitz der kaiserlichen
Truppen. 1630/31 belagern die Schweden die kaiserliche Kol-
berg-Garnison. Fünf Kirchen werden ganz oder teilweise abgerissen, weil sie den Befestigungsgürtel stören oder den Belagerern
feste Ziele bieten. Nach Lebensmittelmangel und ohne Hoffnung
auf Entsatz kapitulieren die Kaiserlichen, nach fünf Monaten
Belagerung, am 28. Februar 1631. Mit dem Abzug der Besatzung ist
der letzte kaiserliche Stützpunkt in Hinterpommern eingenom-
men.

Eine Besatzung von 500 Schweden zieht in Kolberg ein. Im
Oktober 1633 operiert ein Korps Wallensteiner im Raum Frankfurt

an der Oder und Landsberg an der Warthe. Würde Wallenstein bis Pommern vorstoßen, könnte er die schwedischen Verbindungslinien und Stützpunkte an der Ostsee, so Kolberg, zerstören, doch Wallenstein bricht seinen Vorstoß ab. Bis 1635 bauen schwedische Ingenieure, nach dem Vorbild der französischen Festungsbaumeister, die Stadt Kolberg mit Erdwällen, Gräben, Außenwerken und Blockhäusern zu einer wirklichen Festung aus.

Gustav Adolf ist Herr halb Deutschlands und dabei, sich zum Oberherrn der deutschen Fürsten zu machen. In seinem Heer nimmt die Disziplinlosigkeit zu. Von den 140.000 Mann im Frühjahr 1632 stammen nur 16.000 oder 11 % aus Schweden und Finnland, 89 % sind Engländer, Franzosen, sogar Polen, vor allem Deutsche. Am 16. November 1632 fällt Gustav Adolf in der Schlacht bei Lützen, unweit Leipzig, sein Leichnam wird gefleddert. Darauf vermindert Stockholm den schwedischen Bestand des Heeres schnell und gründlich. Den Hauptteil stellen nun deutsche Soldaten. Die einst gerühmte Disziplin verfällt. Die schwedischen Söldner hausen ebenso erbarmungslos als Plünderer und Mordbrenner wie ihre Gegner. Bekannt wird die Foltermethode „Schwedentrunk": Dem Gefolterten wird Jauche und ähnliches eingeflößt und anschließend der Körper zwischen Bretter gepreßt.

In den langwierigen Kämpfen mit Rußland, Polen und Dänemark erringt Schweden im 17. Jahrhundert die Vormachtstellung rund um die Ostsee. Gustav Adolfs verwegenes Vorhaben, Schweden, darüber hinaus, auf Dauer die Vorherrschaft über Deutschland zu sichern, scheitert indes.

Durch den Westfälischen Frieden von 1648 gewinnt Schweden, als eine der stärksten Militärmächte Europas Frankreich und Habsburg ebenbürtig, ganz Vorpommern einschließlich der Insel Rügen, Stettin und die Oder-Mündung, dazu die Hafenstadt Wismar. Schweden beherrscht die Mündungsgebiete von Oder, Elbe und Weser und besitzt, durch seine deutschen Erwerbungen, die Reichsstandschaft. Kurfürst Friedrich Wilhelm von Brandenburg erhält 1648 Hinterpommern.

73 Jahre später (1721) beendet der Zweite Nordische Krieg Schwedens Großmachtposition. Die Rolle der Vormacht im Ostseeraum geht auf Rußland über. Im Siebenjährigen Krieg belagern die Russen Kolberg zweimal erfolglos, einmal erfolgreich. Jetzt entsteht der Kolberg-Mythos.

Der Ausdehnungsdrang Rußlands nach dem Süden und dem Westen unter Zar Peter I., dem Großen, hat zwei Hauptziele: Man will den Zugang zum Schwarzen Meer gewinnen und den russischen Einfluß ins nördliche Mitteleuropa erweitern. 1721, vier Jahre vor dem Tod Peters des Großen, hat Rußland anstelle Schwedens die überragende Stellung an der Ostsee errungen – nicht zuletzt durch eine aus dem Nichts geschaffene Ostseeflotte von 32 Linienschiffen, 16 Fregatten und vielen Galeeren.

1756, vor dem Siebenjährigen Krieg, spielt die 46 Jahre alte russische Kaiserin Elisabeth eine Schlüsselrolle. Diese jüngere Tochter Peters des Großen ist 1741 durch Putsch der Gardeoffiziere auf den Thron gehoben worden. Seit 1746 mit Österreich gegen Preußen verbündet, ist sie maßgeblich daran beteiligt, den Siebenjährigen Krieg herbeizuführen. Kaiserin Elisabeth verfolgt das Ziel, zum einen den Preußenkönig, der sie durch Spott über ihre Liebhaber beleidigt hat, zu demütigen, zum anderen und vor allem, Ostpreußen ihrem Reich einzuverleiben.

Im zweiten Kriegsjahr 1757 spürt das abgelegene Kolberg wenig von den Kriegswirren. Die anfangs von Friedrich dem Großen wenig beachtete kleine Festung Kolberg erlangt erst nach dem Einmarsch des russischen Heeres in Ostpreußen, dann in Hinterpommern eine für Freund und Feind nicht vorhersehbare größere Bedeutung, die sie in Zukunft behalten wird.

Im Januar 1758, als der Frost Wege und Flüsse gangbar macht, marschiert der russische Oberbefehlshaber, General Graf Wilhelm Fermor, mit seinem Heer von 34.000 Mann von Memel her in Ostpreußen ein. Der 54 Jahre alte Fermor entstammt einer Adelsfamilie aus Livland/Estland und ist Ritter des Andreas- Ordens, dem von Peter dem Großen gestifteten ältesten und höchsten Orden Rußlands. Nach der schnellen Besetzung Ostpreußens verleiht ihm Kaiserin Maria Theresia von Österreich die Würde eines Reichsgrafen, was Kaiserin Elisabeth bestätigt. Wegen seiner baltischen Abstammung, dazu noch Protestant, gilt Fermor in Rußland als ein „Deutscher" und ist vielen Anfeindungen ausgesetzt.

Friedrich der Große wird durch den nicht erwarteten russischen Einmarsch völlig überrascht. Auf seinen Befehl hat das in Ostpreußen stehende Korps das Land verlassen, um anderweitig eingesetzt zu werden. Daher findet Fermor, außer zwei sich zurückziehenden Garnisonsbataillonen in Pillau und Königsberg, keine preußischen Truppen in Ostpreußen vor. Am 22. Januar 1758 zieht Fermor unter Glockengeläut triumphal in Königsberg ein, seit 1701 Krönungsstadt der preußischen Könige und zweite Haupt- und Residenzstadt Preußens. Anschließend schiebt Fermor seine Truppen bis Elbing, Marienwerder, Graudenz und Thorn vor und gewinnt damit an der Weichsel eine gesicherte Nachschubbasis.

Die Russen betrachten Ostpreußen als ihr Eigentum, das sie, ebenso wie das Memelland und die Ostseehäfen, bei Friedensschluß zu behalten gedenken. Daher behandeln sie das besetzte Ostpreußen mit beispielloser Milde. An die Stelle der preußischen Wappenschilder und Stempel treten überall die russischen – wie in einer Provinz Rußlands üblich. Am 24. Januar 1758 muß die Stadtobrigkeit von Königsberg der russischen Kaiserin huldigen. (Es ist ausgerechnet der Geburtstag Friedrichs des Großen. An diesem Abend stellen die Londoner Bürger Lichter in ihre Fenster zu Ehren des Preußenkönigs. Methodisten und andere Fromme in England begrüßen Friedrich den Großen als neuen protestantischen Helden.)

Alle königlichen Behörden, der Adel und die Bürgerschaft Ostpreußens müssen, in dazu bestimmten Kirchen, einen Eid auf die Kaiserin von Rußland schwören. Zumal die Königsberger überbieten sich an Huldigungen mehr als erforderlich. Ostpreußen bleibt bis Mitte 1762 von den Russen besetzt. Friedrich der Große vergißt diese Anbiederung nicht und wird zeitlebens nie mehr Königsberg und Ostpreußen betreten. Die Ostpreußen verehren ihn trotzdem und hängen am ungnädigen „Alten Fritz".

Schließlich marschiert die Fermor-Armee nach Hinterpommern und Brandenburg ab. In Verbindung mit Ostpreußen ist Hinterpommern, dank guten Wegenetzes und fleißiger Landbevölkerung, russisches rückwärtiges Gebiet. Der Nachschub ist leicht, wenn die Russen die Ostsee beherrschen und Kolberg, den einzigen brauchbaren Hafen Hinterpommerns, in Besitz nehmen. Bei ihrem Vormarsch werden die russischen Truppen nicht mehr wie in Ostpreußen durch höheren Befehl im Zaum gehalten. Daher begleiten – wie 1757 – Bluttaten, Vergewaltigungen, Deportationen, niedergebrannte Dörfer ihren Vormarschweg, gegen den Willen Fermors.

Die Russen schließen die starke, schwer einnehmbare Oderfestung Küstrin vor Berlin ein und verwandeln die Stadt in einen Trümmerhaufen. Es folgt am heißen 25. August 1758 die zwölfstündige Schlacht beim benachbarten Zorndorf, 36.500 Preußen gegen 44.200 Russen. Der Kampf geht mit leichtem Vorteil für Friedrich den Großen aus. Die Russen verlieren 20.000 Mann, fast die Hälfte, die Preußen 12.300 Mann, fast ein Drittel der Gefechtsstärke. Beide Seiten schreiben sich den Sieg zu, jedoch zieht das russische Heer über die Weichsel nach Polen ab, womit sich der Preußenkönig als Sieger fühlen kann. „Zorndorf" ist eine der längsten und blutigsten Schlachten im 18. Jahrhundert.

1758: Die erste russische Belagerung, erfolglos

Bevor die Fermor-Truppen polnische Winterquartiere beziehen, soll im Oktober 1758 der russische Generalmajor von Palmenbach Kolberg einnehmen. Das russische Heer will mit Kolberg einen Waffenplatz und ein Hauptmagazin in den inneren Provinzen Preußens gewinnen.

Die Festungswerke in Kolberg sind sehr vernachlässigt, das Kolberger Festungsbataillon hat Friedrich der Große zur Feldarmee abgezogen. Statt der erforderlichen 3-4.000 Mann umfaßt die Besatzung nur 700 Mann, darunter 120 bei Pirna 1756 gefangengenommene, unzuverlässige Sachsen. Von jenem Häuflein in Kolberg hängt in der damaligen Situation das Schicksal Hinterpommerns ab. Kavallerie fehlt. Für die immerhin 130 Wallgeschütze und 14 Mörser sind fünfzehn Artilleristen zur Stelle. Die Verteidigung Fester Plätze, gar Festungen hängt damals ganz vorrangig von der Qualität der Artillerie und von der Art ihrer Bedienung ab.

Der Preußenkönig weiß seine Heerführer mit Adleraugen auszuwählen, er wendet diese penible Sorgfalt aber sehr selten bei der Wahl seiner Festungskommandanten an. Dies überläßt er in der Regel der Rangordnung oder dem Zufall oder er verfügt sie aus disziplinarischen Gründen. So geschieht es auch in Kolberg. Kommandant dort ist, seit Anfang 1758, der 55 Jahre alte Major Heinrich Sigismund von der Heyde.

Seine Karriere ist unglücklich verlaufen, Heyde ist verbittert. Er stammt aus altem Adelsgeschlecht in der Niederlausitz. Mit 15 Jahren tritt Heyde in das Regiment Anhalt zu Fuß in Halle/Saale ein. 1741 wird er Hauptmann einer Grenadierkompanie, tut sich am 4. Juni 1745 in der Schlacht von Hohenfriedeberg/Schlesien hervor, wird jedoch 1747, nach Ungnade, in das Garnisonsregiment in Königsberg strafversetzt. 1753 wird er dort Major und Bataillonskommandeur, 1755 Kommandant der Zitadelle Friedrichsburg in Königsberg. Als die schwache Königsberg-Besatzung vor dem Fermor-Heer abzieht, versetzt man Heyde nach Kolberg. Die königliche Ungnade wirkt weiter: Heyde ist nur Stellvertreter des zur Feldarmee befohlenen Festungskommandanten. Heydes Karriere scheint beendet zu sein, er gilt als untauglich für den Frontdienst.

Kolberg-Kommandant Heyde läßt sich von der anrückenden russischen Übermacht keineswegs entmutigen. Vielmehr will er sich mit besonderer Entschlossenheit vor seinem König rehabilitieren. Heyde schafft es, kurz vor dem Eintreffen der 5.000 Belagerer, Palisaden-Hindernisse rund um die Festung zu errichten: dicht nebeneinander eingegrabene, 3-4 m lange, oben zugespitzte Pfähle. Er läßt 120 freiwillige Bürger zur Geschützbedienung anlernen; sie erweisen sich als so tüchtig, daß man ihnen sogar eigene Batterien anvertrauen kann. Das Bürgerbataillon besetzt innere Wälle und Feuerwache, sorgt für Munitionsnachschub und für beste Verpflegung der Besatzung: Brot, Fleisch, Speck, Gemüse.

Beim Anrücken der Belagerer zeigen sich Furcht und Zweifel in der Bürgerschaft, zumal die Regierung ein großes Mehlmagazin von Kolberg nach Stettin bringen läßt, mithin Kolberg offenkundig verlorengibt.

Die Belagerung beginnt am 3. Oktober 1758 mit einem fünf Tage dauernden Bombardement mit Granaten, Bomben, brennenden Pechkränzen. Es richtet nur wenig Schaden an, weil die Geschosse meist über die Stadt hinweggehen oder ohne Wirkung detonieren, die Brände schnell gelöscht werden. Die Häuser der Vorstädte dienen den Russen als Schutzschild. Heyde ist es in der Kürze der Zeit unmöglich, die Vorstädte, wie üblich, abzubrennen, um Schußfeld freizumachen. Außerdem will Heyde die Bürger schonen, auf deren Beistand er bei seiner schwachen Besatzung dringend angewiesen ist. Einige Honoratioren sind dafür, der offenbar hoffnungslosen Belagerung durch Übergabe vorzubeugen; Heyde lehnt ab.

Ein glücklicher Umstand rettet Kolberg vor den inzwischen auf 7.700 Mann verstärkten Russen. Die Belagerer treten, unter gewal-

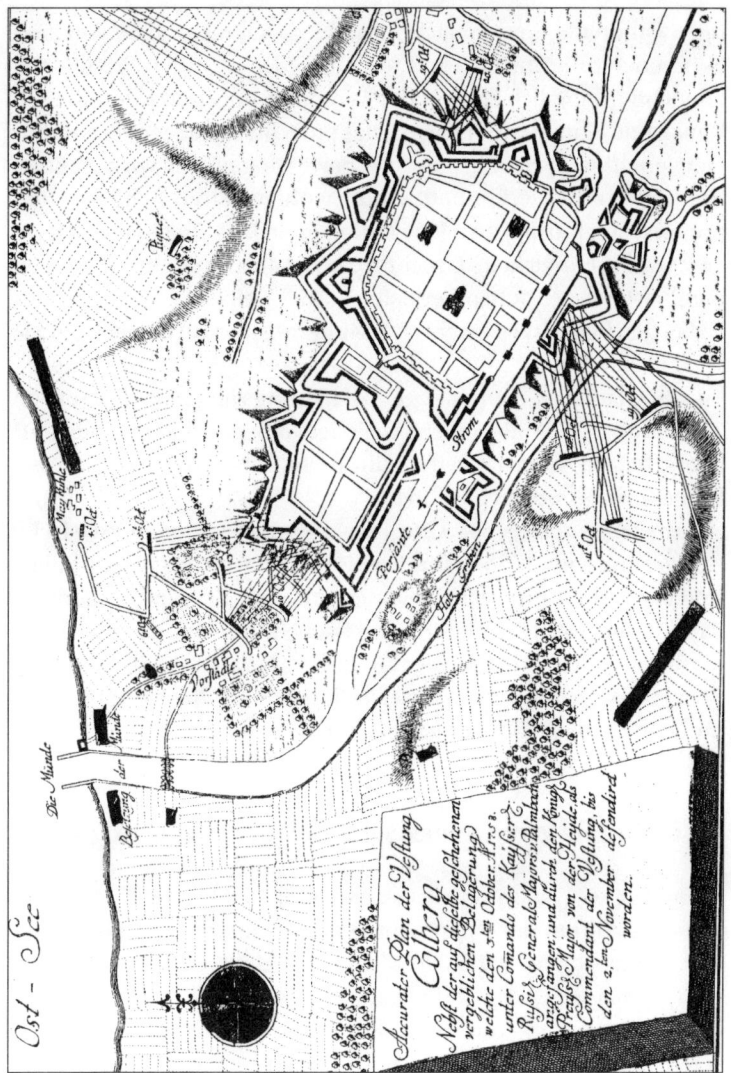

Die Belagerung von 1758 in einem zeitgenössischen Stich: „Accurater Plan der Vestung Colberg. Nebst der auf dieselbe geschehenen vergeblichen Belagerung welche den 3ten October 1758 unter Commando des Kaysserl. Russ. General Majors v. Palmbach angefangen und durch den Königl. Preuss. Major von der Heyde, als Commendant der Vestung, bis den 2ten November defendiret worden."

tiger Kanonade, in der Nacht des 21./22. Oktober 1758 von zwei
Seiten her zum Sturmangriff an. Die Stadt ist durch Brände hell
erleuchtet. Plötzlich schlägt der Wind um und treibt den Russen
Rauch und Flammen entgegen. Dies nutzt die Schar der Verteidiger.
Der leuchtende Schein läßt die Bewegungen der vorgehenden
Russen deutlich erkennen. Unter wohlgezielten Schüssen der
preußischen Kartätschen (aus mittelalterlichen Orgel- und Salven-
geschützen entwickelte Geschütze mit mehreren Rohren) müssen
die Russen unter hohen Verlusten zurückweichen.

Bei den Belagerern macht sich Munitionsmangel bemerkbar: Sie
verschießen Stücke preußischer Geschosse, sogar hölzerne Kegel-
kugeln. Nach fast einmonatiger Belagerung ziehen die Russen am
28. Oktober 1758 ab – nicht weil sie Kolbergs Widerstandskraft
überschätzen, sondern weil sie eine preußische Armee zum Entsatz
Kolbergs im Anmarsch wähnen.

Ein zeitgenössischer Chronist nennt diese erste russische
Belagerung von 1758 „zum Spaß zuviel, zum Ernst zuwenig".
Kolberg verliert nur sechs Soldaten und fünf Bürger. Die Verluste
der Russen werden, massiv übertrieben, auf mindestens 1.000
Mann geschätzt. Friedrich der Große revidiert sein negatives Urteil
über Heyde, befördert ihn um zwei Stufen zum Oberst und verleiht
ihm den Orden „Pour le mérite."

1760: Die zweite russische Belagerung, erfolglos

Im August 1760 sammelt sich eine große Flotte von Kriegs- und
Handelsschiffen der Russen im Hafen Kronstadt. Sie nimmt ein
Belagerungskorps von 6.000 Mann mit schwerer Artillerie unter
Generalmajor der Artillerie Demidow an Bord. Das Petersburger
Oberkommando kennt die Kolberger Besatzung und glaubt, es
seien nur gute Artilleristen und Pioniere erforderlich, um die
Festung einzunehmen. Das Korps besteht deshalb aus zusam-
menkommandierten Mannschaften. Den taktischen Einheiten
fehlt Gewöhnung im Verband, den Soldaten die Kriegserfahrung.
Überdies mangelt es, aus Leichtsinn, an Ausrüstung und Fürsorge
für sie.

Im September 1760 belagern die Russen erneut Kolberg drei
Wochen lang zu Lande und, diesmal zusammen mit den Schweden,

auch von See her. Schweden, seit 1757 in der Anti-Preußen-Koalition, soll für ernstliche Kriegsbeteiligung Stettin und Pommern erhalten, jedoch bleibt der Beitrag Schwedens zum Siebenjährigen Krieg ganz bedeutungslos.

Das russische Geschwader unter Admiral Sachar D. Mischukow, Befehlshaber der gesamten Expedition, seit 26. August 1760 vor Kolberg, umfaßt 21 Linienschiffe, darunter sechs Dreidecker (einer mit 100 Kanonen und daher das Flaggschiff, fünf mit je 86 Kanonen), drei Fregatten, dazu kleine und größere Transportschiffe. Es wird vier Tage später verstärkt durch ein schwächeres schwedisches Geschwader unter Vizeadmiral A. Lagerbielke von sechs Linienschiffen, zwei Fregatten, einem Lazarettschiff, zwei Decksbooten und einer Galeote oder Galeere.

Diese Flotte muß „auf Reede" liegen, also vor dem Hafen ankern. Wegen der vielen Sandbänke in der Ostsee, parallel zu den Dünen, können sich größere Schiffe nur auf 1.600 Schritt (800 m) dem Strand nähern. Admiral Mischukow kennt die Tücken der Kolberger Seeverhältnisse und ist erfindungsreich. Er legt drei flachgehende „Bombenkitzen" oder Bombardiergaleoten, also Bombardierungsprahme geringen Tiefgangs, mit je zwei schweren Mörsern neben der Brandung nahe an das Ufer. Die oft fast 200 Pfund schweren Mörserbomben durchschlagen, aus erstaunlicher Bogenhöhe, mit großer Sicherheit alle Stockwerke bis in die Keller.

Als die Hafenschanze fällt, ist Kommandant Heyde gezwungen, die Münder Vorstadt mit Teertonnen und Pechkränzen niederbrennen zu lassen, um den Belagerern ein weiteres Vordringen zumindest zu erschweren. Die russische Artillerie, weit stärker und effektiver als 1758, feuert fast Tag und Nacht und sucht in die Festungswerke Breschen zu schießen. Die Feuerwache ist gut organisiert, um die zahllosen Brände zu löschen, aber schließlich ist ein großer Teil der Stadt niedergebrannt oder in Trümmer geschossen. Schon sind die feindlichen Laufgräben bis auf wenige hundert Schritt gegen die Werke vorgetrieben. Demnach steht der Sturmangriff bevor. Die Lage der Besatzung von 1.250 Mann beginnt verzweifelt zu werden; Kolberg steht vor dem Fall.

Am 13. September 1760 fordert Generalmajor Demidow durch Parlamentär Heyde zur Kapitulation auf; Heyde lehnt ab. Auch drei Tage später ist es noch nicht gelungen, am Tauftag der russischen Kaiserin Kolberg zu erobern. In der Festungsstadt halten nur die mutigsten Zivilisten aus. Ein großer Teil der bemittelten Bürger flüchtet nach Köslin, viele Frauen und Kinder in die Mühlenvorstadt, abseits der feindlichen Geschosse.

Da hören die Kolberger, es ist der 18. September 1760, von Ferne helleren Kanonendonner und das Knattern von Musketenfeuer. (Die Muskete, seit etwa Mitte des 16. Jahrhunderts Waffe der Musketiere, ist eine schwere Handfeuerwaffe mit Gabelstütze, zunächst mit Luntenzündung, später auch mit Rad- und Steinschloß.) Niemand in Kolberg, auch Heyde nicht, hat an einen Entsatz zu denken gewagt, doch nun ist er da.

Auf Befehl Friedrichs des Großen, der offenbar einiges an Heyde gutmachen möchte, eilen von Glogau/Niederschlesien her die preußischen Entsatztruppen herbei. Sie schaffen den Gewaltmarsch von 300 km, zuletzt ohne Ruhetage, über Grünberg, Krossen und Landsberg/Warthe in nur dreizehn Tagen, was viel bestaunt wird. Es sind sieben Schwadronen Husaren von 800 Mann und drei Bataillone Infanterie, insgesamt 5.000 Mann unter dem 51 Jahre alten, außer der Reihe zum Generalmajor beförderten Johann Paul von Werner. Seine Karriere ist nicht untypisch.

Der in Raab (heute Györ/Ungarn) geborene Werner ist arm, Protestant und ohne Fürsprache. Er wird deswegen in der österreichischen Armee verzögert befördert. Rittmeister Werner erträgt diese Zurücksetzungen, bis man ihm bescheinigt, er sei „zu keiner Stabs-Charge tauglich", was das Ende seiner Karriere bedeutet. Darauf scheidet Werner grimmig aus dem österreichischem Dienst aus und wird 1751 von Friedrich dem Großen mit Vergnügen als Oberstleutnant, bald Oberst aufgenommen. In Werner brodeln seitdem Ehrgeiz, Haß und Rache, um den Feinden Preußens, die nun auch seine Feinde sind, seinen Wert und ihren Verlust durch besondere Bravour zu demonstrieren. Dies gelingt ihm vortrefflich.

Die Kosaken unter Oberst Sserebrjakow betreiben zwar Aufklärung, aber an der falschen Stelle. Sie bewachen aufmerksam die Straße Stettin-Kolberg, jedoch schlüpft die Truppe Werners rechts an ihnen vorbei.

Die russischen Belagerer sind von den überfallartig heraneilenden Preußen völlig überrascht, leisten keinen nennenswerten Widerstand und flüchten meist in Booten auf die Schiffe, der Rest nach Köslin, 40 km östlich Kolberg. Dabei lassen sie Kanonen, Munition, Zelte, Furage, sogar ganze Proviantmagazine zurück. Die schwedischen Kriegsschiffe, die von Anfang an vorsichtigerweise auf sieben Faden Tiefe (1.000 m vor der Küste) ankern, decken die Flucht der Russen. Als Heyde Strandbatterien errichtet, lichten beide Flotten am 20. September 1760 die Anker und segeln ab. Kolberg ist, wider Erwarten, gerettet.

In Wien und besonders in St. Petersburg wirkt dieses Kolberg-Debakel niederschmetternd: Dieses lächerliche Nest hat sich wiederum gehalten! Kaiserin Elisabeth beruft ein Kriegsgericht, das jedoch alle beteiligten hohen Offiziere begnadigt.

Die Befreiung Kolbergs durch Werner und seine Entsatztruppe gilt als eine der glänzendsten Waffentaten des Siebenjährigen Krieges, sie fordert lediglich zwei Gefallene und acht Verwundete. Die Belagerung kostete das Leben von 50 Soldaten und 20 Bürgern, 29 Soldaten und 53 Bürger sind verwundet worden. Dies deswegen, weil die Stadt nach der Flucht verhältnismäßig leer ist. Meist unerwähnt: Die Besatzung hat viele unzuverlässige Soldaten, so daß fünfzig von ihnen desertieren. Den Kolbergern fällt auf: Die Russen haben sich grausamer als 1758 gezeigt – weil weniger deutsche Offiziere bei ihnen Dienst tun?

Der Kolberg-Entsatz bringt Werner die Ehrentitel „Liberator Pomeraniae", Befreier Pommerns, und (in Anspielung auf Wallenstein?) „Admiral des Baltischen Meeres" ein. Durch das Schauspiel „Minna von Barnhelm" (1767) von Gotthold Ephraim Lessing wird der Name Werner literarisch unsterblich, jedoch sonst bald vergessen. Seine Waffentat wird sofort zur Legende, etwa durch das folgende Spottgedicht:

Gedenkmünze für Major von der Heyde, März 1761.

„Und durch ganz Deutschland macht die Runde
die unerhörte, drollige Kunde;
zwei Flotten vertrieben die preußischen Reiter,
das nenn' ich mir kühne, verwegene Streiter!"
Im Volk schwört man, Generalmajor Werner habe mit seinem
Husarenregiment die russische Flotte angegriffen und vertrieben ...
Über Heyde äußert Friedrich der Große ungewohnt selbstkritisch: „Ich bin nicht infallible; in diesem Manne habe ich mich stark
geirrt." Er ehrt Heyde durch eine mit Schreiben vom 22. März 1761
übermittelte goldene, acht Lot (133 g) schwere Gedenkmünze mit
Heydes (unähnlichem) Brustbild und der Umschrift „Colberg
defensor", Verteidiger Kolbergs. Werner erhält ebenfalls eine solche Gold-Gedenkmünze mit seinem Bild.

1761: Die dritte russische Belagerung ist erfolgreich

Im Jahre 1761 ist der Rachedurst der Kaiserin Elisabeth gesät-
tigt, so daß sie zum Frieden mit dem Preußenkönig geneigt scheint.
Vorausgegangen sind erhebliche Niederlagen und Verluste der
Russen gegen Fridericus Rex. Die Kaiserin betrachtet aber Ostpreußen als eine russische Provinz, die nur durch Krieg behauptet
werden kann. So muß denn dieser lange Krieg in ihrer Sicht wei-
tergehen. Daher auch folgt die dritte und bisher schwerste, fast vier
Monate dauernde Belagerung Kolbergs.
Mit diesem Kommando betraut der Hofkriegsrat in St. Petersburg einen der fähigsten Militärführer Rußlands, den 36 Jahre alten
Generalleutnant Graf Pjotr A. Rumjanzew. Seine Befehlsüber-
nahme erhellt, welche Bedeutung Kaiserin Elisabeth der Eroberung
Kolbergs beimißt. Rumjanzew hat seine Erziehung zum Teil in
Berlin erhalten und bewundert Friedrich den Großen. (1759 wird
er sich in der Schlacht bei Kunersdorf besonders auszeichnen. Im
von der Türkei begonnenen Krieg gegen Rußland [1768-1774] wird
Rumjanzew, seit 1764 zugleich Generalgouverneur von Klein-
rußland, das siegreiche russische Heer befehligen und den Ehrentitel „Sadunaiski", Überschreiter der Donau, erhalten.)
Oft verschwiegen: Der russische General Graf Tottleben, 1760
durch jüdische Vermittlung bestochen und seitdem im preußischen
Sold stehend, liefert dem Preußenkönig Mitteilungen über die

Pläne seiner Gegner. Die erhaltene Korrespondenz zeigt, wie sehr sich 1761 der „Alte Fritz", im Unterschied zu früher, um Kolberg sorgt. Im Februar 1761 entsendet er den „Russenschreck" Werner, im vorigen Jahr der Befreier Kolbergs, nach Hinterpommern. Werner gilt als einer der größten Meister des Kleinkrieges und schlägt die Russen erneut zurück. Es schließt sich ein dreimonatiger Waffenstillstand zwischen Preußen und Rußland an.

Im April 1761 befiehlt Friedrich der Große, für ein nach Kolberg zu verlegendes Deckungskorps sei ein Retranchement (befestigtes Lager) anzulegen. Kommandant Heyde scheint davon nicht viel zu halten (er wird in seiner Skepsis gegenüber dem befestigten Lager später bestätigt) und hätte vielleicht lieber seine Besatzung verstärkt gesehen, muß sich aber dem königlichen Befehl fügen. Hier kommt eine negative Eigenheit im Führungsstil Friedrichs des Großen ins Spiel: Er gängelt seine Generale auch da, wo er die Verhältnisse nicht ausreichend kennt. Er wirft ihnen vor, daß bei dem bloßen Wort „Detachement" (Führung eines selbständigen Korps) jeder zittere. Daran aber ist er selbst schuld, weil bei Operationsfehlern die Furcht vor seinem Zorn riesengroß ist.

Kommandierender General in Hinterpommern, hier: des Deckungskorps im befestigten Lager und damit Gegenspieler Rumjanzews, ist der erst 29 Jahre alte Generalleutnant Prinz Friedrich Eugen von Württemberg.

Seine Karriere ist erstaunlich und beruht auf der Gunst des Preußenkönigs. Mit 17 Jahren ist er Oberst und Chef eines Dragonerregiments, mit 21 Jahren heiratet er eine Nichte Friedrichs des Großen, mit 25 Jahren ist er bereits Generalleutnant. Der Prinz von Württemberg ist tapfer, tut sich in Schlachten hervor, ist aber als höherer Militärführer reichlich jung, jedenfalls zu jung, um trotz der nahen Verwandtschaft etwas gegen den Willen Friedrichs des Großen zu wagen. (Durch seine älteste Tochter, 1776 mit dem Sohn und Nachfolger Paul der Kaiserin Katharina der Großen von Rußland verheiratet, wird der Prinz Stammvater der russischen Zaren bis hin zu dem 1918 ermordeten Nikolai II.)

Das Kolberger Lager unterhalb der Wallkanonen, gewissermaßen eine um die bewährte Festung herumgebaute zweite Festung, ist durch eine Kette von Schanzen gut befestigt. Es zieht sich im Halbkreis um Kolberg herum und ist günstig angelegt: auf dem rechten Flügel der Fluß Persante, auf dem linken Flügel ein tiefer Morast, im Rücken die Kanonen der Festung. Ungerechnet die alte Besatzung aus dem Vorjahr von zwei Garnisons- und zwei Landbataillonen, steht im Lager ein Korps von 16 Bataillonen oder rund 10.000 Mann Infanterie nebst Artillerie, und von zwanzig Schwadronen mit 2.771 Reitern, was auf geplante Ausfälle hindeutet. Die Truppen im Lager weisen einen unterschiedlichen Kampfwert auf; neben treuen Bataillonen stehen gepreßte Rekruten aus Mecklenburg und Sachsen, Überläufer und untergesteckte Kriegsgefangene. Diese Vorkehrungen lassen erkennen: Der „Alte Fritz" will Kolberg unter allen Umständen halten. Er mahnt den Württemberg-Prinzen zu äußerster Vorsicht, auch bei Ausfällen der Kavallerie habe man sich nicht zu weit von Kolberg zu entfernen, damit das befestigte Lager behauptet und die Belagerung der Festung verhindert werde. Mit der Infanterie solle er nichts wagen. Mit dieser Instruktion ist das Deckungskorps weitgehend auf die Defensive festgelegt, was sich als falsch erweisen wird.

Das russische Oberkommando bereitet sich diesmal weit besser als 1758 oder 1760 vor. Der Anmarsch in Hinterpommern vollzieht sich in bekannter russischer Schwerfälligkeit. Da die Flotte wie im Vorjahr mitmachen soll, rückt das Landheer ohne sonderliche Eile heran. Rumjanzew verfügt zunächst über 10.000 Mann mit schwacher Artillerie und ist damit Besatzung plus Lager-Korps leicht unterlegen, bald sind es jedoch 24.000, am Ende sogar 40.000 Mann. Rumjanzew wird zur Pflicht gemacht, für strenge Truppendisziplin zu sorgen: Zuwiderhandelnde sollen mit Knutenhieben und Aufschlitzen der Nasenlöcher bestraft werden.

Im Hofkriegsrat von St. Petersburg meint man es, nach den bitteren und demütigenden Erfahrungen von 1758 und 1760, nunmehr ernst. Man will – mit Rumjanzew – die Scharte der beiden vergeblichen Belagerungen auswetzen. Darüber hinaus und wichtiger noch: Die Russen wollen, mit der Eroberung Kolbergs, endlich festen Fuß in Hinterpommern fassen, einen Stützpunkt für ihre Flotte gewinnen und hauptsächlich einen weit vorgeschobenen Entladeplatz für ihr Kriegsmaterial einrichten.

Am 24. August 1761 beginnt die russisch-schwedische Flotte ihren Angriff. Zuvor hat sie bei Rügenwalde, 60 km nordöstlich Kolberg, 3.000 Mann Infanterie und vor allem die schwere Belagerungsartillerie an Land gesetzt. Die Zuführung auf dem

Landweg dauert lange. Die Flotte umfaßt, abgesehen von Transportern, 19 Linienschiffe und drei Bombenkitzen. Diese wie bei der Belagerung im vorigen Jahr ausgesandten Bombardierungsprahme, wegen ihres geringen Tiefgangs an der Flachküste gut zu verwenden, legen sich an den Strand, von wo ihre Mörser gerade die Stadt erreichen. Sie werden durch Heydes Strand-Batterien in Schach gehalten; bald werden die Prahme-Mörser nur noch nachts schießen. Vier Wochen später kommt wiederum das Wetter Kolberg zu Hilfe. Der Herbst setzt mit Regen und Sturm früh ein. Ein russisches Linienschiff kentert mit der gesamten Besatzung, ein Hospitalschiff gerät in Brand und wird von den Flammen verzehrt. Daraufhin sieht sich der Admiral der verunsicherten Belagerungsflotte genötigt, die Stellung auf der Reede aufzugeben und das Feuer einzustellen.

Prinz Friedrich Eugen will im befestigten Lager nicht untätig dem in Gang kommenden Aufmarsch der Belagerer zusehen und beabsichtigt richtigerweise, dem Gegner, ehe dieser voll versammelt ist, im freien Felde entgegenzutreten. Der „Alte Fritz" spricht sich dagegen aus, weil das Korps viele unsichere Leute habe und bei einer Niederlage um den Erhalt der Festung zu fürchten sei. Diese Entscheidung des Königs, der man sich murrend fügt, wird sich bald als falsch herausstellen.

Weniger das russische Bombardement, als der Kampf um die Lager-Schanzen seit 3. September 1761 entwickelt sich bedrohlich. Eine strategisch wichtige Schanze fällt durch Verrat in russische Hand, wird jedoch zurückerobert. Beide Seiten beißen sich dort fest. Russische Angriffe und preußische Gegenstöße, zuletzt im Kampf mit der blanken Waffe, wechseln sich für beide Seiten verlustreich ab. Die Preußen büßen in diesem Gemetzel einschließlich Kriegsgefangene mehr als 500 Mann ein, die Russen haben 800 Gefallene. Später in preußischen Darstellungen unterschlagen: Kolberger Pöbel (Soldaten, Frauen, Knechte, Bürger, Jugendliche) eilt auf das Schlachtfeld und nimmt gefallenen und verwundeten Russen Uhren, Ringe, Börsen, sogar Kleidungsstücke ab. Aber Kolberger Bürger sammeln für die Verwundeten beider Seiten.

Die Verpflegung beginnt knapp zu werden, denn für sie ist nicht ausreichend vorgesorgt worden. Für den Furagemangel ist das preußische Feldkriegskommissariat verantwortlich, das es verabsäumte, rechtzeitig für das Aufstocken der Magazine zu sorgen. In der Korrespondenz des „Alten Fritz" bis zum Beginn der Belagerung findet sich kein einziges Wort über die Proviantierung von Kolberg.

Dieses Schweigen ist umso merkwürdiger, da Friedrich der Große 1757 geäußert hatte: „Ich bin der Meinung Homers: das Brot macht den Soldaten." Der Preußenkönig und alle Hauptbeteiligten, an ihrer Spitze Prinz Friedrich Eugen, geben sich – erstaunlicherweise – der Überzeugung hin, daß die Belagerung von ebenso kurzer Dauer sein werde wie 1758 oder 1760. Diese aus Unterschätzung des Gegners geborene Unterlassung ist ein krasser Führungsfehler.

Schon bald zeigt sich, daß bereits die Futterbestände für die starke Kavallerie im Lager auf längere Zeit nicht ausreichen werden. Einige zurückgekehrte russische Fregatten unterbinden erneut die Lebensmittelzufuhr aus Stettin über die Ostsee. Daher nehmen die Sorgen von Kommandant Heyde über die Verpflegung seiner Besatzung zu.

Man versucht, mit 2.000 Reitern und 300 Infanteristen, also fast der gesamten Lager-Kavallerie, gegen die rückwärtigen Verbindungen der Russen vorzugehen. Ziel ist, im Rücken der Belagerer Kleinkrieg gegen ihre Magazine, Lazarette und Wagenzüge zu führen und damit auch Landtransporte von Stettin her zu decken. Dieses Unternehmen mißlingt. Generalleutnant Paul von Werner ist gewohnt, in dieser Gegend den Meister zu spielen, legt dem Auftauchen der Kosaken-Aufklärer fahrlässigerweise keine Bedeutung bei, wird durch russische Übermacht völlig überrascht und gerät dank Unvorsichtigkeit bei einem Scharmützel am 12. September 1761 bei Treptow/Rega in russische Kriegsgefangenschaft. Seine Infanterie kapituliert nach verbissenem Widerstand, seine Kavallerie entkommt. (Der „Alte Fritz" erhält Werner zwar später seine Gnade, enthält ihm jedoch den Schwarzen Adlerorden vor.)

Im Kriegsrat der Belagerer am 20. September 1761 stimmen viele Offiziere dafür, die Kolberg-Belagerung aufzugeben und in Richtung der Netze und Warthe abzumarschieren. Rumjanzew lehnt, wie zu erwarten, ab und verfügt die Abschnürung der preußischen Verbindungslinie nach Stettin.

Der Kampf um die Verpflegung wird zur Hauptsache. Heyde erinnert sich der Not des Vorjahres. Bei den Russen sind die Verpflegungsschwierigkeiten kaum minder groß als bei den

Belagerten, aber auf preußischer Seite steigt die Not schneller und stärker als auf russischer Seite. Kolberg beginnt zu hungern. Die Pferde erhalten als Tagesration nur noch ein halbes Bund Stroh. Wegen des kalten Wetters müssen einige Häuser abgebrochen werden, um das Holz zu verfeuern. Besatzung und Bürgerbataillon bekommen täglich nur ein statt wie bisher zwei Pfund Brot, das bei der Kälte zu Eis gefriert und am Feuer aufgetaut werden muß; dies kann nur nachts geschehen, am Tag wird gehungert. Auch Salz fehlt. Soldaten laufen haufenweise weg; über ihre Zahl schweigen die Quellen. Auch kleine und kleinste Transporte kommen auf dem Landweg nicht mehr nach Kolberg durch, weil die Russen den Weg von Stettin her sperren.

Das im verschanzten Lager unter den Kanonen stehende Bedeckungskorps erschwert, bei allem eigenen Mangel, die geschmälerte Versorgung der Besatzung und ist, bei fast täglich wachsender Stärke der Belagerer, nur ein schwacher Schutz der Festung. Man will daher, wie einst geplant, das Lager verlassen, um durch Operationen im Feld für Kolberg nützlicher zu sein. Dies ist einfacher gesagt als ausgeführt.

Nachdem ein Fort, das den Hafen beschießen kann, in russische Hand fällt, ist Kolberg gänzlich von der See-Versorgung abgeschnitten. An Entsatz ist diesmal, angesichts der verzweifelten Lage Preußens, auf keinen Fall zu denken. Die Vorräte gehen zur Neige, Kolberg hungert mehr und mehr. Seit Jahrtausenden, so vermerkt 1788 der bekannte Militärhistoriker Johann Wilhelm von Archenholtz, hat der Hunger viele Heere besiegt und die langwierigsten Kriege beendet. So wird es jetzt auch Kolberg mit seinen insgesamt etwa 10.000 Mann Infanterie ergehen.

Dehnte sich im Dreißigjährigen Krieg die Belagerung einer Stadt in die Länge, so hatte die Teuerung üblen Wucher zur Folge: die Müller mahlten nur den Reichen, die Bäcker forderten unbezahlbare Preise für ihr Brot. So auch jetzt in Kolberg. Die Preise steigen unerschwinglich: ein Schweineschinken kostet fünf Taler, ein Pfund Butter anderthalb Taler, Milch gibt es nach dem Abschlachten der Kühe kaum noch. Zu spät kommt der Befehl des „Alten Fritz", „Stadt und Garnison Kolberg absolument mit Lebensmitteln zu versehen", da diese Stadt ihm „zu sehr important" und ihr Verlust „eines der beträchtlichsten Unglücke" für ihn sein würde. Seine Einsicht kommt viel zu spät; Friedrich der Große weiß nur zu gut, daß er für die bittere Mangellage Kolbergs mitverantwortlich ist. Ein Versuch, mit einem Korps von 9.000 Reitern, von außen her, gegen 20.000 Russen der im Anmarsch befindlichen Hauptarmee einem Transport von 1.000 Wagen den Weg in die Festung zwecks Proviantierung zu bahnen, scheitert im Oktober 1761 unter erheblichen Verlusten der Preußen, die meist in russische Kriegsgefangenschaft überführt werden.

Am 30. Oktober 1761 segelt ein Kauffahrteischiff (Seehandelsschiff) unbekannter Nationalität am Hafen vorbei. Man bemannt einige Schaluppen (einmastige Küstenfrachtsegler mit Gaffelsegel oder kleinere Riemenbeiboote), die das Schiff kapern und es zwingen, unter den Kanonenschüssen der Russen im Hafen einzulaufen. Es ist ein preußisches, von Königsberg in russischem Auftrag nach Amsterdam bestimmtes Schiff. Seine Ladung Roggen empfinden die Kolberger wie ein Geschenk des Himmels; es verlängert ihr qualvolles Durchhalten. Später läuft noch ein Schiff ein und bringt etwas Branntwein, Grütze, Graupen usw.

Der Abzug des nach den gescheiterten Ausfällen vielleicht noch 7.000 Mann starken Lager-Korps wird angesichts des Hungers immer dringlicher, scheint indessen wegen der das Lager umringenden russischen Schanzen und Batterien so gut wie unmöglich. Ein Durchschlagen gegen Übermacht wäre schiere Verzweiflungsaktion, müßte unter höchsten Verlusten scheitern und kommt daher realistischerweise nicht in Frage.

Um einen Übergang über die Rega zu verhindern, haben die Russen alle Fahrzeuge und Kähne zertrümmert. Der Belagerungsgeneral will ohne größere eigene Verluste Kolberg aushungern. Rumjanzews Aufforderung vom 1. November 1761 zur Kapitulation wird abgelehnt. Es finden sich zehn Fischerboote und sieben schmale Kähne, in denen nur je fünf bis sechs Mann Platz haben. In der Nacht des 14./15. November 1761 gelingt, wider Erwarten beider Seiten, der Ausbruchsversuch hart am Strand entlang. Alles ist vortrefflich organisiert, es gibt keinerlei Stockung und – am wichtigsten – die russischen Belagerer merken nichts.

Ein Bauer kennt den durchwatbaren Weg über den überschwemmten Robedamm. Beim Ausfluß des Kamper Sees zimmert man für die Infanterie eine Bockbrücke. Die Kavallerie durchreitet den Fluß, wobei die Husaren die Grenadiere hinter sich auf die Pferde nehmen müssen. Dieser für unmöglich gehaltene Ausbruch von Infanterie und Kavallerie vollzieht sich in aller Stille, ohne Verluste, zum höchsten Erstaunen der Russen. Nach dem gelungenen Ausbruch sind in Kolberg für die vier Bataillone der Besatzung noch Lebensmittel für vier Wochen vorhanden.

Bei dem nächtlichen Abmarsch des Lager-Korps kommt es zu einer besonderen, berichtenswerten Begebenheit. Man hat aus Stettin eine Ladung Franzbranntwein bekommen, den man nicht fortzubringen weiß und auch nicht den Russen überlassen will. Daher erhält jede Kompanie eine Tonne für die Feldflaschen. Die Offiziere bemühen sich, unmäßiges Trinken zu verhindern. Die durch Strapazen und Frost entkräfteten Preußen haben seit längerem nichts als trockenes, gefrorenes Brot gehabt. Die Versuchung, sich, erstarrt an allen Gliedern, nach Herzenslust erquicken zu können, behält die Oberhand über alle Befehle, zumal bei einem Nachtmarsch. Die preußischen Soldaten trinken nicht, sie saufen. Viele stürzen danach nieder und sterben wenige Stunden später.

Kommandant Heyde weiß: Kolberg steht vor dem Fall; das abmarschierte Lager- Korps kann den Ring der übermächtigen Belagerer nicht aufbrechen. Am 26. November 1761 setzt anhaltendes Winterwetter mit hohen Kältegraden ein. Die Besatzung hungert und friert, ihre Kampfmoral sinkt. Dennoch wird jeder Sturm verlustreich abgeschlagen. Heyde läßt die Mauern mit Wasser begießen, die durch den Frost spiegelglatt werden. Die Russen stürmen, können aber nicht die Wälle ersteigen.

Gegen die Kolberger Einwohner erweisen sich die Russen als „freundliche Feinde" und helfen, beispielsweise, Bürgern der eroberten Lauenburger Vorstadt, ihre Möbel auf den Rücken zu laden. Heyde wird wiederholt zur Übergabe aufgefordert. Am 28. November 1761 bringt Rumjanzews Adjutant-Parlamentär „zwei Pomeranzen und zwei Äpfel de Sina" (Apfelsinen und China-Äpfel) mit, wofür sich Heyde mit zwei Flaschen Rotwein revanchiert. Es herrscht Hochachtung auf beiden Seiten.

Am 15. Dezember 1761 ist der letzte Brotlaib ausgegeben. Tags darauf unterzeichnet der Kommandant, der zuvor zehn Aufforderungen zur Übergabe abgelehnt hatte, die ehrenvolle Kapitulation. Kolberg ist nach nahezu vier Monaten Belagerung weniger der Übermacht als dem Hunger erlegen. Die einstige Unterlassungssünde fehlender Proviantvorsorge ist nicht mehr gutzumachen. Später wird offenbar: Rumjanzew wäre, wie geplant, am 25.

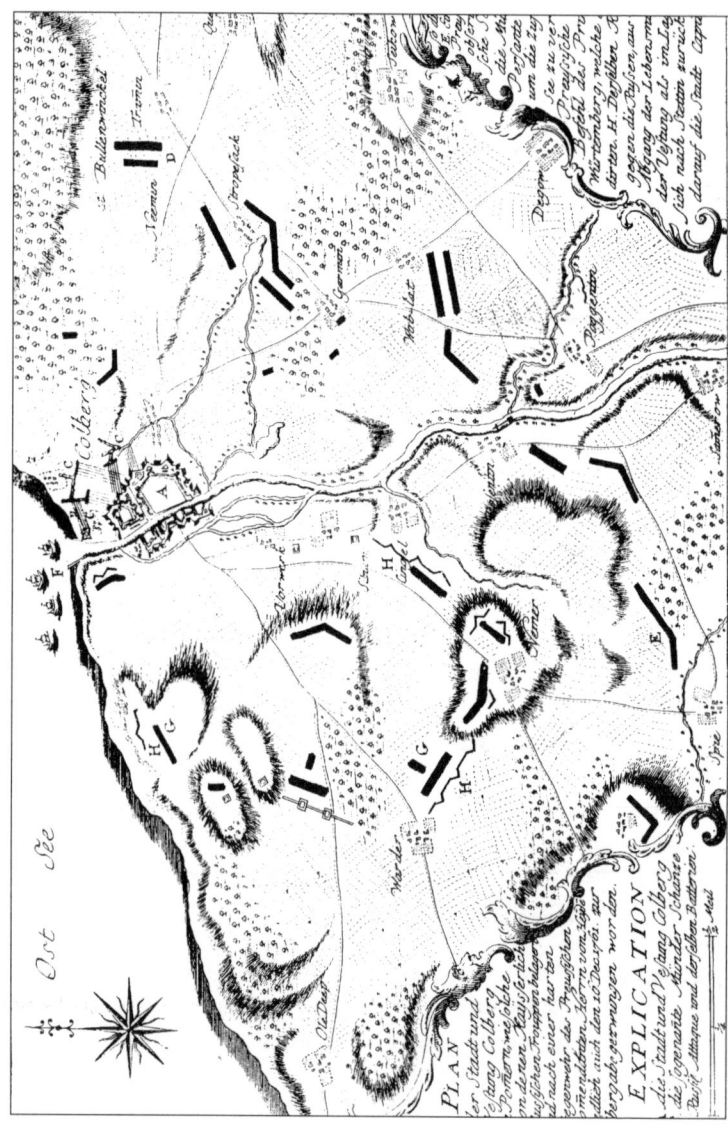

Die Belagerung von 1761 in einem zeitgenössischen Stich: „Plan der Stadt und Vestung Colberg in Pommern, wie solche von denen Kaysserlich Russischen Trouppen belagert und nach einer harten Gegenwehr des Preussischen Commendanten Herrn von Heyde endlich auch den 16. Dec. 1761 zur Übergabe gezwungen worden."

42

November 1761 mit Kälteeinbruch abgezogen, wenn er nicht gewußt hätte, wie elend es der Besatzung erging. Oberst von der Heyde zieht mit zehn Stabsoffizieren, 69 Subalternoffizieren und rund 3.000 Mann, darunter 1.200 Kranke, in die Kriegsgefangenschaft.

Ein Kuriosum: Zu den „Kriegsgefangenen" gehört auch eine preußische Prinzessin. Es ist die 45 Jahre alte Markgräfin Leopoldine Marie von Brandenburg-Schwedt. (Die Stadt Schwedt, am linken Ufer der West-Oder, seit 1479 zu Brandenburg gehörend, wurde durch 1687 angesiedelte Hugenotten bekannt, die in der Uckermark den Tabakanbau einführen. Schwedt, mit Schloß und Jagdschloß Monplaisir, war seit 1689 Sitz der [1788 ausgestorbenen] Markgrafen von Brandenburg-Schwedt, einer Nebenlinie der brandenburgischen Hohenzollern.) Nach unglücklicher Ehe war die Markgräfin 1751 von Friedrich dem Großen als Staatsgefangene nach Kolberg verbannt worden. Sie wird von den Russen vorübergehend in Stolp/ Pommern und in der Festung Altdamm bei Stettin interniert, dann wieder freigelassen. Nun folgende Gnadengesuche beim „Alten Fritz" bleiben erfolglos. Bis an ihr Lebensende verbannt, verstirbt sie 1782 im Alter von 66 Jahren in Kolberg.

Der russische Belagerungsgeneral Graf Rumjanzew bezeugt Kommandant und Besatzung seinen besonderen Respekt. Er gewährt der gefangengenommenen Besatzung die Vergünstigung, nur bis Ostpreußen abgeführt zu werden, sichert den Bürgern Schutz gegen Plünderungen zu, läßt Lebensmittel an die hungernde Bürgerschaft verteilen und erleichtert die Lasten der Einquartierung. Später revanchieren sich die dankbaren Kolberger: Man überreicht Rumjanzew eine Stutzuhr mit Spielwerk, dem Stadtkommandanten ein silbernes Kaffeeservice, beiden zusätzlich ein Faß mit 525 Austern.

Der Verlust von Kolberg fällt für Preußen schwer in die Waagschale.

1761 machen die russischen Truppen, dank der Einnahme von Kolberg, zum ersten Mal Winterquartier in Hinterpommern und in der Neumark (einer historischen Landschaft östlich der Oder und nördlich der unteren Warthe, zwischen Polen und Pommern umstritten, seit Mitte des 13. Jahrhunderts unter der Herrschaft der Markgrafen von Brandenburg). Durch die russischen Truppen in der Neumark schweben fortan auch die Kurmark Brandenburg und Berlin in steter Gefahr. Alle Kriegsmaterialien und Lebens-mittel für die Russen in Hinterpommern können, mit dem Hafen Kolberg, nun leicht über die Ostsee herangeführt werden.

Mit Kolberg verfügen die Russen – endlich – über einen weit vorge-schobenen Magazin-Stützpunkt für eine Fortsetzung ihrer Opera-tionen gegen Preußen.

Friedrich der Große steht Ende 1761 am Abgrund, Preußen scheint verloren. Drei Wochen nach dem Fall Kolbergs verändert sich alles wundersam. Am 5. Januar 1762 stirbt Kaiserin Elisabeth, Erzfeindin des Preußenkönigs, im Alter von 53 Jahren. Der Thronwechsel in Rußland hat dramatische Konsequenzen. Elisabeths Neffe und Nachfolger als Kaiser ist der 34 Jahre alte Peter III., Sohn des Herzogs von Holstein-Gottorf und der Tochter Peters des Großen, Anna Petrowna. Peter III. ist ein glühender Bewunderer und Verehrer Friedrichs des Großen und beendet im April 1762 den Krieg mit Preußen. Gemäß dem am 5. Mai 1762 in St. Petersburg unterzeichneten Friedensvertrag geben die Russen alle besetzten Gebiete heraus und lassen die preußischen Kriegsgefangenen heimkehren. Nach nur sechs Monaten Regierungszeit wird Peter III., der alles Russische verachtet, am 9. Juli 1762 von seiner Frau durch Offiziersputsch gestürzt und stirbt (ermordet?) neun Tage später.

Witwe und Nachfolgerin Peters III., Kaiserin Katharina II., die Große, ist die 33 Jahre alte, in Stettin geborene Prinzessin Sophie Friederike Auguste von Anhalt-Zerbst. Sie führt den Krieg gegen Preußen ebenfalls nicht weiter; der „Alte Fritz" ist endgültig geret-tet. Er weiß, daß er ohne den Thronwechsel verloren gewesen wäre. Seitdem steht Rußland im Mittelpunkt der Diplomatie des Preußenkönigs.

Die russischen Truppen rücken 1762 aus ihrem Lager am Strand von Kolberg ab und machen Anstalten, Ostpreußen, Hinter-pommern und die Neumark zu räumen. Landkreise in Hinter-pommern erhalten das dringend benötigte Saatkorn als Geschenk aus russischen Militärmagazinen.

Der als Nationalheld gefeierte Oberst Heinrich Sigismund von der Heyde kehrt 1763 aus Kriegsgefangenschaft zurück und wird nun „wirklicher" Festungskommandant von Kolberg, bisher hatte er diese Stelle nur als Stellvertreter innegehabt. Zwei Jahre später verstirbt er im Alter von 62 Jahren und wird unter großer

Anteilnahme von preußischer Armee und Bürgerschaft im Kolberger St. Mariendom beigesetzt. Auf dem Denkmal Friedrichs des Großen in Berlin, Unter den Linden, ist als besondere Ehrerweisung sein Name verzeichnet. Späteren Generationen in Kolberg wird die Grabstätte Heydes nicht mehr bekannt sein.

Kolberg ist 1761, nach der dritten russischen Belagerung, eine nahezu völlig zerstörte Stadt. Kaum ein Haus ist mehr richtig bewohnbar, die Stadtkasse leer, fast die gesamte Handelsflotte verloren. Der „Alte Fritz" hilft sehr beim Wiederaufbau. Er ehrt Kolberg durch seinen sechstägigen Besuch im Mai 1763, fühlt er sich doch, uneingestanden, in der Schuld der Kolberger. Er schickt Kolonisten aus Bayern, Württemberg, Rheinland, Pfalz, Mecklenburg und Dänemark nach Kolberg, die sich bald integrieren und zum Aufschwung der Stadt beitragen.

Ganz Hinterpommern (und ein Teil Brandenburgs) ist nach dem Siebenjährigen Krieg, wie ein Jahrhundert zuvor nach dem Dreißigjährigen Krieg , zur Einöde geworden. Da es an Männern fehlt, müssen Frauen und Mädchen hinter dem Pflug gehen und schwere Landarbeit verrichten.

IV

Preußen und Europa
1806/1807

1806: Friedrich der Große und Friedrich Wilhelm III.

Mit dem Ende des Dreißigjährigen Krieges, 1648, begann der Aufstieg von Brandenburg-Preußen. Die Geschichte der entstehenden brandenburgisch-preußischen Armee ist zugleich die Geschichte des preußischen Staates. Kurfürst Friedrich Wilhelm, von den Zeitgenossen der „Große Kurfürst" genannt, hob Brandenburg in den Rang des zweiten Staates in Deutschland und einer angesehenen Macht in der europäischen Politik empor. Sein Enkel Friedrich Wilhelm I., der „Soldatenkönig", ein wunderlicher Tyrann mit weichem Herzen und roher Heftigkeit, begründete 1713 die preußische Militärmonarchie, die unter seinem Sohn, Friedrich II., zu einer europäischen Macht aufstieg.

Jeder in Europa weiß: Frankreich und Österreich können durch totale Niederlage in einem großen Krieg ihre Heere verlieren und dennoch überleben, während Preußen, verlöre es seine Armee, für immer politisch bedeutungslos und als unabhängiger Staat ausgelöscht wäre.

Im Vergleich mit den drei kontinentalen Großmächten Österreich, Rußland und Frankreich ist Preußen zweitrangig. Nach damaligen Vorstellungen fehlen Preußen alle Voraussetzungen einer Großmacht: Bevölkerungszahl, Flächengröße und Finanzkraft. Auch der größte Preußenkönig rechnet in seinem „Politischen Testament" von 1768 seinen Staat nicht unter die Großmächte. Bis zu seinem Lebensende glaubt Fridericus Rex, daß sich Preußen nicht mit den Großmächten messen könne und seine innere Schwäche durch außerordentliche Anstrengungen wettmachen müsse.

Dieser Militärkönig behauptet sich mit seinen vier Millionen Preußen sieben Kriegsjahre lang gegen die verbündeten drei

Großmächte Europas mit ihren 90 Millionen Menschen, dazu Schweden und die Mehrzahl der Reichsfürsten. Die Taten Friedrichs des Großen tragen ihm die widerwillige Bewunderung seiner Gegner ein, selbst im Paris von König Ludwig XV. Unterstützt wird der Preußenkönig einzig von England, das, nach einem Wort von William Pitt d. Ä., Nordamerika in Deutschland erobert. Pitt schloß nämlich 1758 mit Preußen ein Subsidien-Abkommen über vier Millionen Taler (570.000 Pfund Sterling) jährlich, das jedoch 1762, kurz vor Ende des Siebenjährigen Krieges, beendet wird. Seitdem verachtet der Preußenkönig den „treulosen Verbündeten" England, dem er mit dem Blut seiner Grenadiere größte Eroberungen in Übersee gesichert hat.

König Friedrich II. wird schon zu Lebzeiten überall in Europa „der Große" genannt. Der Ruf seiner Taten dringt bis zum Schwarzen Meer und an die Große Mauer Chinas. Sein Name wird im Kaukasus wie am Ganges, beim Großsultan wie beim Tataren-Khan oder Kaiser von Marokko mit Ehrfurcht genannt. Diese Staatenlenker sind höchst erstaunt, daß ein „Marquis de Brandebourg", dessen Existenz ihnen zuvor nie zu Ohren gekommen ist, den mächtigsten Nationen der westlichen Welt sieben Jahre standhält und von ihnen, trotz Übermacht, nicht überwältigt werden kann.

Vergessen wird dabei: In Krisenzeiten hat Fridericus Rex unverhofft Glück. Wichtiger noch ist, daß die Anti-Preußen-Koalition in ihren Kriegszielen uneinig bleibt. Österreich ist für Zerstückelung Preußens, Frankreich für Preußens Erhalt als Gegengewicht zu Österreich, und Rußland vermutet, es werde von Österreich ausgenutzt, das ihm die Blutopfer zuschieben und selbst die Früchte (Rückerwerb Schlesiens) ernten wolle.

Als der Preußenkönig nach sieben Kriegsjahren in seine Hauptstadt zurückkehrt, ist er, obwohl erst 51 Jahre alt, ein alter Mann geworden. Er ist hart und verschlossen, freundlos und freudlos. Der „Alte Fritz", wie ihn die Preußen nennen, ist für sein Volk eine einsame, vereinsamte Figur. Unter seinem Vater hat er gelernt, die Menschen als seine Werkzeuge zu gebrauchen, sie mit einer kalten Klugheit zu liebkosen, von der sein Herz nichts weiß. Die fast eisige Distanziertheit seines Lebens und seiner widersprüchlichen Persönlichkeit wirken zugleich anziehend und abstoßend und auch auf seine Bewunderer ernüchternd. Noch im Alter übt er

Hinterlist und Rachsucht. Er verliert treue Freunde durch Kälte und Entfremdung. Nach dem Siebenjährigen Krieg denkt er (bei allen großartigen Leistungen in 23 Friedensjahren) noch härter und geringschätziger von den Menschen: schneidend im Tadel, sparsam im Lob. Das Volk sammelt emsig jede Lebensäußerung des Königs, in der eine menschliche Empfindung zu erkennen ist.

Wenn Fridericus Rex, im Einklang mit seinen verehrten französischen Philosophen, alle Formen der christlichen Religion ablehnt, gar verachtet, so befremdet dies das gemeine Volk. Andererseits wirkt die tiefe Abneigung des „Alten Fritz" gegen „Pfaffenregiment" und Bevormundung der Geister in weiten Kreisen positiv. Wenn er beißende Kritik an den geistigen und künstlerischen Bestrebungen in Deutschland äußert, so stößt dies die aufstrebenden Bürger ab, die mit einigem Stolz auf ihre kulturellen Errungenschaften zu blicken beginnen.

Friedrich der Große stirbt 1786 mit 74 Jahren. Seitdem lebt Preußen vom Nimbus jenes überragenden Königs, der durch seine unerhörte Willensstärke das zergliederte, schwache Preußen zusammengehalten, zum Sieg geführt und im Kreis der Großmächte hat mitreden lassen. Später oft verschwiegen: Die meisten Menschen in Preußen quittieren die Meldung vom Ableben des Alten Fritz mit einem Stoßseufzer der Erleichterung. In Berlin ist man seiner steten Beaufsichtigung und Bevormundung überdrüssig. Die Preußen sind dieses Königs müde geworden. Der Fridericus-Biograph Wolfgang Venohr meint 1985 pointiert: „Über alle Maßen zu seinen Lebzeiten bewundert und gehaßt", sei der Preußenkönig „sofort nach seinem Tode in tiefste Vergessenheit" geraten. „Drei, vier Jahre später war es bereits so, als sei er niemals dagewesen ..."

Dies alles ist nun, 1806, zwanzig Jahre her. Friedrich der Große hatte gewarnt, ein träger Herrscher könne den Staat in dreißig Jahren ruinieren; tatsächlich bricht Preußen nur zwanzig Jahre später zusammen.

Der 36 Jahre alte Friedrich Wilhelm III. ist – 1806 – seit neun Jahren König von Preußen. Dieser Großneffe Friedrichs des Großen ist integer und pflichttreu, bieder und schüchtern, besitzt hausbackenen Durchschnittsverstand und bescheidene Gewohnheiten. Er weiß, daß er die Details der Regierungsgeschäfte zu wenig übersieht. Dieser vorsichtige und phantasielose Mann ist nur gelegentlich, nach langem Ringen, mutiger Entscheidungen fähig. Der Enkel jenes Prinzen von Preußen, den Fridericus Rex mitten im Krieg zornig vom Kommando entfernt hat, fühlt tief die Härte schneller Entscheidungen. Auch deswegen ist er unsicher und schwankend, wo kurzer und fester Entschluß nötig wäre.

Am Königshof in Berlin und Potsdam führt Friedrich Wilhelm III. beinahe den Stil eines deutschen Bürgerhauses ein. Der wortkarge König vermag nur in abgehackten Worten und abgebrochenen kurzen Sätzen zu sprechen. Seine übergroße Bescheidenheit feit ihn gegen jede Art von Schmeichelei. Sein Bestreben, die eigene Selbständigkeit zu wahren, übermächtigen Einfluß von sich fernzuhalten, läßt ihn unbedeutende, aber gefügige Gehilfen festen Charakteren als Berater vorziehen.

König Friedrich Wilhelm III. Stich von Eduard Mandel.

Der König lebt in glücklicher Ehe mit der sechs Jahre jüngeren, lebhaften und hübschen Luise, Tochter des Herzogs von Mecklenburg-Strelitz. Durch ihr enthusiastisches Temperament übt Königin Luise ab und an einen wohltätigen Einfluß auf die Politik aus. Ihr Engagement und ihre Lebensweise haben große moralische Wirkung, sie wird, durch ihren frühen Tod 1810 verstärkt, zur nationalen Legende stilisiert.

49

Friedrich Wilhelm III. hat zwar soldatische Neigungen, ist aber keineswegs eine kriegerische Natur, geschweige ein Feldherr. Militärisch reichen des Königs Fähigkeiten kaum über den Kommißdienst hinaus, dafür kümmert er sich, beispielsweise, um kleinste Uniformdetails.

Nachdem Kaiser Napoleon Preußen wiederholt gedemütigt, Preußen sich selbst isoliert hat, befiehlt Friedrich Wilhelm III. am 9. August 1806 eine Teilmobilmachung. Damit will er sich geqen eine drohende französische Überrumpelung sichern und hofft, daß die militärische Demonstration dazu ausreichen werde. Der König bleibt demnach, auch in Kriegsgefahr, seiner Halbheit und Unentschlossenheit treu. Erst zwei Monate später, am 9. Oktober 1806, erklärt er dann Frankreich den Krieg. An diesem Tag ist Napoleon bereits mit seinen Truppen in vollem Vormarsch auf Preußen. Für den unbeholfenen, entschlußschwachen König ist die Kriegserklärung eine Verlegenheitslösung – in einer selbstverschuldeten außenpolitischen Zwangslage und Isolation.

Neues Kriegsbild Napoleons, altes Kriegsbild Preußens

Anders als 1756 unter Friedrich dem Großen, ist Preußen auf diesen Krieg in keiner Weise vorbereitet. (Die Armee von 154.000 Mann, mit der der Preußenkönig den Siebenjährigen Krieg begann, war in Schlagkraft und Manövrierfähigkeiit jeder Armee Europas überlegen.) Der Aufmarsch des Heeres und die strategische Planung Preußens sind 1806 heillos verworren und zerfahren. Die in Organisation und Kampfesweise veraltete preußische Feldarmee hat 1806 gegen das Frankreich Napoleons, die stärkste und modernste Militärmacht Europas, keine Chance.

Das revolutionäre Frankreich hat seine Volkskraft in ungeahnter Weise aufgeboten. Schon im Dezember 1789 verfügt man, Nationalgarden in allen Departements aufzustellen. Neben die Linienarmee tritt eine Armee von zwei bis drei Millionen schlecht bewaffneter Bürger. Aus diesem Reservoir geht das wahre Heer der Französischen Revolution hervor.

Außerdem: In Paris glaubt man nicht mehr an die Überlegenheit der Defensive und an die Notwendigkeit begrenzter strategischer Ziele. Im Übergang vom alten Positions- zum neuen Bewegungskrieg gilt für das französische Revolutionsheer, schon vor Napoleon, die strategische Offensive als beste Form der Verteidigung, wobei man in der Schlacht schnelle Entscheidung sucht. Seit 1796 steht mit dem 27 Jahre alten Oberbefehlshaber Napoléon Bonaparte, ab 2. Dezember 1804 Kaiser der Franzosen, ein genialer Feldherr an der Spitze. Napoleon entwickelt die neue Strategie und Taktik zu ihrer höchsten Vollkommenheit.

Napoleons Kriegssystem, das Erbe der Französischen Revolution, wirft alle Gegner gleich einer Naturgewalt nieder, Napoleons Heere erfechten einen Sieg nach dem anderen. Die ausgeschwärmten, hinter Hecken und Zäunen in Deckung liegenden Tirailleure (Schützen) eröffnen den Kampf und erschüttern den Gegner durch ihr wohlgezieltes Feuer, worauf der wuchtige Stoß von tiefen Kolonnen der Divisionen erfolgt. Mit den Erfolgen der napoleonischen Kriegsführung wird das Tirailleursystem oder Schützengefecht zu einem Pfeiler des neuen Kriegsbildes. Man löst das Kampfverfahren aus seiner lineartaktischen Gebundenheit und fördert vermehrte Selbständigkeit der Unterführer. Napoleons Armee ist im ganzen eine ausgezeichnete, kriegstüchtige Truppe. Sie untersteht fähigen jungen Generalen, die wenig gebildet sind und keine hohen Namen tragen, aber dafür gesunden, unverdorbenen Blick für das jeweils Notwendige haben.

Denkende preußische Offiziere (sie sind im 7.096 Köpfe umfassenden Offizierskorps die Ausnahme von der Regel) werden durch die glänzenden Siege Napoleons am unbedingten Wert der stramm geregelten friderizianischen Lineartaktik irre. Danach geht man in geschlossenen Reihen vor, sucht den Gegner durch Salvenfeuer zu erschüttern und dann, verbunden mit der Wucht festgeschlossener Reiterattacken, im Nahkampf mit dem Bajonett den Sieg zu erzwingen. Wenige Reformversuche bleiben in kümmerlichen Ansätzen stecken. Mithin hält man in Preußen am langsamen, schwerfälligen Vorrücken in starrer Linie fest.

Neben dem Aufbieten der Volkskraft und dem Tirailleursystem ist eine dritte Neuerung in Frankreich überaus bedeutsam: die Logistik.

Frankreichs Heer macht sich früh vom Magazin- und damit Fuhrwesen unabhängig und wird erheblich beweglicher. Preußens Heer schleppt allen Troß mit ins Feld, das Sechsfache des französischen Fuhrparks, und ist daher viel unbeweglicher. Die französische Artillerie ist zu 80 % bespannt, die preußische zu 40 %. Die Franzosen kommen für ihre Verpflegung mit nur 500 Wagen aus, der preußische Train benötigt 1.398 vierspännige Brotwagen, 116 Backofenwagen, 1.380 Mehlwagen und 240 sonstige Fuhrwerke.

Die Verpflegung der Franzosen fußt auf Requisition aus dem Lande und ist billiger und beweglicher gegenüber der an ihre Brot- und Mehlkolonnen gefesselten preußischen Armee. Oder: Während die Franzosen die Zelte abschaffen und unter freiem Himmel biwakieren, folgen jedem preußischen Infanterieregiment 60 Packpferde mit den Zelten.

Das Aufgebot der Volkskraft, das Tirailleursystem und die Unabhängigkeit vom Magazin- und Fuhrwesen in Frankreich erweisen sich in der Hand eines großen Feldherrn als Kraftquellen von ungeahnter Stärke.

Die preußische Militärführung, genauer: die Zopf- und Pudergeneralität aus dem Nachlaß Friedrichs des Großen, ist 1806 deutlich überaltert.

Diese Überalterung setzt bereits – oft unerwähnt – gegen Ende der Regierungszeit des „Alten Fritz" ein. Viele Hauptleute sind 1786 dickbäuchige Figuren, viele Stabsoffiziere können kaum mehr reiten. 1786 stehen 25 von 37 Generalmajoren im Alter von 60 bis 78 Jahren. Die Kavallerie hat unter sechs Generalleutnanten drei Siebziger, unter 25 Generalmajoren deren 17 von 60 bis 68 Jahren. Daß der „Alte Fritz" höchst ungern den Abschied bewilligte, hatte seine Ursache in der schwachen Versorgungskasse: Pensionen wurden meist erst dann gezahlt, wenn durch Tod eines Pensionärs Mittel frei wurden. Einen gesetzlichen Anspruch auf Versorgung gibt es in Preußen nicht.

Das Durchschnittsalter der französischen Generale liegt 1806 bei 41 Jahren (21 von ihnen sind 29 bis 34 Jahre alt), das der preußischen Generale bei 60 Jahren. Von den fünfzehn Generalen der höheren Truppenführung ist 1806 bei den Franzosen der älteste 53 Jahre, bei den Preußen 72 Jahre alt. Preußische Regimentskommandeure stehen meist im Alter von 55 bis 65 Jahren. Majore und Obristen unter 50 Jahre sind selten. Das muß bei der Kavallerie, wo körperliche und geistige Frische in noch höherem Grade als bei der Infanterie nötig sind, üble Folgen für Beweglichkeit und Entschlußkraft haben. 1806 sind bei der Kavallerie von 27

Generalmajoren deren 26 zwischen 54 und 70 Jahre alt, von 44 Obersten nur sechs unter 50 Jahre. Das preußische Offizierskorps bietet weithin einen greisenhaften, abgelebten Eindruck. Demgegenüber stehen die französischen Offiziere seit 14 Jahren fast ununterbrochen im Feld und haben die Praxis des modernen Krieges mit der Frische der Jugend in sich aufgenommen.

Die Überlebenden der großen Zeit des „Alten Fritz" scheinen die Unbesiegbarkeit der preußischen Militärmonarchie zu verbürgen. So werden auch unfähige Stabsoffiziere und Generale bis ins Greisenalter konserviert. Wichtiger: Der Pensionsfonds ist um 1806 erschöpft, so daß Anträgen der Generalinspekteure auf Versorgung unbrauchbarer Stabsoffiziere oder Abschiedsgesuche mangels Mitteln abgelehnt werden müssen.

Gewisse Reformansätze vor 1806, zum Teil eingeleitet von König Friedrich Wilhelm II., in Rechtswesen, Wohlfahrtspflege, Armee und Verwaltung kommen ohne Beseitigung der Schranken des Ständestaates nicht zum Zuge. Das preußische Heer leidet an denselben Mängeln wie Politik und Verwaltung des Staates; vieles Alte wird sorgfältig konserviert. Im preußischen Staat, nun nur noch Fassade Friedrichs des Großen, herrschen überall Mittelmaß und Selbstzufriedenheit.

Man verdrängt die bitteren Niederlagen des „Alten Fritz", besonders die bitterste vom 12. August 1759 in der Schlacht bei Kunersdorf, 15 km östlich Frankfurt/Oder, 53.000 Preußen gegen fast 70.000 Russen und Österreicher. Damals stand Preußen vor dem Abgrund, der Preußenkönig sah alles verloren und gab den Oberbefehl ab. Drei Tage später hatte er wieder 24.000 Mann tief entmutigter Truppen beisammen. Gerettet wurde Friedrich der Große dadurch, daß Russen und Österreicher die Katastrophe Preußens nicht ausnutzten, was der „Alte Fritz" selbst „das Mirakel des Hauses Brandenburg" nannte. Napoleon sagte über ihn: „Er war besonders groß in den verzweiflungsvollsten Augenblicken."

Statt „Kunersdorf" beschwört man nun vor 1806 die Siege des „Alten Fritz" vor fast fünfzig Jahren. Diese Siege gipfelten in der am 5. Dezember 1757 gegen alle Regeln der Kriegskunst in schräger Schlachtordnung in drei Stunden glanzvoll gewonnenen Schlacht bei Leuthen, 20 km vor dem Westrand Breslaus, mit 35.000 Preußen gegen 65.000 Österreicher. Zuvor hatten dünkelhafte österreichische Generale die heranrückende kleine preußische Armee als „Berliner Wachtparade" verspottet. Jener vollendetste Sieg des Preußenkönigs begründete seinen Ruf als einer der größten Feldherren. Napoleon nennt „Leuthen" ein „Meisterstück von Bewegungen, Manövern und Entschlossenheit" und sagt, allein diese Schlacht hätte genügt, um den König unsterblich zu machen. Seit „Leuthen" sonnt sich Preußens Armee im Ruf der Unbesiegbarkeit. Wie die meisten Zeitgenossen, schätzte auch Napoleon ursprünglich das militärische Potential Preußens viel zu hoch ein. Der Niedergang des friderizianischen Systems deutete sich bereits umrißartig im Bayerischen Erbfolgekrieg von 1778 an. Beim Tode des „Alten Fritz" hat Preußen 5,8 Millionen Einwohner, ist seine Armee nahezu 200.000 Mann stark (3,3 % der Bevölkerung), die stärkste Europas und allen anderen Armeen trotz deutlicher Schwächen überlegen. Ein Vergleich mit Frankreich: Bei Beginn der Französischen Revolution ist die französische Armee 173.000 Mann stark, das sind etwa 0,7 % der Bevölkerung. Vielfach glaubt man, die Armee von 1806 dürfe mit vollem Recht die Armee des „Alten Fritz" von 1786 genannt werden, ohne das Zweischneidige des Ausspruchs zu bemerken: zwanzig Jahre Stillstand können nur Rückschritt bedeuten.

Die meisten Generale glauben 1806, daß man im Kriegsfall die „französischen Windbeutel" in Grund und Boden stampfen werde. Nach zehnjährigem Siegeszug Napoleons spricht Blücher, unerschütterlicher Optimist, im Frühjahr 1806 von „unserer unbesiegbaren Armee". Woher nehmen nicht nur die meisten Generale, sondern auch die Mehrheit der Offiziere die Zuversicht, dem soviel stärkeren und kampferprobten, zudem an Hilfsquellen aller Art überlegenen Gegner Frankreich allein gegenüberzutreten? Hat nicht Napoleon zehn Monate zuvor, am 2. Dezember 1805, in der Dreikaiserschlacht von Austerlitz im Raum Olmütz mit 78.000 Mann die vereinten Österreicher und Russen mit 85.000 Mann vernichtend geschlagen? Die Siege Napoleons werden bagatellisiert, seien sie doch „nur" gegen die Österreicher und die Russen erfochten, die man in Preußen als weit unter sich stehend betrachtet.

Wenige, meist jüngere Warner setzen sich nicht durch. So schreibt 1803 der schon mit 33 Jahren zum Major beförderte Karl Friedrich von dem Knesebeck in seiner Denkschrift über eine zu errichtende Landmiliz: „Wird durch ein paar unglückliche Treffen das stehende Heer zugrundegerichtet oder der Geist seiner Disziplin aufgelöst, so ist der preußische Staat in Gefahr, vom Feinde verschlungen zu werden." Drei Jahre später erfüllt sich Knesebecks düstere Voraussage. Nur wenige Realisten in Preußen wissen: Wird die Feldarmee in einer Entscheidungsschlacht zertrümmert, ist der Staat rettungslos verloren.

Vor der Französischen Revolution waren die Heere zu klein, in ihrer Taktik zu unbeholfen, in ihrer Zusammensetzung zu unzuverlässig, um die feindliche Streitmacht in einer Entscheidungsschlacht zu zertrümmern und sie bis zur Besetzung des ganzen feindlichen Landes zu verfolgen. Die Heere konnten sich nur mäßig ins feindliche Land hineinwagen, weil sie große Gebiete nicht zu decken vermochten und die gesicherte Verbindung mit ihrer Operationsbasis strikt hüten mußten.

Kriegsziel war daher im 18. Jahrhundert nicht die Vernichtung der feindlichen Armee, nicht das Vordringen bis in die feindliche Hauptstadt, nicht das Niederwerfen des feindlichen Staates. Die Ziel eines Feldzuges, oft eines Feldzugsjahres, sogar eines Krieges war die Eroberung einer Provinz, das Zurückwerfen einer Entsatzarmee usw. Das Einrücken in eine Provinz oder vor eine Festung zielte meist nicht auf die taktische Zerschlagung des Gegners ab; diese wurde nur gesucht, wenn sie unvermeidlich war. Die Verfolgung der geschlagenen Truppen endete in der Regel auf dem Schlachtfeld oder erstreckte sich nur auf den nächsten Tag. So kam der Besiegte eigentlich immer mit einem „blauen Auge" davon und konnte sich bald wieder erholen.

Mit diesem traditionellen Kriegsbild des 18. Jahrhunderts macht Napoleon nun ein für allemal Schluß. Er sieht sich von den genannten Fesseln traditioneller Strategie und Taktik befreit. Er stellt prinzipiell alles auf eine entscheidende Schlacht ab, die an einem Tag das Schicksal von Reichen besiegeln soll. Anschließend an seinen Sieg läßt Napoleon den geschlagenen Gegner in strapaziösen Märschen rücksichtslos verfolgen, bis dieser sich seinen Bedingungen unterwirft.

Kein Sieg Napoleons hat auch nur annähernd so gewaltige Folgen wie der von 1806 in der Doppelschlacht bei Jena und Auerstedt. Warum birst das alte Preußen nach dem ersten Zusammenprall mit Frankreich aus allen Fugen? Diese Niederlage auf dem thüringischen Schlachtfeld wird deshalb zur nationalen

Katastrophe, weil der harte Stoß Napoleons ein fast durch und durch morsches Preußen trifft. Jena und Auerstedt sind die Folge aller außenpolitischen Fehler, die man gemacht, und – vor allem – aller innenpolitischen Mißstände, die man geduldet oder großgezogen hat. Den Bankrott der Außenpolitik Preußens besiegelt fast konsequent 1806 die Unfähigkeit seines Oberkommandos.

Preußens Paradeheer – ein Blick hinter die Fassade

Europa kannte im 18. Jahrhundert, vor Napoleon, das stehende Heer der dressierten Lohnsoldaten, ein Söldnerheer.

König Friedrich Wilhelm I., der Vater Friedrichs des Großen, führte die Rekrutierung durch Anwerben von Ausländern meist aus den anderen deutschen Staaten ein. Die preußischen Beamten, unter dem Druck des Königs, scheuten sich dabei nicht, betrügerische und gewaltsame Werbemethoden anzuwenden. Im benachbarten Hannover und Mecklenburg gab es regelrechte Menschenjagden und Razzien. Die preußischen Werbeoffiziere entführten einzige, freigestellte Söhne. Wer als Jüngling hoch aufschoß, den warnten bekümmerte Eltern: Wachse nicht, dich fangen die Werber! Unter Bewachung und Drohungen wurden die Angeworbenen zur preußischen Fahne geschleppt, durch barbarische Strafmittel zum Eid gezwungen. Die preußischen Werber hatten den übelsten Ruf in Europa.

Beim Tode des „Alten Fritz" besteht die Infanteriekompanie je zur Hälfte aus In- und Ausländern, später zu 55 % aus In-, zu 45 % aus Ausländern. Erst das von König Friedrich Wilhelm II. erlassene Reglement vom 1. Februar 1787 untersagt bei der Ausländer-Werbung alle Gewaltsamkeiten, listigen Nachstellungen und Täuschungen. Bei Kriegsbeginn 1806 besteht das Heer zu 63 % aus Inländern, zu 37 % aus Ausländern.

Friedrich Wilhelm I. und Friedrich II. glauben mit gutem Grund, daß Preußen mit seiner geringen Bevölkerung es sich nicht leisten könne, zu viele junge Leute von ihren Beschäftigungen zugunsten des Militärdienstes von zwanzig Jahren abzuziehen. Die Rekrutierung in Preußen stößt auf Widerstand. Die jungen Leute wandern massenhaft aus; keine Drohungen mit Galgen, Ohrabschneiden und Konfiskation ihrer Habe können ihre Flucht aufhalten. Der Soldatenkönig sieht sich genötigt, seine Landschaften zu schonen, weil sie sich zu leeren drohen. Daher wagt man nicht, alte Privilegien anzutasten, wonach Städte wie Breslau, Berlin, Magdeburg und Landschaften wie Ostfriesland und schlesische Gebirgskreise vom Militärdienst befreit bleiben. Befreit ist im wesentlichen das höhere Bürgertum: Gelehrte, Beamte, Geistliche, große Kaufleute, Fabrikanten, dazu Arbeiter in Spezialmanufakturen. Den härtesten Druck, wie er auf den Söhnen des einfachen Volkes lastet, empfinden die Kinder der privilegierten Stände nicht.

Wie kann man den Söhnen der Gebildeten, gar dem hochgeborenen Junker zumuten, als Rekrut dem Kalbsfell zu folgen und die Montur anzuziehen? Weil Staatsdienst, Besitz und Bildung vom Militärdienst befreien, tragen die niederen und ärmsten Schichten die Last der Rekrutierung: die untertänigen Bauern, die Kossäten (Kätner), die Handwerksgesellen. Dem Bauernstand, der Masse der Bevölkerung, sind die schwersten Lasten auferlegt, ohne daß er entsprechende Rechte hätte.

Weil man selbst diese ärmste Bevölkerungsschicht, aus Rücksicht auf die Bestellung der adligen Güter, nicht rigoros zum Militärdienst heranziehen kann, ist man auf Werbung im Ausland angewiesen. Aus diesem Grund auch sind sämtliche Inländer, nach einjähriger Rekrutenzeit, zehn bis elf Monate des Jahres in die Heimat beurlaubt. Fast im ganzen Jahr ist Preußens Armee demnach eine Söldnertruppe. Nur in den Frühjahrsmonaten sind die Regimenter auf Sollstärke. Oft werden, mit den Ausländern, so viele beurlaubt, daß die Kompanie im Extremfall nur noch aus 30 bis 40 Mann besteht. Die reichen gerade noch zum Wachestehen; militärische Übungen gibt es mit einem solchen Häuflein schwerlich.

Wer läßt sich bei den Preußen anwerben? Es sind meist Leichtsinnige, die es in keinem anderen Beruf zu etwas gebracht haben, oder Vagabunden und Nichtstuer mit Hang zu Diebstahl und Betrug. Leute mit schwer belasteter Vergangenheit schlüpfen im preußischen Soldatenrock unter. Andererseits verfügt Friedrich der Große 1780, daß Personen, die wegen unbefugter Schriftstellerei und Aufwiegelung von Untertanen verurteilt sind, nach verbüßter Strafe zu Militärdiensten gezwungen werden können.

In angeworbenes Gesindel kann man militärische Eigenschaften auch nicht hineinprügeln. Die Taugenichtse und Schnapsbrüder aus Bayern, Holland usw., die bei den Preußen Handgeld nehmen, tun ihre Schuldigkeit nur, wenn sie die Fuchtel fürchten. Sie laufen davon, sobald sie können – was geht sie Preußen an? Nur härteste Disziplin und Strafen können die stete Neigung zur Desertion unterdrücken. Daher im Kriege keine Nachtmärsche in der Nähe eines Waldes, bei Märschen durch Wälder Husaren neben der Infanterie. Nach einem Schlachttag sind, später oft verschwiegen, die Verluste durch Deserteure oft höher als die Verluste an Gefallenen und Verwundeten.

Eine Armee wie die preußische ist nur mit strengster Zucht, genauer: mit barbarischer Disziplin zusammenzuhalten. Friedrich der Große fordert 1763 und fast gleichlautend in seinem „Politischen Testament" von 1768: „Überhaupt muß der gemeine Soldat vor dem [eigenen] Offizier mehr Furcht als vor dem Feinde haben." Treue zur eigenen Fahne, Dienen aus Vaterlandsliebe gelten nicht als erste Kriegertugenden.

Strafen gibt es bei allen Gelegenheiten: wenn ein Rostfleck auf dem Gewehr oder ein Knopf schlecht geputzt ist, dem Zopf die vorgeschriebene Länge fehlt. An der Spitze der Prügel steht das gefürchtete Spießruten- oder Gassenlaufen. Bei dieser seit Ende des 16. Jahrhunderts überlieferten Militärstrafe muß der wegen Fahnenflucht, Trunkenheit usw. verurteilte Soldat ein- oder sogar mehrmals durch eine von hundert, oder auch bis zu dreihundert Mann gebildete Gasse laufen und erhält dabei Rutenhiebe auf den entblößten Rücken.

Daneben gibt es Stockschläge oder Hiebe mit kleinen, drahtbezogenen Röhrchen. Mit Ausnahme der Spießruten ist die körperliche Züchtigung, im Gegensatz zur Zivilgesetzgebung, der Willkür und Laune des Kommandeurs anheimgestellt. Im übrigen: Prügelstrafe ist in Preußen allbekannt – wie in den meisten anderen Heeren auch. In den Schulen Preußens regiert die Rute, über Kinder und Gesinde schwingt der Hausherr den Stock, wie der Gutsherr über Tagelöhner, dessen Söhnen und Vettern die Soldaten dann als Offiziere wiederbegegnen.

Ein Blick auf die französische Rekrutierung: Seit 1798 ist jeder taugliche Franzose vom 20. bis 25. Lebensjahr der allgemeinen „Konskription" unterworfen und kann im Auslosungsverfahren zum Waffendienst ausgehoben werden. Da Stellvertretungen zugelassen sind, können sich die Reichen vom Militärdienst loskaufen. So sind auch in Frankreich, bei einem jährlichen Rekrutenkontingent von etwa 80.000 Mann bis 1806, im wesentlichen die Söhne der ärmeren Schichten (Arbeiter, Kleinbürger, Bauern) in der Armee, aber sie sind Franzosen, nicht ausländische Söldner.

Napoleon ist vor und nach seiner Erhebung zum Kaiser im Interesse seiner Popularität darauf bedacht, die Militärlast zu erleichtern und sie von wohlhabenden und einflußreichen Kreisen abzuwälzen. Im großen, dichtbevölkerten Frankreich und im Gefühl für nationale Größe trägt man die Last der Konskription jahrelang unter Napoleon willig. Eine Prügelstrafe ist nicht möglich.

Der Sold in Preußens Armee ist so elend, daß der Soldat ohne zivilen Nebenverdienst wie Holzhacken, Jauchepumpen usw. hungern müßte. Namentlich der verheiratete Soldat ist auf Nebenerwerb angewiesen, für Ungelernte ist dies meist das Wollespinnen. Kasernen gleichen daher oft genug Fabriken: In jeder Stube stehen große Räder und Hecheln, an denen dienstfreie Soldaten, bis aufs Hemd ausgezogen und mit bloßen Füßen, von morgens bis abends Wolle spinnen und kratzen. Beliebt ist es auch, für geringen Tageslohn einen Klafter Holz zu spalten.

Vor allem die schlechten Elemente unter den ausländischen Söldnern schädigen das Ansehen des Soldatenstandes in Preußen. Der geworbene Ausländer ist von der bürgerlichen Gesellschaft durch eine Kluft getrennt. Ist es bei alledem ein Wunder, daß sich die Bürger über die Soldaten erhaben dünken und sie gering achten?

Später im deutschen Kaiserreich gründlich verdrängt: Für den militärpflichtigen Bürger- und Bauernsohn in Preußen ist es ein großes Unglück, dienen zu müssen; im übrigen Deutschland gilt es gar als Schande. Kein ehrlicher Preuße mag den blauen Rock des Königs tragen. Aus Abscheu davor verläßt man lieber Preußen und sucht sein Glück in der Fremde. Armeedienst gilt als Strafe, der Soldatenrock als disziplinarisch-moralische Warnung für ungeratene Söhne.

Dem Sohn des Studierten oder Kaufmanns gilt es als besonders schmachvoll, wenn er nach gelehrter Schulbildung soweit herunterkommt, daß er den Armee- Werbern in die Hände fällt. Sogar der menschenfreundliche Königsberger Philosoph Immanuel Kant weigert sich, einen Gelehrten zur Beförderung zu empfehlen, weil

dieser, ein Mensch von zweifelhaftem Ruf, die „Niederträchtigkeit"
gehabt habe, seinen Soldatenstand so lange ruhig zu ertragen.
Soldaten werden von Bürgern gemieden, dürfen bessere Wirts-
häuser nicht besuchen. Kehrt ein Soldat in ein Wirtshaus ein, so
entfernen sich sofort Bürger und Handwerksgeselle. Die meisten
Bürger stehen der Armee Preußens fremd gegenüber.
Wie sieht das Offizierskorps aus? Der Offiziersstand ist eine
nahezu ausschließlich durch den Adel ergänzte, geschlossene
Kaste. Es gibt wenige nichtadlige Offiziere. In der Artillerie ist allerdings 1806 die Mehrzahl der Offiziere bürgerlicher Herkunft, eben
deshalb gilt sie nicht als vollberechtigte Waffengattung. Eine spe-
zielle Ironie: Als der ehemalige.französische Artillerie-Offizier
Napoleon Bonaparte als Kaiser von Frankreich darauf sinnt, Preußens Heer und Staat zu zertrümmern, streitet man in Preußen darüber, ob ein Offizier der Artillerie in den Generalstab aufzunehmen sei, und dem bürgerlichen Oberstleutnant Gerhard
Scharnhorst wird diese Bevorzugung überaus geneidet.
    Im Offizierskorps zeigen sich alle Fehler eines privilegierten
Standes im Übermaß: Hochmut gegen die Bürger, Roheit gegen die
Untergebenen, Trunksucht, Duellwut, Mangel an Bildung, bei den
Elite-Regimentern zügellose Frechheit. In den Straßen und Gesell-
schaften Berlins ist man vor den „Insulten" der Elite-Offiziere des
Jungadels nicht sicher. Jene anspruchsvollen jungen Offiziere fan-
gen beim Regierungsantritt Friedrich Wilhelms III. 1797 an, sich
ihrer traditionell-friderizianischen, altfränkischen Uniform in
Gesellschaft zu schämen und nehmen sich heraus, mit aufge-
bauschter weißer Halsbinde, Stulpenstiefeln und Stockdegen durch
die Stadt zu schlendern.
    Die höheren Offiziere sind 1806 grau und müde geworden. Sie
sind als Knaben, vielleicht aus der Dressur der Kadettenhäuser, ins
Heer gekommen. (Die Bildung der Kadettenkorps reicht über eine
Volksschule kaum hinaus, so daß Männer höherer Bildung im
Offizierskorps sehr selten sind.) Dort sind sie abgerichtet worden,
haben bei zahllosen Paraden Linie und Distanz gehalten und später scharf darauf geachtet, daß andere Linie und Distanz halten.
Sie haben um Beförderung geworben und nach Berlin gehorcht,
wer am meisten in Gunst stehe. Das ist ihr Leben gewesen. Sie kennen wenig mehr als das geistlose Dienst-Einerlei.
    Eine Besonderheit im Offizierskorps: Mitten in der Belagerung

Kolbergs 1807 wird Kommandant Gneisenau bemerken, daß Hauptleute Soldaten vom Dienst suspendieren, um deren Sold einbehalten zu können. Im preußischen Heer besteht nämlich die Besoldung der Hauptleute und höheren Offiziere zu einem nicht unerheblichen Teil darin, daß sie die gesparten Unterhaltungskosten für ihre Kompanie behalten dürfen. Dies hat die größten Mißbräuche zur Folge. In Kolberg verbietet Gneisenau durch besonderen Parolebefehl vom 27. Mai 1807 diesen eingewurzelten Unfug.

Abgesehen vom Berufsbeamtentum, Adel und Offizierskorps, stehen alle anderen Schichten, vor allem das aufstrebende Bürgertum, dem preußischen Staat fremd bis feindlich gegenüber. Da man mit dem Staat nichts zu tun haben will, sehen 1806 die meisten Bürger dem Untergang dieser Armee, dieses Staates teilnahmslos zu; es ist nicht ihre Armee, ihr Staat. Jetzt, 1806, rächt sich die fast ausschließlich auf Großgrundbesitz, Offizierskorps und Beamtentum gestützte schwache gesellschaftliche Grundlage des friderizianischen Staates.

Wie steht es 1806 mit der Kriegstauglichkeit des preußischen Heeres?

Die Bewaffnung der Linien-Infanterie ist schlecht. Da die Gewehre Eigentum der Kompaniechefs sind, werden sie verständlicherweise nur sehr zögernd erneuert. In manchen Kompanien sind die Gewehrläufe, nach langjährigem Gebrauch und dank übereifriger Unteroffiziere, vom steten Putzen und Polieren abgenutzt. Diese „Prachtgewehre" sind ein Sinnbild der ganzen Armee. Man kann mit ihnen wundervoll exerzieren, chargieren, paradieren, aber der größte Teil der Soldaten hat – aus Sparsamkeit – noch nie scharf geschossen. Obwohl König Friedrich Wilhelm III. die Notwendigkeit kriegsmäßigen Übens einsieht, findet eine Schießausbildung mit scharfen Patronen bis 1806 nicht statt.

Das höchste Ziel militärischer Ausbildung in Preußen ist die Parade, Preußens Heer ist ein Paradeheer. An der knappen Montur, an der schmalen Kost wird unwürdig gespart. So unzweckmäßig wie ein preußischer Grenadier ist kein Soldat Europas gekleidet. Seine Uniform ist, aus Sparsamkeit, bei Hosen, Röcken oder Stiefeln zu eng. Das Haar ist in einem dicken, mit Band umwickelten Zopf geflochten, der starr über dem Rücken hängt wie ein gefrorener Rattenschwanz. Die Beschaffenheit der Montur ist jämmerlich: schlechtes Tuch und miserables Lederzeug. Es fehlen – wie stets – Mäntel und Unterzeug, also warme Winterkleidung, trotz der kalten Biwaknächte im Herbst 1806.

Die in Europa berühmte (und belächelte) preußische Sparsamkeit steigert sich zur Manie, regiert und ruiniert die Schlagkraft.

Ein Beispiel: Im Berliner Zeughaus, so notiert Carl von Clausewitz, soll die Ausrüstung der Artillerie sorgfältig an Strick und Nagel hängend aufbewahrt werden, aber Stricke und Nägel sind verrottet und unbrauchbar. Später, 1806, wird sich herausstellen: Einige Batterien haben nie exerziert, nie das Auf- und Abprotzen geübt; die Geschütze sind für die bei Mobilmachung ausgehobenen Bauerngäule zu schwer, so daß sie bei den Märschen weit zurückbleiben und zu spät zum Einsatz kommen.

Bei Einhaltung des alten Etats und steigenden Preisen wird das Heeresmaterial dürftig bis unbrauchbar und damit kriegsuntüchtig. Es ist in der Tat alles vernachlässigt oder nicht vorhanden, was der Ernstfall erfordert. Nur wenige Generale verfügen über Landkarten, was sich 1806 für manche Truppen als verhängnisvoll erweisen wird. Oder: Die Truppenoffiziere, an ihren Platz im Glied gefesselt, bringen in den Krieg kaum mehr als alte Exerzierplatz-Gewohnheiten mit.

Endlos ist das Drillen der Soldaten, aber dafür klappen die Griffe beim Präsentieren des Gewehrs vorzüglich. Wenn die Soldaten exerzieren, laden und feuern, mutet die Präzision und Schnelligkeit wie Hexerei an. Der Parademarsch beim Potsdamer Herbstmanöver sieht prächtig aus, bietet ein glänzendes Schauspiel und erweckt den Eindruck von Unwiderstehlichkeit. Aber die Manöver sind zu unnützen Schaustellungen verkommen, bei denen jede Bewegung vorher einstudiert ist. Wenn in Berlin zur Wachtparade zwanzig riesige Messingtrommeln ohrenbetäubend geschlagen werden, erzittern alle Fenster – kein Fremder versäumt dieses Schauspiel. Aber wie man Feldwachen aufstellt, regelrechte Aufklärung betreibt, ein marschierendes Korps durch Patrouillen sichert – das und vieles mehr ist weder geübt noch verstanden worden.

Zusammenfassend: Schlecht ausgebildet, bekleidet und ausgerüstet ziehen die Preußen 1806 in den Krieg gegen Frankreich. Es bleibt erstaunlich: Große Teile der Armee können sich anfangs, in einzelnen Phasen teils bravourös, gegen die Franzosen behaupten und ihnen hohe Verluste zufügen. Doch insgesamt ist Preußens Armee zur Parade dressiert, und im Krieg haben die Künste des

Exerzierplatzes wenig Wert. Offizieren und Soldaten ist der Felddienst, „außer Reih' und Glied", gänzlich neu und fremd. Was die neue, die napoleonische Zeit vom Feldsoldaten verlangt, das ahnen weder das Oberkommando noch das Offizierskorps.

Festung Stettin, der nördliche Eckpfeiler Preußens

Die Pommern blicken 1806, soweit sie sich überhaupt für diesen Krieg interessieren, auf ihre Hauptstadt Stettin mit damals ca. 15.000 Einwohnern.

Um 800 gründeten slawische Wenden die Siedlung „Stitin" als festen Platz, vermutlich auch Handelszentrum, an der Oder-Mündung. Im 11. Jahrhundert Hauptstadt Pommerns, wurde Stettin 1091 als Castrum (befestigter Platz) und 1121 erneut von Polen erobert. 1243 erhielt Stettin Magdeburger Stadtrecht und wurde damit deutsche Stadt. Sie blieb ein Kleinod im Herrschafts- und Erbgut der Pommernherzöge, für Kurbrandenburg und Polen von Süden und Osten her ein begehrtes und umstrittenes Tor zur Ostsee, von Norden her ein lockendes Einfallstor für Dänemark und Schweden. Jahrhundertelang hin- und hergeschoben, war Stettin ein Spielball der Mächte, bis es 1720 unter die Preußenkönige kam.

Seit der Einnahme (1630) durch den Schwedenkönig Gustav II. Adolf war Stettin, für ihn ein starker Brückenkopf auf dem norddeutschen Festland, zu einer der stärksten Festungen Europas ausgebaut worden. Hundert Jahre später, 1724 bis 1740, wird Stettin unter König Friedrich Wilhelm I. eine der stärksten Festungen Preußens und gilt als nördlicher Eckpfeiler des preußischen Kernlandes Mark Brandenburg. Das ist nun, zwanzig Jahre nach dem Tod des „Alten Fritz", allerdings nur noch ferne Erinnerung.

Aus dem Hauptquartier in Naumburg/Saale erläßt König Friedrich Wilhelm III. am 27. September 1806 eine Ordre, durch öffentliche Aufforderung Mäntel für die Infanterie zu beschaffen. Der Stettiner Magistrat beginnt am 7. Oktober 1806 eine entsprechende Sammlung von Winterkleidung für die pommerschen Regimenter: Ärmelmäntel für die Infanterie, Überhosen für die Kavallerie. Nach Abzug der beiden Garnisons-Regimenter zur Feldarmee bleiben in Stettin nur sieben wenig brauchbare dritte

Musketierbataillone, dazu eine Festungs-Artilleriekompanie mit 100 Geschützen auf den Wällen, insgesamt rund 5.300 Mann.

Gouverneur der Festung Stettin (seit 1799) ist der 77 Jahre alte Generalleutnant Friedrich Gisbert Wilhelm Freiherr von Romberg, Kommandant der 71 Jahre alte Generalmajor Karl Gottlob von Knobelsdorff. Vor Kriegsausbruch schreibt Romberg dem König freimütig, er habe seinen Posten in Stettin nur als eine Art Versorgung angesehen und sei im Kriegsfalle zu alt und zu kränklich, so daß er um einen Nachfolger bitte. Friedrich Wilhelm III. entspricht diesem Gesuch Rombergs aber nicht. Erst am 14. Oktober 1806 befiehlt Berlin, die Festung Stettin gegen einen feindlichen Angriff in Bereitschaft zu versetzen.

Ein Feldherr wider Willen als Oberbefehlshaber

Oberbefehlshaber des preußischen Heeres ist der 71 Jahre alte Feldmarschall Karl Wilhelm Ferdinand Herzog von Braunschweig-Lüneburg. Über diese Schlüsselfigur von 1806 finden sich in den Geschichtswerken nur kurze, nichtssagende Bemerkungen. Fast gewinnt man den Eindruck, daß sich die preußischen Historiker seiner etwas schämen ...

Karl Wilhelm Ferdinands Mutter Philippine Charlotte ist eine jüngere Schwester Friedrichs des Großen. Bei der Taufe seines Enkelkindes ist Preußenkönig Friedrich Wilhelm I. zugegen. Der Welfen-Erbprinz erhält eine vielseitige Bildung, spricht Französisch, Englisch, Italienisch. Er eignet sich, wie sein berühmter Onkel, dem er äußerlich ähnlich sieht, eine reiche Kenntnis der französischen Literatur und Philosophie an und nimmt, unähnlich seinem Onkel, in jüngeren Jahren tieferes Interesse an der modernen geistigen Bewegung in Deutschland.

Im Siebenjährigen Krieg, das ist nun mehr als vierzig Jahre her, ist der früher jähzornige Erbprinz Karl Wilhelm Ferdinand tapfer, sogar tollkühn, nicht zuletzt deswegen der Lieblingsneffe Friedrichs des Großen, der dem jungen Welfen Ende 1759 sogar eine Ode widmet. Gleichzeitig aber, schon 1758 erkennbar, schreckt er vor umfassenden Operationen zurück. Er erweist sich als unentschlossen, zaudert, scheut immer wieder Verantwortung bei großen, selbständigen Aufgaben. Dafür muß er, seit 1778 General der Infanterie, im Bayerischen Erbfolgekrieg von 1778 eine Rüge des „Alten Fritz" einstecken. Verantwortungsscheu ist in Preußen verbreitet. Unter der Zucht Friedrichs des Großen fehlt es an Generalen, die zum Oberbefehl fähig wären; nichts fürchten seine Generale mehr, als zu Befehlshabern detachierter Korps ausersehen zu werden.

1766 heiratet der Erbprinz, wie lange für ihn geplant, die ungeliebte Schwester Augusta des englischen Königs. Nach der Geburt des Thronerben begibt sich der 31 Jahre Karl Wilhelm Ferdinand mit Gefolge auf eine 18 Monate dauernde Frankreich-, Schweiz- und Italienreise.

In Paris trifft er mit Aristokraten und Geistesgrößen zusammen, besucht Voltaire in dessen Alterssitz Ferney bei Genf und besichtigt unter Führung von Johann Joachim Winckelmann unermüdlich die Kunstschätze in Rom und Umgebung. Von Italien bringt er die 20 Jahre alte Witwe von Franconi als Mätresse mit; beider Sohn wird zum Grafen erhoben. 1769 beruft der Erbprinz den berühmten, leider überschuldeten Gotthold Ephraim Lessing zum Leiter der hochangesehenen Bibliothek in Wolfenbüttel, der früheren Residenz des Herzogtums.

Seit 1780 ist Karl Wilhelm Ferdinand regierender Herzog. Er führt auf vielen Gebieten Reformen ein, versucht in Wirtschaft, Kultur und Finanzwesen die Ideen der Aufklärungszeit in die Wirklichkeit umzusetzen, saniert den bankrotten Staatshaushalt und regiert seinen Kleinstaat musterhaft. Seinen Untertanen gegenüber zeigt er sich leutselig, jedoch auch kaltherzig – etwa im Befehl, bei der Rückkehr der aus Finanznot an England verkauften 4.300 Mann braunschweigischer Soldaten Krüppel und Lahme in Nordamerika zurückzulassen. Der Herzog entwickelt sich zum gewandten Diplomaten und angepaßten, schwankenden Höfling mit wenig Rückgrat, der dazu neigt, sich im Urteil vorsichtig zurückzuhalten.

Von Friedrich dem Großen wird er acht Jahre nicht befördert. Der Nachfolger Friedrich Wilhelm II. glaubt dann etwas gutmachen zu müssen und befördert den Herzog von Braunschweig am 1. Januar 1787 zum Feldmarschall. Man bewundert ihn als den Erben des „Alten Fritz" und der friderizianischen Tradition. Mit hohem Ehrgeiz verbindet sich bei ihm die Scheu, seinen militärischen Ruf aufs Spiel zu setzen. Er ist ein guter Truppenausbilder und Organisator, gilt aber in Europa, völlig überschätzt, als führender Feldherr seiner Zeit. Die bedeutendsten Zeitgenossen beschäftigen sich mit ihm: Graf Mirabeau und Katharina die Große von Rußland, Goethe und die Enzyklopädisten, das britische Kabinett, der Wiener Hof und die Männer der Französischen Revolution.

1792, mit 57 Jahren, wird der Herzog von Braunschweig Oberbefehlshaber der verbündeten Armeen Preußens und Österreichs gegen das französische Revolutionsheer. Seiner Verantwortungsscheue getreu, übernimmt er den Kriegsauftrag mit großen Bedenken, ohne Glauben an einen Sieg.

Ein Kuriosum: Seit dem Siebenjährigen Krieg erfreut sich der Herzog in Paris hohen Ansehens. Im Januar 1792 verhandelt die republikanische Regierung in Paris, im Einklang mit König Ludwig XVI., in Braunschweig, um den Herzog dafür zu gewinnen, entweder den Oberbefehl anzunehmen oder zumindest das heillos zerrüttete französische Heer zu reorganisieren. Damals erregt es wenig Bedenken, einen deutschen Feldmarschall an die Spitze des französischen Heeres zu berufen. Das Pariser Angebot schmeichelt seinem hohen Ehrgeiz, doch der Herzog lehnt es schließlich ab, weil er sich des Erfolges nicht sicher sein kann.

Vor Beginn des Feldzuges 1792 gegen Frankreich sehen die öffentliche Meinung, Militärs und Diplomaten in Preußen und Österreich in Karl Wilhelm Ferdinand den großen Strategen der Zeit. Umgekehrt lähmt dieser Glaube an seine Person seine stets schwache Tatkraft, weil er, voller Selbstzweifel, selber an sich zu glauben nicht imstande ist.

Die Verbündeten (45.000 Preußen, 30.000 Österreicher und 6.000 Mann des Landgrafen von Hessen-Kassel) sind weit überlegen. Sie beginnen am 28. Juli 1792 von Koblenz aus den Vormarsch und bleiben in Trier fast zwei Wochen wegen Verpflegungsschwierigkeiten stehen. Die Paris deckenden Festungen Longwy und Verdun ergeben sich. Für die 250 km von Koblenz nach Verdun brauchen die Verbündeten mehr als 30 Tage. Ihr Weg nach Paris scheint offen, zumal die Franzosen im Rücken umgangen sind.

Es folgt am 20. September 1792 nördlich Chalons-sur-Marne die berühmte Kanonade von Valmy. Der Herzog von Braunschweig nutzt nicht die Gunst der Umstände. Er zögert, wägt allzu lange und wagt nichts mehr. Wider Erwarten gibt er den angesetzten Angriff auf und damit den Sieg aus der Hand. Nach französischem

Urteil hat nur der ausbleibende Angriff ein Desaster der Franzosen verhindert. Die nächsten zehn Tage stehen Verbündete und Franzosen einander untätig gegenüber. Beunruhigt durch unregelmäßige Verpflegungszufuhr und mehr und mehr aufkommende Ruhr, befiehlt der Herzog am 30. September 1792 den Rückzug. Dieser Valmy-Rückzug ist eine weltweite Sensation. Als die Kunde davon in Nordamerika eintrifft, ruft Generalmajor a. D. Friedrich Wilhelm von Steuben ungläubig aus: „Es ist unmöglich, nie sah ich die preußischen Adler weichen, es ist eine von den Franzosen erfundene Lüge!" Selbst als die Meldung bestätigt wird, glaubt Steuben, eine „diplomatische Intrige" habe zu diesem blamablen Rückzug geführt ...

(Der preußische Hauptmann Steuben war im Oktober 1761 in Treptow an der Rega beim mißlungenen Durchbruch zur Versorgung Kolbergs in russische Kriegsgefangenschaft geraten. 1762 machte ihn Friedrich der Große zu einem seiner Flügeladjutanten und berief ihn in seine Spezialklasse hervorragender Generalstabsoffiziere, verabschiedete ihn jedoch schon ein Jahr später, 1763, wieder. 1764 wurde Steuben Hofmarschall des Fürsten von Hohenzollern-Hechingen. 1777 wanderte er nach Amerika aus, wo er danach zum Generalinspekteur der Armee von George Washington berufen wurde und ebenso vorbildlich wie erfolgreich für Organisation, Ausbildung und Disziplin der amerikanischen Truppen sorgte. Im Unabhängigkeitskrieg von 1775 bis 1783 trug Steuben, auch als Divisionskommandeur, wesentlich zum Sieg über das britische Heer bei. Zuletzt lebte er – bis heute in den USA unvergessen – auf einer ihm geschenkten Farm am Oneida-See im Raum New York.)

Am 13. Oktober 1792 wieder bei Verdun angelangt, schließt der Herzog sogar, gegen Rückgabe der Festungen Longwy und Verdun, eine Konvention „behufs unbelästigten Rückmarsches über die Grenze" ab. Nachdem die Französische Revolution die Volkskräfte entfesselt hat, bekundet der Herzog-Oberbefehlshaber – und damit das alte Europa – mit der schwächlichen Kanonade und Konvention vor aller Welt durch kampfloses Zurückweichen seine Hilflosigkeit vor dem schwachen Revolutionsheer.

Der Rückzug der Preußen und Österreicher kommt, infolge anhaltenden Regenwetters und um sich greifender Krankheiten, besonders Ruhr, einer militärischen Katastrophe gleich. Dauerregen löst die Chausseen auf und macht sie beinahe unbefahrbar. Geschütze und Wagen sinken bis an die Achsen ein, so daß man Kavalleriepferde vorspannen muß. Die Straßen sind mit Pferdekadavern übersät. Proviant geht aus, es gibt nur mehr Kartoffeln mit etwas Pulver statt Salz, dazu Wasser. Das Heer ist aufgelöst, verwildert, ohne brauchbare Waffen und Munition. Viele Soldaten gehen barfuß, die Hälfte ist krank, alle sind abgerissen.

Bei den Franzosen folgt nach der Kanonade von Valmy und dem unerwarteten Rückzug ein riesiger moralischer Aufschwung, den die revolutionäre Legende schnell zu einem Sieg über die Verbündeten stempelt. Anschließend beginnt mit der Eroberung von Speyer, Worms und Mainz der siegreiche Vormarsch der französischen Revolutionsarmeen an den Rhein.

Preußens Oberkommando ohne Operationsplan gegen Napoleon

Als der Herzog von Braunschweig von der vom König am 9. August 1806 befohlenen Teilmobilmachung gegen Frankreich erfährt, ist er peinlich berührt und erschrocken. Der weder körperlich hinfällige noch geistig geschwächte Herzog weigert sich zunächst, den Oberbefehl zu übernehmen. Zwei Monate vor Kriegsbeginn stirbt Luise von Hertefeld, seine zweite und lebenslange Geliebte seit 1776, was ihn tief deprimiert.

König Friedrich Wilhelm III. hofft, der Herzog werde den Sieg an die preußischen Fahnen heften. Der Herzog ist abgespannt, müde, sichtlich resigniert. Wenn Napoleon sagt: „Im Kriege sind die Menschen nichts, ein Mann ist alles!", so weiß Karl Wilhelm Ferdinand, daß er nicht dieser „Mann" ist. Er fühlt sich und Preußens Armee der neuen, vernichtenden Kriegführung seines großen Gegners Napoleon nicht gewachsen. Daher auch läßt er sein Herzogtum Braunschweig neutral bleiben, so daß die braunschweigischen Truppen 1806 nicht am Krieg teilnehmen.

Karl Wilhelm Ferdinand, nach 1792 erneut Feldherr wider Willen, hängt düsteren Gedanken nach und scheint sicher, diesen Krieg nicht zu überleben. Bezeichnend für Preußens Oberkommando: Von allen 1806 vorhandenen höheren Militärführern

Preußens ist der Herzog, trotz immer wieder bewiesener gelähmter Tatkraft, noch der geeignetste.

Graf Alfred von Schlieffen urteilt 1906: Um den Herzog bildete sich ein Kriegsrat von wenig erfahrenen und wenig sachverständigen Männern, die sich um so ungebundener in phantastischen Plänen ergehen konnten, als sie für deren Ausführung die Verantwortung nicht zu tragen brauchten. Das ist vornehm formuliert. Der Reiter-Haudegen Blücher urteilte wesentlich derber. In seiner kuriosen, schon damals bespöttelten Rechtschreibung notierte er, der König sei von einer „boszhafften Rotte niederer Faullthiere" umgeben.

Bis zum Beginn der Operationen kommt es zu keinem eigentlichen Operationsplan. Verschiedene Aufmarschpläne werden tagelang erörtert, ohne Entscheidung. Der schwankende Oberbefehlshaber schiebt dem unentschlossenen König die Verantwortung zu. Im Hauptquartier herrscht unglaubliche Verwirrung. Die 150.000 Preußen marschieren nördlich des Thüringer Waldes auf einer Frontlinie von 250 km auf. Die Franzosen stehen zwischen Mainz-Würzburg-Bayreuth mit 200.000 Mann Verpflegungs- und 160.000 Mann Gefechtsstärke ebenfalls auf einer Frontlinie von 250 km. Eine regelrechte Aufklärung über Feindabsichten gibt es nicht.

Den vom König halbherzig begonnenen Feldzug führt der Herzog zögernd, mit vielen anstrengenden Hin- und Hermärschen. In der Armee wächst deswegen die Verbitterung über ihren Oberbefehlshaber. Endlich kommt es am 14. Oktober 1806, einem schönen warmen Herbsttag, im nördlichen Thüringen zu der berühmten Doppelschlacht von Jena und Auerstedt.

Doppelschlacht von Jena und Auerstedt – 14. Oktober 1806

Zu Beginn der Schlacht von Auerstedt wird der Herzog von Braunschweig persönlich tapfer und falscherweise in die vorderste Gefechtslinie vorreitend, durch einen Schuß, der das Nasenbein und die Augen durchschlägt, unrettbar verwundet. Der erblindete Herzog stirbt auf elender Flucht einen Monat später in Ottensen bei Altona/Hamburg. Weil König Friedrich Wilhelm III. nun weder selbst den Oberbefehl übernimmt, was naheläge, noch ihn vier Tage lang einem anderen überträgt, hört jeder geordnete Oberbefehl bei den preußischen Truppen auf und geht jeder Zusammenhang verloren.

Das 37 Jahre alte Feldherrengenie Napoleon hat bei Jena und Auerstedt leichtes Spiel. Die preußische Feldarmee ist noch nicht einmal versammelt, als Napoleon mit Blitzesschnelle über sie herfällt und sie vernichtend schlägt. Bei Jena übernimmt Napoleon selbst die Leitung, mit zunächst 55.000, zuletzt 95.000 Mann gegen 52.000 verzettelte Preußen und Sachsen; nördlich davon bei Auerstedt leitet der 36 Jahre alte Marschall Louis Nicolas Davout, der fähigste der Marschälle Napoleons, die Operation. Auf diesem Gefechtsfeld stehen rund 80 preußische gegen 9 französische Eskadronen der Kavallerie, 230 preußische Geschütze gegen 44 französische. Davout gelingt es, mit seinem Korps von nur 26.000 Mann die 50.000 Preußen zu schlagen. Sogar die etwa siebenfach überlegene preußische Kavallerie, von keinem geringeren als dem damals schon berühmten Blücher geführt, kann nichts ausrichten. Das Korps Davout erleidet einen Verlust von 7.000 Mann oder 27 %. So tapfer demnach die preußischen Soldaten bei Auerstedt, auch bei Jena, wie vom Gegner anerkannt, im Kugelhagel gestanden haben, nach beiden verlorenen Schlachten ist ihre Disziplin und Kampfmoral gebrochen.

Diese zweifache Niederlage wird aber erst während des Rückzuges zur Katastrophe – ähnlich wie 1792 nach Valmy. Vom ruhmreichen Heer Preußens bleibt wenig übrig. Die zerschlagene preußische Feldarmee verkeilt sich in dunkler Nacht in kreuzenden Marschrichtungen und zeigt in den Abend- und Nachtstunden des 14. Oktober 1806 das aus der Kriegsgeschichte aller Völker bekannte Bild der Massenpanik.

Die zersprengten, oft demoralisierten Reste der preußischen Truppen flüchten aufgelöst, regel- und ziellos, und trachten danach, im Rückzug Magdeburg und die Elbe zu gewinnen. Das Offizierskorps zeigt, weithin, ein jämmerliches Bild. Die französischen Divisionen stoßen anfangs schwach, dann energisch in Richtung Berlin nach. Und dies mit einer für preußische Offiziere unerhörten, ihnen unbekannten täglichen Marschgeschwindigkeit von 25 bis 35 km. Napoleons glänzende Verfolgungsoperation hat wenig Vorbilder in der damaligen Kriegsgeschichte und besiegelt den Untergang der preußischen Feldarmee. Die Marschverluste der

Franzosen sind erheblich; die Zurückgebliebenen folgen in Kompanien und Bataillonen der vorstürmenden Kerntruppe nach. Verheiratete preußische Offiziere reiten zu ihren Garnisonen voraus, entfernen sich also unerlaubt von der Truppe, um ihre Familien zu sehen oder in Sicherheit zu bringen. Batterien bleiben stehen, weil die Knechte die Stränge durchschneiden und davonreiten. Die Fluchtstraßen sind mit steckengebliebenen Fahrzeugen, weggeworfenen Gewehren, Tornistern, Ausrüstungsgegenständen bedeckt. In der aufgelösten Truppe zeigen sich, fast unvermeidlich, Roheit und Räuberei. Nach Auflösung der Feldarmee Preußens sind – erstmals – die Verluste an Gefallenen, Verwundeten und Deserteuren nicht mehr festzustellen.

Nur preußische und französische Veteranen des Siebenjährigen Krieges erinnern sich 1806, wenn überhaupt, der ähnlich panischen Flucht des Heeres von Franzosen und Reichstruppen vor den Preußen nach der nur anderthalbstündigen Schlacht von Roßbach/Sachsen am 5. November 1757: Damals standen 20.000 Preußen gegen 50.000 Verbündete. Auch ohne Reichstruppen waren die Franzosen immer noch doppelt so stark wie die Preußen. Im französischen Stab fragte man, ob es einer großen Armee überhaupt Ehre bringe, sich mit einer so kleinen zu schlagen. Nie wurde militärischer Dünkel schlimmer bestraft. Zuerst Reichssoldaten, dann Franzosen warfen ihre Gewehre weg, um sich schneller retten zu können. Viele sprangen in die Unstrut, um den verfolgenden Husaren zu entkommen. Ganze Haufen ergaben sich vor einzelnen Reitern, so nahmen zwei Dragoner mehr als hundert Mann gefangen. Die flüchtende Kavallerie warf ihre Kürasse und großen Reitstiefel von sich, so daß man damit die Straße nach Erfurt übersät fand. Die Preußen machten 5.000 Gefangene, darunter elf Generale, und eroberten u. a. 72 Kanonen und 21 Standarten. Nur die einbrechende Dunkelheit und eingestellte Verfolgung der Preußen retteten das flüchtende französische Heer vor dem gänzlichen Untergang. Marschall Soubise meldete König Ludwig XV.: „La déroute de Votre armée est totale." Dieser glänzende Sieg machte in aller Welt unbeschreiblichen Eindruck. Allgemein freute man sich in Deutschland über die schimpfliche Niederlage der aufgeblasenen Franzosen. Durch „Roßbach" wurde Friedrich der Große zum Helden Deutschlands. Auch wo Soldaten der Landesherren ihn bekriegten, jubelten daheim Bürger und Bauern über den

Preußenkönig. Für die Deutschen, das bezeugt Johann Wolfgang von Goethe, wurde „Roßbach" zur Geburtsstunde ihres Nationalgeistes. Dieser triumphale Sieg über die französische Armee, die 120 Jahre lang als die erste Europas und unüberwindlich gegolten hatte, beseitigte das Minderwertigkeitsgefühl der Deutschen gegenüber den Franzosen. 120 Jahre lang hatte Frankreich in Europa dominiert, hatte es in Deutschland das Sagen gehabt, hatten französische Sitten und Kultur den allgemeinen Geschmack diktiert, war Französisch die Sprache der Gebildeten gewesen. Nun, durch diesen Sieg des Preußenkönigs, hatte sich ab 1758 das Selbstbewußtsein der Deutschen erhoben.

Preußen bricht zusammen, dem Volk ist das gleichgültig

Knapp fünfzig Jahre später bricht der einst gefürchtete Macht- und Militärstaat Preußen, zum fassungslosen Erstaunen Europas, nahezu widerstandslos und schlagartig zusammen. Es ist die – bis dahin – größte Katastrophe Preußens.

Nach Jena und Auerstedt liegt für Napoleon der Weg nach Berlin offen. Berlin ist Residenz des Königs, Sitz der höchsten Behörden, einzige Großstadt Preußens mit 175.000 Einwohnern. Königshof, Staatsministerium, hohe Zivil- und Militärbeamte aus Berlin flüchten nach Stettin, bald weiter nach Ostpreußen. Reiche und Vornehme eilen mit ihren Schätzen nach Stettin, Küstrin und Schlesien. Für alle für Danzig, dann Königsberg bestimmten königlichen Generalkassen, inklusive Staatsschatz und Kronjuwelen, ist Stettin der erste Zufluchtsort. Die Stettiner Einwohnerschaft scheint teilweise kampfbereit; die aus Berlin geflüchteten Minister, Generale und Räte sind verzweifelt und kopflos.

Nach dem Zusammenbruch der Feldarmee herrscht in Preußen schockartige Entmutigung. Das über Preußen hereinbrechende Verderben erscheint überwältigend. Fast alle Verantwortlichen in Preußen geben jede Hoffnung auf, erachten jeden Widerstand für unnütz, sogar schädlich.

Im Testament von 1752 hatte Friedrich der Große die preußischen Festungen als „starke Nägel" bezeichnet, welche die Provinzen zusammenhielten. „Im Kriege dienen sie als Stützpunkte für die in ihrer Nähe befindliche Armee. Sie sind die Nährquellen der Truppen ..." Und jetzt, 1806? Die Festungen in Preußen sind intakt und könnten, unter tatkräftigen Kommandanten, den teils demoralisierten Resten der Truppen festen Rückhalt bieten.

Aber die Gouverneure und Kommandanten der Festungen, allesamt Offiziere aus der Schule Friedrichs des Großen, viele mit ruhmvoller militärischer Vergangenheit, sind inzwischen Veteranen und nur deshalb auf ihre Posten oder Ehrenstellen gekommen, um der Staatskasse Pensionen zu sparen. (Es heißt spöttisch, man pensioniere nur den, der aus Altersschwäche kein Pferd mehr besteigen könne.) So werden die Festungs-Artilleriekompanien mit halbinvaliden Offizieren der Feldarmee besetzt. Nach Jena und Auerstedt sagen fast alle Festungskommandanten sich und ihren ebenfalls gelähmten Stäben verzweifelt: Der König hat keine Feldarmee mehr, was helfen ihm dann noch seine Festungen?

Man hat damals lange über den moralischen Zusammenbruch der Festungskommandanten (und vieler Offiziere insgesamt) gerätselt. Nicht Feigheit macht sie in der Stunde der Not zu kläglichen Figuren. Diese Offiziere haben das Vertrauen zu ihrem Staat verloren. Es scheint ihnen unnütz und hoffnungslos, fruchtlose Menschenschlächterei, sich noch zu verteidigen. Sie sind ein Leben lang mittelmäßige Männer gewesen; nicht besser oder schlechter als andere; dieselbe Mittelmäßigkeit herrscht, soweit ihr enger Gesichtskreis reicht, überall im preußischen Staat.

Sie sind zugleich die Freude und der Stolz der Preußenkönige gewesen, die Ersten im Staat und gewohnt, auf den Bürger und Beamten vornehm herabzublicken. Nun stehen sie in den Mauern der Festungen allein, finden wenig in sich und fühlen am besten, daß sie schwach sind. So werden sie in den Stunden der Prüfung kleingläubig und verzagt, zumal sie lebenslang über ihr Verdienst hinaus hochgestellt worden sind.

Symptomatisch für die allgemeine Stimmung schneller Unterwerfung ist Schlesiens Staatsminister Graf Karl Georg Heinrich von Hoym. Früher galt er als umsichtiger und tatkräftiger Beamter; später bringt er seine Günstlinge zu Grundbesitz und Vermögen und fördert dadurch Korruption. Nun erklärt Hoym öffentlich alles für verloren. Daher fordert die oberste Provinzialbehörde des gar nicht angegriffenen Schlesien die Bevölkerung auf, bei einer feindlichen Invasion „den fremden Truppen mit Bereitwilligkeit und höflichem Betragen zuvorzukommen" und soweit wie möglich „ihre Forderungen zu befriedigen".

Schon vor der Doppelschlacht von Jena und Auerstedt fordern die Behörden des mit Preußen widerwillig verbündeten Sachsen die Bürger in Leipzig, genannt „Klein-Paris", vorsorglich auf, dem Feinde, wenn er denn käme, durch bescheidene, gutmütige Aufnahme zu Gefallen zu sein.

Als die Kunde von Jena/Auerstedt eintrifft, erläßt der Generalgouverneur von Berlin am 17. Oktober 1806 folgende denkwürdige Bekanntmachung: „Der König hat eine Bataille verlohren. Jetzt ist Ruhe die erste Bürgerpflicht. Ich fordere die Einwohner Berlins dazu auf. Der König und seine Brüder leben!" Diese seelenlose, barsche Knappheit ist ein unübertreffliches Zeugnis des Geistes im höheren Beamtentum. Der Berlin-Gouverneur begibt sich zu dem nach Königsberg geflüchteten Königshof. Sein Nachfolger verbietet, die im Zeughaus noch lagernden 40.000 Gewehre und 50 Kanonen nach Ostpreußen zu schicken, mit der bezeichnenden Begründung, dies könnten die Franzosen übel vermerken.

Der preußische Verwaltungsapparat ist vortrefflich und in ganz Europa wegen seiner Pünktlichkeit, Strenge und Ehrlichkeit berühmt. Unter dem „Alten Fritz" genossen jedoch die „Tintenkleckser" geringeres Ansehen als die Schwertträger; die Bürokratie war Diener der Armee. Nach Friedrich dem Großen beginnt dann in Preußen die Herrschaft der Bürokratie mit mehr Ämtern, unnützen Zwischenbehörden, vermehrter Aktenschreiberei.

Als 1806 die Armee zerstoben ist und die Franzosen im Lande sind, arbeitet die Bürokratie stumpfsinnig und pünktlich weiter. Man schreibt, rubriziert, schematisiert, treibt Steuern ein, als wäre nichts geschehen. Die hohen und niederen Schreiber der Bürokratie arbeiten genauso schwerfällig, genauso emsig für den siegreichen Feind wie vorher für den König. Als Napoleon von den Beamten eine Eidesleistung für die neue (französische) Gewalt fordert, wird dieser Eid, ohne Erlaubnis des Königs, glatt geleistet. In Berlin schwören alle Beamten, auch die dort verbliebenen Minister, dem neuen Landesherrn Napoleon (und als solcher tritt er in Preußen auf) den Eid der Treue.

Wie reagieren die Menschen in Preußen auf die riesige

Umwälzung? Dies ist lange bei preußischen Historikern und Schriftstellern ein Tabu-Thema gewesen. Betrachten wir zunächst die „öffentlichen Meinung." Wir folgen dabei dem in Kreuzburg/Oberschlesien geborenen Schriftsteller Gustav Freytag. Seine Romane fanden weite Verbreitung, etwa „Soll und Haben" (1855), das ein Bild der sozialen Gruppen der Zeit zeichnet. Freytags fünf Bände „Bilder aus der deutschen Vergangenheit" (1859-1867) sind bis heute kulturgeschichtlich wertvoll.

Fast jede größere Stadt hat ihre Zeitung, diese Blätter erscheinen in der Regel nur dreimal wöchentlich, decken aber das Bedürfnis ausreichend. Nur verhältnismäßig wenig Menschen lesen politische Nachrichten aus anderen Gegenden Deutschlands und aus dem Ausland mit dauerndem Interesse. Daher auch regen die Nachrichten über die Französische Revolution nur wenige Menschen in Preußen und Deutschland auf. Preußen und Deutsche sind vorzugsweise mit sich beschäftigt.

Nur Wohlhabende abonnieren die Hauptstadt-Zeitungen. Dafür beschäftigen die Neuigkeiten aus der Heimatstadt und dem Privatleben große und kleine Leute leidenschaftlich. Klatsch und üble Nachrede gibt es da unaufhörlich, erbittert und bösartig – was man mit angenehmem Schaudern liest. Trotz Strafandrohung zirkulieren viele anonyme Flugschriften als Zeitungsersatz. Eine eigentliche „öffentliche Meinung" gibt es nicht. Vor diesem Hintergrund wird die Reaktion der Bevölkerung auf den Zusammenbruch von 1806 etwas verständlicher.

Eine ungeheure Gleichgültigkeit herrscht im Volk. Das Interesse an Politik und dem Leben des Staates ist fast nur auf den Kreis der Beamten beschränkt.

Den Staat sieht man unbeteiligt an, als habe man mit ihm nicht mehr zu tun als mit dem Reich des Großmoguls in Indien. Richtschnur ist: Krieg ist Sache der Obrigkeit, nicht der Untertanen; diese sollen, falls nicht gerade bei ihnen gefochten wird, gar nicht merken, daß Krieg ist. Die Soldaten des Königs sind 1806 geschlagen, im Volksmund heißt es oft: „Die Junkers haben ihre Schmiere gekriegt" – was geht das den ehrsamen Bürger und Handwerksmann überhaupt an?

Viele aus der Schlacht geflohene Landeskinder gehen einfach nach Hause – mit dem offen ausgesprochenen Gedanken: Ich habe lange genug gedient, nun mag es der König allein ausfechten ...

Gustav Freytag kommentiert: „Der Schwache verflucht die schlechte Regierung, schadenfroh sieht der Seichte die Niederlage der geistlosen und anmaßenden Privilegierten, der Schwächste folgt den Sternen des Siegers." Weil man den Krieg fast als Privatsache des Königs betrachtet, hilft man den einst überheblichen, nun ärmlich versprengten Offizieren fast nirgendwo. Im Gegenteil: Das Bürgertum betrachtet diese Niederlage des ihm verhaßten Adels und des adligen Offizierskorps mit Schadenfreude.

Der Heeresreformer Gerhard von Scharnhorst wird am 27. November 1807 an Carl von Clausewitz schreiben: Erst das „neue Militär" werde „mit den Bürgern des Staates in ein näheres und inniges Bündnis treten." Der Weg zu diesem Ziel, die Kluft zwischen Armee und Gesellschaft zu schließen, wird die Einführung der allgemeinen Wehrpflicht sein. Spätestens 1813, nach sechs Jahren drückender Franzosen-Besatzung und mit Beginn der Befreiungskriege, werden sich dann Volk und Armee ausgesöhnt haben.

Preußen vermag 1813, bei 4,6 Millionen Einwohnern, rund 280.000 Mann zu mobilisieren. Das sind, in einer großen Kraftanstrengung aufgrund der vielen Freiwilligen-Meldungen, 6 % der gesamten, 12 % der männlichen Bevölkerung. Preußen übernimmt 1813 die Ideen der Französischen Revolution, denen es 1806 unterlegen ist, verjüngt sich mit ihrer Hilfe und arbeitet praktisch und theoretisch ihre letzten Konsequenzen heraus.

Dank seiner neuen militärischen Organisation und seiner dadurch gewonnenen eindrucksvollen Schlagkraft gewinnt Preußen, im Verhältnis zu seinem geringen Umfang, im Kriegsverlauf bis 1815 einen erstaunlich großen Einfluß auf die Großmächte Rußland und Österreich.

Stettiner Scheinvorbereitungen, Napoleon in Berlin

Zurück in das Jahr 1806. In Stettin erfolgt die befohlene Verteidigungsbereitschaft halbherzig, daher betont langsam. Munition, Schanzzeug, auch Verpflegung sind für die Verteidigung ausreichend, teilweise im Überfluß vorhanden. Gegen einen Handstreich ist Stettin allemal gesichert und könnte einem förmlichen Angriff mindestens drei Wochen, wenn nicht länger widerstehen. Ohne Belagerungsgeschütze ist gegen sturmfreie Wälle nichts auszurichten. Militär ist zeitweilig übergenug in der Stadt, so 6.000 Mann Berliner Garnison, dazu versprengte Soldaten. Sie alle hätten mit den aus Berlin in zwei großen Lastkähnen herangebrachten Gewehren bewaffnet werden können. Gouverneur Romberg aber drängt diese zusätzlichen Truppen aus der Stadt. Romberg lehnt es überdies auch ab, die alten Bürgerkompanien zur Verteidigung heranzuziehen.

Am 25. Oktober 1806, elf Tage nach Jena/Auerstedt, besetzen die Truppen Davouts Preußens Hauptstadt. Sie haben in elf Tagen 230 km Luftlinie zurückgelegt. Zwei Tage später, 15.00 Uhr, zieht Kaiser Napoleon, unter dem Geläut aller Kirchenglocken, als Triumphator durch das Brandenburger Tor in Berlin ein. Auf französische Anordnung erscheinen die anwesenden Minister und Spitzen der Behörden am Tor in Uniform, der Magistrat überreicht die Schlüssel der Stadt. Am Abend müssen die Bürger auf Befehl des französischen Stadtkommandanten ihre Fenster illuminieren; die Beleuchtung soll indes schwach ausgefallen sein.

Die Berliner empfangen den siegreichen Feind nicht mit Freudenbekundungen. Abgesehen von einer Minderheit, verhalten sie sich kühl und abweisend. Zwar sind viele Menschen aus Neugier und Schaulust auf der Straße, doch vereinzelt nur erschallt bei der Durchfahrt Napoleons der bekannte Jubelruf „Vive l'empereur!"

Das Zeitalter der Hofetikette im Kriege ist dahin. Napoleon tut alles, was die Unterlegenen reizen und verbittern könnte. Er veranstaltet im Berliner Lustgarten eine glänzende Parade seiner Garde; er läßt die erbeuteten preußischen Feldzeichen wie zum Hohn durch Berlin tragen; der Stadtkommandant läßt die gefangenen Offiziere des vornehmen Regiments Gens d'Armes wie eine Viehherde Unter den Linden entlang treiben – alles vermutlich eine späte Rache für „Roßbach." Dies Schauspiel erweckt nicht etwa Empörung, sondern wegen des früher ungemein arroganten Auftretens jener Elite-Offiziere Genugtuung. Die Berliner Garnisonkirche, älter und größer als die Potsdamer, läßt Napoleon als Heu- und Branntweinmagazin nutzen; auf der Suche nach Trophäen werden in der Gruft Särge aufgebrochen und geplündert. In Berlin wie in Preußen empfinden nur wenige das bewußt verletzende Auftreten des Siegers als eine Schmach für das preußische Volk.

Der Prenzlau-Schock besiegelt den Untergang Preußens

Am 19. Oktober 1806, erst fünf Tage nach Jena/Auerstedt, überträgt König Friedrich Wilhelm III. den Oberbefehl über die Reste der preußischen Feldarmee westlich der Oder dem 60 Jahre alten General der Infanterie Friedrich Ludwig Fürst von Hohenlohe-Ingelfingen. Der neue Oberbefehlshaber wird zur Schlüsselfigur beim Untergang Preußens.

Der Erbprinz Hohenlohe diente als Knabe im Franken-Kontingent der Reichsarmee gegen Preußen. Er trat mit 22 Jahren in preußische Dienste, ist nach zehn Jahren Oberst und 1786, mit 40 Jahren, noch unter Friedrich dem Großen Generalmajor und Regimentskommandeur. Mit 50 Jahren regierender Fürst mit Residenz in Öhringen geworden, wird er als kühn und ritterlich, gastfreundlich und freigebig geschildert. Blücher nennt 1794 Hohenlohe einen Heerführer, auf den die preußische Armee stolz sein könne. Hohenlohe ist, so das genauere Urteil (1823/24) von Carl von Clausewitz, gemütlich, frisch, tatendurstig, tapfer, jedoch trotz fleißigen Lesens nie zu eigenem Denken gekommen. Vielen gilt er 1806 als der Stolz und die Hoffnung der preußischen Feldarmee.

Nachdem er gegen Napoleon die Schlacht von Jena verloren hat, bricht Hohenlohe, unter dem Eindruck allgemeiner Flucht und Auflösung, moralisch zusammen. Auf dem anstrengenden Rückmarsch in Richtung Magdeburg, bei ganz unzureichender Verpflegung, schmilzt sein Heer wie Schnee in der Sonne. Am 21. Oktober 1806 marschiert er mit noch etwa 30.000 Mann von Magdeburg nach Stettin ab, um seine Truppen dort über die Oder zu führen und so Preußen zu erhalten. An diesem Tag versichert der neue Oberbefehlshaber Hohenlohe dem König „auf das Feierlichste, daß ich Alles aufbieten werde, was in meinen Kräften steht, um das in mich gesetzte gnädigste Zutrauen zu rechtfertigen."

Der nächste betäubende Schock trifft Stettin unmittelbar. Am 28. Oktober 1806 kapituliert Fürst Hohenlohe mit den ihm verbliebenen rund 10.000 Mann, 1.800 Pferden und 30 Kanonen, ohne ernstliche Kampfberührung, vor höchstens 1.000 französischen Kavalleristen mit sechs Kanonen. Dies vollzieht sich in guter

Defensivstellung auf freiem Felde, mit freiem Rücken, bei Prenzlau/Uckermark, 50 km südwestlich Stettin. Vorher herrscht unglaubliche Konfusion im Hohenlohe-Stab. Ein Beispiel: Als ein Dragoner-Hauptmann Befehl erhält, die Uecker-Brücke von Seehausen zu zerstören, kann ihm niemand, selbst kein General, dank fehlender Karten sagen, wo denn Seehausen liege.

Der Kapitulation voran geht die leichtfertig, ohne Aufklärung akzeptierte Falschmeldung, die Hohenlohe-Armee sei von Übermacht umstellt und ihr Rückzug nach Stettin von den Franzosen verlegt. Hinzu kommt die weitere Falschmeldung des Hohenlohe-Stabes, Infanterie und Artillerie würden unter Munitionsmangel leiden. Alle versammelten Stabsoffiziere sind, nach beiden Falschmeldungen, für kampflose Übergabe; niemand von ihnen stimmt für Durchbruch. Hohenlohe hätte sich früher durchgeschlagen; nun nicht mehr. Viele Offiziere und Mannschaften verlassen die Hohenlohe-Armee vor oder nach der Kapitulation.

Eine kampflose Übergabe ist, nach soldatischem Ehrenkodex in Europa, eine schimpfliche, unehrenhafte Kapitulation, mithin eine Verletzung der allgemeingültigen Soldatenpflicht. (Hohenlohe, 1808 aus Kriegsgefangenschaft entlassen, zieht sich danach auf die schlesischen Güter seiner Frau zurück, wird in den Befreiungskriegen verständlicherweise nicht reaktiviert und verstirbt 1818 mit 72 Jahren fast völlig vergessen.)

Das Prenzlauer Wort Hohenlohes: „Jeder Widerstand ist nutzlos!" verbreitet sich mit Windeseile. „Prenzlau" ist das Signal für alle weiteren kampflosen Kapitulationen. Dies Signal ist um so suggestiver, je höher Hohenlohe im preußischen Heer geachtet wird. Nach „Prenzlau" greift die Bereitschaft zur Kapitulation um sich; der eine glaubt sich durch das Beispiel des anderen entschuldigt. In zwölf Fällen strecken preußische Truppen auf freiem Feld die Waffen, sieben Festungen und Feste Plätze ergeben sich ohne Widerstand, wobei sie oft nicht einmal den Anschein von Widerstand zu erwecken suchen. Später gerät in Vergessenheit: Bei den Festungs-Kapitulationen wirkt fast überall die Bürgerschaft und/oder der Magistrat auf den Gouverneur und Kommandanten ein, um beide zur kampflosen Übergabe zu bewegen.

Anfang 1807 urteilt der 26 Jahre alte Stabskapitän Carl von Clausewitz über diese für Europa unerhörte Welle von Kapitulationen bitter: „DIe fast gänzliche Vernichtung der preußischen Armee hatte den Mutigsten selbst erschüttert, und die Sophismen eines mittelmäßigen Verstandes vollendeten den Triumph der Schande über die Ehre ..."

(Die gleiche Welle kampfloser Kapitulationen wie in Preußen sollte sich – acht Jahre später – im kriegsmüden Frankreich wiederholen. Über all, wo 1814 die Truppen Österreichs, Rußlands und Preußens erscheinen, kapituliert man übereilt und schmählich – zum Entsetzen Napoleons. Einige Beispiele: Épinal ergibt sich 50 Kosaken, Mâcon 50 Husaren; Chaumont fällt, als nur ein einziger württembergischer Reiter auftaucht; Reims, Langres, Lyon kapitulieren allein auf das Gerücht von herannahenden Kosaken hin. In Europa heißt es: Man wähnt sich in Preußen Anno 1806.)

Ein Gegenbeispiel zu Hohenlohe: Am 7. November 1806 kapituliert mit den ihm verbliebenen 9.000 Mann der 64 Jahre alte Generalleutnant Gebhard Leberecht von Blücher bei Ratekau/ Lübeck ehrenhaft nach verbissener Straßenkampf- Verteidigung Lübecks gegen zehnfache französische Übermacht. In der Kapitulationsurkunde fügt Blücher seiner Unterschrift, von ihm gegen alle Regel durchgesetzt, den Satz hinzu: „Ich kapithuliere, weil ich kein brot und keine Muhnithsion habe."

In der Völkerschlacht bei Leipzig 1813 (160.000 Franzosen mit 600 Geschützen gegen 300.000 Verbündete mit 1.500 Geschützen) wird der gebürtige Rostocker dann entscheidend zum Sieg über Napoleon beitragen. 1813 wird er Feldmarschall, 1814 Fürst, 1815 mit 73 Jahren preußischer Oberbefehlshaber. Mit dem Herzog von Wellington besiegt er Napoleons Armee in der Entscheidungsschlacht von Belle-Alliance/Waterloo vernichtend: Anfangs stehen 70-75.000 Verbündete gegen 70.000 Franzosen, denen 40-50.000 eintreffende Preußen in die Flanke fallen und sodann die Geschlagenen rigoros verfolgen.

Blücher ist, mit bereits erwähnter mangelhafter Rechtschreibung, ein mäßig gebildeter Haudegen, der sich mehr für Jagd, Glücksspiel und Frauen als für Bücher interessiert. Er ist jedoch schon früh Freimaurer, 1803 dann mit 61 Jahren Meister vom Stuhl in Münster. Er ist ehrlich und gescheit genug, die Fähigkeiten von Scharnhorst und Gneisenau anzuerkennen und verläßt sich ganz auf deren Generalstabs-Rat. Von den ihm vorgelegten Stabsplänen pflegt er sich für den kühnsten zu entscheiden. Als Redner vermag Blücher Gebildete zu fesseln und einfache Soldaten zu begeistern.

Seine schneidige und derbe Persönlichkeit macht ihn, genannt „Marschall Vorwärts", schnell zum Soldaten- und Volkshelden.

Festung Stettin kapituliert kampflos vor 800 Husaren

DIe Prenzlauer Kapitulation wirkt auf den Stab der Festung Stettin vernichtend. Man hält, wie Fürst Hohenlohe, alles für verloren, Widerstand für schädlich. Daher läßt Romberg Versprengte der Hohenlohe-Truppen nicht in die Stadt hinein und sieht Kapitulation als unausweichlich an. Der Stettiner Magistrat teilt seine Überzeugung.

Am 29. Oktober 1806, nach Erhalt der Nachricht von der Hohenlohe-Übergabe, kapitulieren bei Pasewalk, 40 km nordwestlich Stettin, Oberst Christian Friedrich von Hagen mit seiner Infanterie-Brigade von 1.657 Mann und Oberst Ernst Heinrich von Poser mit seiner Kavallerie-Brigade von 2.196 Mann, zusammen 3.853 Mann, vor 700 französischen Reitern, ohne diesen schwachen Gegner überhaupt nur gesehen zu haben. Hagen und Poser entsenden sogar dreimal Parlamentäre zum Gegner, um ihre kampflose Kapitulation anzubieten. Romberg sieht sich durch diese beiden Pasewalk-Kapitulationen erneut bestätigt.

An diesem 29. Oktober 1806 erscheinen gegen Mittag Trupps französischer Kavallerie als Vorhut vor der Festung Stettin. Einer ihrer Offiziere verlangt und erhält Einlaß. Er fordert sofortige Übergabe von Stettin, weil es von 100.000 Mann eingeschlossen sei (was nicht zutrifft) und die Hohenlohe-Truppen soeben kapituliert hätten. Romberg lehnt – formell, zur Gesichtswahrung – die Kapitulation ab, entläßt den Parlamentär, diktiert jedoch anschließend einen Kapitulationsentwurf.

Dem Husarengeneral Ernst Christian von Bila mit 18 Schwadronen verweigert Romberg den Durchmarsch durch Stettin, da er bereits in Unterhandlung mit dem Feind stehe. Die Bila-Truppen kapitulieren drei Tage später bei Anklam/Vorpommern, 75 km nordwestlich Stettin.

Alle Offiziere stimmen im vorgeschriebenen Kriegsrat für kampflose Übergabe. Da die Besatzung auf den Wällen keine Ahnung von der bevorstehenden Kapitulation hat, feuert sie ab und

an auf allzu dreist vorreitende französische Husaren, worauf
Romberg Schießverbot erteilt.

Nach stundenlanger, von den Franzosen gern gewährter
Verzögerung (so wird der von Romberg geforderte freie Abzug der
Besatzung gestrichen) unterzeichnet Romberg in der Nacht des
29./30. Oktober 1806 die Kapitulationsurkunde. Die Generale
Lasalle und Béliard erhalten vom Magistrat ein Geschenk von je
5.000 Louisdor zugesichert, der französische Parlamentär ein
Reitpferd. Am Morgen des 30. Oktober 1806 wird die starke Festung
Stettin mit 5.300 Mann Besatzung und 100 Geschützen übergeben,
und zwar, wie sich nach unterbliebener Aufklärung jetzt heraus-
stellt, an ein Häuflein von 800 Husaren mit ganzen zwei Geschützen.

Nachdem die französischen Husaren einreiten, tritt die Garnison
auf dem Paradeplatz an, schraubt die Steine von den Gewehren,
streckt die Waffen und wird in Kriegsgefangenschaft geführt. Nur
wenige Soldaten empfinden tiefe Schmach, sie reißen Kommandant Knobelsdorff vom Pferd und mißhandeln ihn.

Romberg wird am 1. Dezember 1806 kassiert und am 17. März
1809 vom Kriegsgericht zu lebenslanger Festungshaft auf Festung
Kolberg verurteilt. Da er vom Schlag gerührt ist, darf er bis zur
Genesung in Berlin bleiben. Einen Monat später verstirbt er mit 80
Jahren in Berlin, ohne die Festungshaft angetreten zu haben.
Knobelsdorff wird am 1. Dezember 1806 ebenfalls ohne Abschied
kassiert und verstirbt zwei Monate später in Berlin.

Auch die Renommierfestung Magdeburg
kapituliert kampflos

Magdeburg liegt an der mittleren Elbe an einem günstigen
Flußübergang und am Schnittpunkt wichtiger Handelsstraßen.
Burg und Siedlung wurden erstmals 805 als bedeutender
Handelsplatz genannt. Am Anfang des 10. Jahrhunderts zerstört,
wurde Magdeburg um 936 neu gegründet, 968 ein Erzbistum errich-
tet. Seit 1150 blühte der Fernhandel mit Getreide, Salz, Kupfer und
Silber auf. Das 1188 erstmalig kodifizierte, berühmt werdende
Magdeburger Stadtrecht gewann im 13. Jahrhundert weiteste
Verbreitung in Nordost-, Ost- und Südosteuropa.

Seit 1534 wurde Magdeburg ein Hauptzentrum der Reformation

Martin Luthers. Im Dreißigjährigen Krieg war Magdeburg, mit 30.000 Einwohnern, eine der großen deutschen Städte, durch seine beherrschende Lage an der mittleren Elbe ein zentraler Punkt für die militärische Kontrolle des nördlichen Mitteldeutschland. Am 1. August 1630 verbündete sich Magdeburg mit dem Schwedenkönig Gustav II. Adolf. Am 20. Mai 1631 brachen die kaiserlichen Truppen in Magdeburg ein. Ihr Generalissimus Graf Johann Tserclaes Tilly, asketischer „Mönch im Harnisch", betrachtete den Terror als legitime Kriegswaffe. Die Kaiserlichen metzelten die Bürger dieser erzlutherischen Stadt in der grausamsten Weise nieder; schließlich ging ganz Magdeburg, abgesehen vom Dom, in Flammen auf. Zwei Drittel der Einwohner und viele plündernde Soldaten wurden Opfer des Großbrandes. Die Zerstörung der Befestigungen und der Vorräte machten die Stadt längere Zeit militärisch wertlos.

Als 1666 der Große Kurfürst Magdeburg zwang, eine brandenburgische Garnison aufzunehmen, hatte sich die Stadt noch nicht von der Verwüstung vor 35 Jahren erholt. 1680 fiel Magdeburg an Brandenburg und wurde in 60 Jahren, bis 1740, zur stärksten Landesfestung ausgebaut.

Im Siebenjährigen Krieg war Magdeburg nicht nur Hauptfestung Preußens, sondern der Mittelpunkt der Macht Friedrichs des Großen. Hier, mit dem großen Kriegsmagazin, wurden königlicher Schatz und Archiv aufbewahrt. Hier war der Zufluchtsort der königlichen Familie; hier hatten die Prominenten ihre Reichtümer in Sicherheit gebracht. Mit der Behauptung oder dem Verlust Magdeburgs war das Schicksal der preußischen Monarchie verknüpft. Ging Magdeburg verloren, waren alle Schlachtensiege des Preußenkönigs vergebens, war der Krieg verloren.

Die Festung Magdeburg war im Siebenjährigen Krieg dennoch nicht ihrer Bedeutung entsprechend besetzt. Die Besatzung bestand nur aus einigen tausend Mann, teils Landeskinder, teils Ausländer, teils Überläufer. Dies war vom Preußenkönig so gewollt und kühl kalkuliert. Denn eine Belagerung war wegen der nötigen umfangreichen Vorbereitungen, ihrer wahrscheinlichen Dauer und der preußischen Truppen im Felde nicht leicht ausführbar. Friedrich der Große hätte Schlesien und Sachsen aufgegeben, um Magdeburg durch herbeigeeilte Korps seiner Feldarmee zu retten. Diese hätten unter den Mauern der Festung die Belagerer, ob verschanzt oder nicht, mit aller Wucht angegriffen. Weil die Gegner Preußens dies genau wußten, unterblieb eine Belagerung Magdeburgs.

Im „Politischen Testament" von 1768 nennt der „Alte Fritz" Magdeburg den wichtigsten von allen Festen Plätzen des Staates. Aber seit dem Siebenjährigen Krieg ist für diese wichtigste Festung, außer den unzureichenden Unterhaltungskosten, nichts mehr geschehen. König Friedrich Wilhelm III. muß 1805 eingestehen, daß die Festung Magdeburg „immer mehr in Verfall geraten und jetzt beinahe als völlig verteidigungslos zu betrachten ist." Die Werke sollen verbessert, die fehlenden Palisaden allmählich errichtet werden. Bei Kriegsbeginn 1806 ist die Festung zwar nicht in gutem Zustand, aber verteidigungsfähig.

Ende Oktober 1806 ist für die Reste der preußischen Feldarmee unter Oberbefehlshaber Fürst Hohenlohe Magdeburg der Sammelpunkt. Dort hofft man mit Artillerie, Waffen, Munition, Geld, Brot, Furage versehen zu werden; man wird jedoch grausam enttäuscht. Im völlig überfüllten und verstopften Magdeburg ist nichts vorbereitet, nichts wird abgegeben. Vielmehr drängt der Festungsgouverneur die Hohenlohe-Truppen aus der Stadt. Hohenlohe begehrt nicht dagegen auf und entschließt sich zum Abmarsch nach Stettin, der in Prenzlau enden wird.

Die preußische Renommierfestung Magdeburg hat 24.118 Mann Besatzung, 19 Generale (im Alter von zusammen 1.300 Jahren!), 600 Geschütze, riesige Vorräte und kann erst nach mindestens zweimonatiger Belagerung erobert werden. Am 8. November 1806, nur elf Tage nach Hohenlohes Prenzlauer Kapitulation, wird die Festung Magdeburg vom Gouverneur, dem 70 Jahre alten General der Infanterie Franz Kasimir von Kleist, ohne den vorgeschriebenen Kriegsrat kampflos übergeben. Kleist genießt in der preußischen Armee hohe Achtung und ist als strenger Vorgesetzter bekannt. Man hat Kleist, weil nicht rüstig genug, nicht in den Feldzug mitgenommen, zum Gouverneur der Hauptfestung ist er noch gut genug. Kleist verstirbt verarmt 1808 in Berlin und wird vom Kriegsgericht 1809 posthum zum Tode durch Erschießen verurteilt.

Clausewitz' Analyse der Festungs-Kapitulationen

Siebzehn Jahre später (1823/24) analysiert Generalmajor Carl von Clausewitz, bereits damals als bedeutender Kriegstheoretiker bekannt, die weitreichenden Auswirkungen der schnellen Kapitulation aller vier Hauptfestungen Preußens gegenüber einem meist unterlegenen Gegner:

Wären Spandau und Stettin, Küstrin und Magdeburg nicht ohne förmliche Belagerung übergeben worden, so wären die operativen Planungen Napoleons durchkreuzt worden. Napoleon hätte von seinen sechs Korps der Hauptarmee (mit zusammen etwa 200.000 Mann) etwa vier bis fünf Korps für die Einschließung und Belagerung dieser vier Plätze abzweigen müssen. Er hätte – mithin – nicht genug Kräfte übrig behalten, um damit gegen die Weichsel vorgehen zu können. Da man mit einem mindestens zweimonatigen Widerstand der genannten vier Festungen hätte rechnen können, wäre der Januar 1807 herangekommen und damit auch das verbündete russische Heer (von zusammen etwa 150-180.000 Mann).

Diese allein von Clausewitz, niemand anderem, vorgelegte Analyse trifft prinzipiell zu, doch sind Anmerkungen geboten. Hat Clausewitz mit der These recht, die vier Hauptfestungen hätten mindestens zwei Monate, bis zu ihrem Fall, belagert werden müssen? Ganz abgesehen von der bekannten „Qualität" ihrer Kommandanten, bleibt dies, zumindest bei Spandau und Stettin, eine zu optimistische Annahme.

Nach der kampflosen Kapitulation der strategisch bedeutenden Oderfestungen Stettin und Küstrin ist Napoleon – für ihn überraschend – jedenfalls in der Lage, seinen Siegeslauf bis an und über die Weichsel fortsetzen zu können und damit, für ihn am allerwichtigsten, Rußland daran zu hindern, seine Rüstungen und seinen Aufmarsch zu vollenden.

Von Clausewitz nicht erwähnt, daher hier der Vollständigkeit halber nachgetragen: Napoleon befiehlt nach der Einnahme Stettins, noch vor der Kapitulation von Küstrin und Magdeburg, schon am 1. November 1806 den Vormarsch gegen die Weichsel, um den Russen zuvorzukommen.

Drei Korps und drei Kavalleriedivisionen marschieren in drei Kolonnen ab: die erste von Frankfurt/Oder über Posen auf

Warschau, die zweite von Stettin über Schneidemühl auf Thorn, die dritte von Küstrin über Driesen nach Schneidemühl. Die zur Verfolgung der Blücher-Truppen verwendeten und die vor Magdeburg stehenden Truppen sollen folgen. Damit verfügt Napoleon zunächst über 133.000, mit diesen Verstärkungen über 196.500 Mann gegen die vorerst nur mit schwachen Verbänden von etwa 60.000 Mann anmarschierenden Truppen Rußlands.

Ende der Feldarmee und Beginn der Reform – 1806/07

Am 21. November 1806 beschließt König Friedrich Wilhelm III., diesmal sogar gegen die Mehrheit seiner Minister und Generale, den verlorenen Krieg an der Seite Rußlands fortzusetzen. Dies ist, angesichts des Zusammenbruchs des besetzten Preußen, eine für den König höchst ungewöhnliche, wagemutige Entscheidung. Am 1. Dezember 1806 spricht der König von der „fast gänzlichen Auflösung" der gegen Frankreich ins Feld gerückten Armeekorps.

Von der bei Kriegsbeginn 200.000 Mann starken Feldarmee ist nurmehr ein Korps von 20.000 Mann übrig. Dieser letzte feste Kern preußischer Macht steht kampfbereit am rechten Ufer der breiten Weichsel sowie bei Osterode/Ostpreußen und wird unter russischen Oberbefehl gestellt. Man will, gestützt auf die Festungen Danzig und Graudenz, gemeinsam mit den im Anmarsch befindlichen Russen die Weichsel-Linie halten.

Napoleon läßt den Degen Friedrichs des Großen und den Triumphwagen der Victoria vom Brandenburger Tor nach Paris bringen, damit auch ein äußeres Zeichen aller Welt deutlich mache, daß es zu Ende sei mit dem alten Preußen. Dieser unrühmliche Ausklang des friderizianischen Werkes kommt für scharfsichtige Beobachter nicht ganz unerwartet.

Carl von Clausewitz blickt 1823/24 kühl auf das Jahr 1806 zurück: „Alle vorurteilslosen Männer, welche Preußen vor und im Jahre 1806 beobachtet, haben von ihm das Urteil gefällt, es sei in seinen Formen untergegangen. Ein unmäßiges, mit Eitelkeit vermischtes Vertrauen auf diese [friderizianischen – d. A.] Formen ließ es ganz übersehen, daß der Geist [Friedrich Wilhelms I. und Friedrichs des Großen] daraus entwichen war. Man hörte die

Maschine noch klappern, und so fragte niemand, ob sie auch ihre Dienste noch leiste ..."

Der „Maschinenstaat Preußen" verlangt von seinen Untertanen blinden Gehorsam statt die Treue freier Bürger. Diese fordern Militär- und Staatsreformer seit 1807. Der absolutistisch und bürokratisch regierte Militär- und Feudalstaat Preußen ist vor dem Anprall Frankreichs zusammengebrochen, weil er sich als morsch erwiesen hat und die Fundamente der preußischen Staatsmacht zu schwach gewesen sind.

Am 1. Dezember 1806 erläßt Friedrich Wilhelm Ill. aus Ortelsburg/Ostpreußen ein „Publicandum wegen Abstellung verschiedener Mißbräuche bei der Armee", das ein Strafgericht über pflichtvergessene Festungskommandanten verhängt: Jeder Offizier, der das Schlachtfeld unverwundet verläßt, also flüchtet, ist als „infam" zu kassieren. Jeder Soldat, der auf der Flucht seine Waffen wegwirft, wird ebenso erschossen wie jeder Knecht, der seine Pferde absträngt, um davonzujagen. (Alles dies hatte sich während und vor allem nach der Doppelschlacht von Jena und Auerstedt häufig zugetragen.) Solange der Krieg dauert, wird der Unteroffizier oder Soldat, der sich besonders auszeichnet, so gut Offizier wie der Fürst. Wer sich ausgezeichnet hat und vor dem Feinde bleibt, dessen Witwe erhält eine Pension. Beide königliche Versprechen bedeuten eine revolutionäre Abkehr von der friderizianischen Tradition und werden später eingelöst. Dieses königliche Publicandum war jedem Offizier, ein Auszug allen Soldaten zur Kenntnis zu bringen und wird rasch allgemein in Preußen bekannt – zu aller Erstaunen.

Die Militärreformer erreichen, daß der König, verhältnismäßig spät, am 27. Juli 1807 eine Militär-Reorganisationskommission unter Vorsitz des 51 Jahre alten, gerade zum Generalmajor beförderten Gerhard von Scharnhorst einsetzt. Sie legt die Grundlagen für den späteren Aufbau eines Volksheeres ab 1815. Allerdings wird Friedrich Wilhelm III. seinen tiefen Widerwillen gegen jede Beteiligung seiner Preußen an der Arbeit des Staates lebenslang nicht überwinden können.

Ebenso wichtig: Auf Befehl des Königs wird, ausgesprochen spät, am 6. Dezember 1807 eine „Immediat-Kommission zur Untersuchung der Kapitulationen und sonstigen Ereignisse des letzten Krieges" berufen. Sie wird, unmittelbar dem König vortragend, mit ungewöhnlich hohen Vollmachten ausgestattet. Zehn integere höhere Offiziere untersuchen das Verhalten jedes einzelnen Offiziers vom Feldmarschall abwärts in den Katastrophentagen von 1806. Gneisenau, Mitglied der Militär-Reorganisationskommission, wird am 29. Januar 1808 in diese Immediat-Kommission berufen. Wegen seiner in Kolberg gewonnenen Erfahrungen überträgt man vorrangig ihm die Gutachten über die Festungs-Kapitulationen. Gleichzeitig setzt man für die Truppenoffiziere Regiments-Tribunale (Ehrengerichte) ein.

Diese auf zwei Ebenen vollzogene Selbstreinigung des Offizierskorps ist einmalig in der Militärgeschichte der Welt. Bis Anfang 1812 sind jene umfangreichen Überprüfungen im großen und ganzen abgeschlossen. Ihr Ziel ist, das Offizierskorps von Unfähigen und Feiglingen zu befreien oder, wie es 1807 heißt, die Ehre der preußischen Waffen von allen Flecken zu reinigen. Nur ein Beispiel: Von den 142 Generalen, die 1806 im Dienst stehen, werden nur 21 die Befreiungskriege von 1813 bis 1815 mitmachen. Preußens Offizierskorps erlebt, im Ausland staunend vermerkt, eine innere Umwandlung und moralische Wiedergeburt.

V

Der preußisch-deutsche Mythos: Festung Kolberg gegen Napoleon 1807

Angesichts des militärisch-politischen Erdbebens in Preußen, das besetzt und zur Beute Napoleons wird, wirkt eines um so erstaunlicher:

Die kleine und schwache Festung Kolberg, 100 km nordöstlich Stettin, lehnt am 8. November 1806, dem Tag der Magdeburger Kapitulation, die vom französischen Oberst Mestram (ohne Truppen hinter sich) geforderte, wie selbstverständlich angesehene kampflose Übergabe ab. Der 66 Jahre alte Festungskommandant Oberst Ludwig Moritz von Lucadou in Kolberg folgt also nicht dem Beispiel der Pommern-Hauptstadt Stettin.

Diese Ablehnung der Kolberger Kapitulation nehmen die Franzosen nicht ernst. Acht Tage später ergeht, gemäß Befehl Kaiser Napoleons, vom preußischen Kriegsrat Noeldechen in Stettin die Aufforderung auch an den Kolberger Magistrat, Mäntel, Decken usw. für ein französisches Feldlazarett nach Stettin zu schicken – als wäre Kolberg bereits von den Franzosen besetzt. Kommandant Lucadou antwortet dem Kolberger Magistrat, Noeldechen fördere nach § 106 des Landrechts „Unternehmungen, die zur Begünstigung der Feinde des Staates abzwecken"; er müsse daher als Landesverräter gelten, „der nach § 107 des Landrechts die Strafe des Stranges verwirkt" habe. Solche Antwort ist damals ohne Beispiel.

Kolberg ist strategisch unbedeutend und liegt abseits der Marschwege für den französischen Vormarsch gegen Rußland. Es bleibt vier Monate von Napoleon unbeachtet. Kolberg interessiert Napoleon nicht, warum auch? Schon wegen ihrer geographischen Randlage bedeutet die Festung Kolberg nicht viel. Sie kann nur Bedeutung gewinnen, wenn sie Einfallstor für britische und schwedische Hilfe an Waffen usw. wird.

Die fünfte – vergebliche – Belagerung vom 19. März bis 2. Juli 1807 macht diese kleine hinterpommersche Hafenstadt Kolberg international berühmt und in Preußen und Deutschland zu einem nationalen Mythos. Patriotische Literatur und Schullesebücher sorgen fortan dafür, daß die Erinnerung an Kolberg nicht im Gedächtnis der nachgeborenen Generationen verblaßt und eine preußische Tat deutsches Allgemeingut wird.

Später vor dem Glanz des Kolberg-Mythos fast vergessen: Auch die immerhin starke Festung Graudenz an der Weichsel mit ihrer starken Strömung wagt hartnäckigen Widerstand. Die Festung liegt auf der Hochfläche des rechten Weichsel-Ufers nördlich Graudenz, 90 km südöstlich Danzig. Seit September 1772, der ersten, auf Initiative der Kaiserin Katharina der Großen von Rußland erfolgten Teilung Polens, gehört Graudenz zu Preußen – was die Polen niemals anerkennen werden.

Festung Graudenz bleibt im Schatten des Kolberg- Mythos

Hiesiger Gouverneur (seit 1803) ist der 74 Jahre alte General der Infanterie Wilhelm (Guillaume) René de l'Homme de Courbière aus altem südfranzösischem Adelsgeschlecht. Er ist geborener Holländer und seit 1758 im Dienst Preußens, damit Veteran des Siebenjährigen Krieges. Für seine Graudenz-Leistung wird Courbière 1807 zum Feldmarschall und zum Kommandierenden General in Westpreußen befördert. In Preußen hochverehrt, verstirbt er 1811 mit 78 Jahren in Graudenz.

Die erfolgreiche, sogar mehr als fünf Monate dauernde Verteidigung von Graudenz seit 22. Januar 1807, mit rund 4.500 Mann gegen zuletzt rund 7.000 Belagerer (Hessen-Darmstädter Truppen), prägt sich dem Bewußtsein der Preußen und Deutschen weit weniger ein als die Kolbergs unter dem Dreigestirn Gneisenau-Schill-Nettelbeck. Eine eigentliche Belagerung beginnt allerdings erst, nachdem durch die Einnahme von Danzig am 26. Mai 1807 Truppen und Geschütze verfügbar und die Hessen-Darmstädter durch das Würzburger und das Bergische Infanterieregiment sowie zwei Bataillone Polen verstärkt worden sind.

Indessen hat es Graudenz viel leichter als Kolberg. Für den Bau der Festung hatte Friedrich der Große selbst den Entwurf geliefert; der Festungsbau war 1785 fertig. Die Festung liegt auf hohem Berge, 1.300 m von der Stadt getrennt, so daß die Leiden einer Belagerung nur bedingt die Bevölkerung treffen konnten. Dank Kasematten (durch starken Erdaufwurf geschützte Gewölbe aus dickem Mauerwerk) brauchte man weder für Besatzung noch für Vorräte ein Bombardement zu fürchten.

Hinzu kommt, daß die nun einsetzende Belagerung halbherzig ist, man monatelang nur blockiert. Die Festung, sechsmal vergeblich zur Übergabe aufgefordert, hat sich tatsächlich mehr gegen Desertion polnischer Soldaten als gegen die Belagerer zu schützen. Dies steht allerdings nicht in preußisch- deutschen Büchern verzeichnet. Das Geschützfeuer der Belagerer seit dem 1. Juni 1807 bleibt ziemlich wirkungslos. Der Waffenstillstand zwischen Frankreich und Preußen setzt den Feindseligkeiten ein Ende, jedoch läßt Napoleon, als willkürlichen Racheakt, die Einschließung der Festung Graudenz nach Friedensschluß noch bis zum 12. Dezember 1807 fortsetzen, so daß die Belagerung am Ende insgesamt elf Monate dauert.

Weder Graudenz noch Kolberg haben im Krieg von 1806/07 eine besondere strategische Bedeutung. Da beide Festungen 1807 aber die letzten freien Außenposten im besetzten Preußen sind, gewinnen sie für den gedemütigten preußischen Staat einen um so höheren Symbolwert.

Warum läßt Napoleon Kolberg überhaupt belagern?

Bei Kriegsausbruch 1806 sieht man in Berlin eine Belagerung Kolbergs nicht vor. Weder sind Vorbereitungen zur Verteidigung getroffen worden, noch trifft später ein Armierungsbefehl in Kolberg ein. Indessen: Nachdem die preußische Feldarmee bei Jena und Auerstedt vernichtet worden ist, faßt Kolberg-Kommandant Lucadou, inmitten aller Mutlosigkeit, Lähmung und Kapitulationsbereitschaft, selbständig den Entschluß, Kolberg in Verteidigungszustand zu versetzen. (Diese Tatsache bleibt bei den vielen Widersachern Lucadous oft unerwähnt.)

Erst Anfang 1807 werten dann beide Seiten Kolberg über Gebühr auf. Die preußische Heeresleitung glaubt, man könne von Kolberg aus die rückwärtigen Verbindungen der Franzosen durch Ausfälle stören. Da Kolberg weitab der französischen Hauptverbindungslinie liegt, ist diese Vorstellung allerdings fern jeder Realität. Überdies glaubt die preußische Heeresleitung mit einer Landung englischer Eingreiftruppen in Kolberg rechnen zu können und will daher die Stadt halten. Diese Hoffnung auf eine englische Invasion im Rücken Napoleons ist Anfang 1807 freilich Wunschdenken. (Erst 1811/12 wird Kolberg als einziger in preußischem Besitz befindlicher Hafen Bedeutung erlangen, über den man sich von England her mit den nötigsten Waffen für die Erhebung gegen Napoleon versorgen kann.)

Warum läßt Napoleon Kolberg belagern? Der Kaiser ist über seine rückwärtigen Verbindungen besorgt. Darüber hinaus rechnet auch er mit Landungen britischer Truppen – von der Ems und Elbe bis zur Oder und Weichsel. Am 8. Februar 1807, Franzosen und Russen/Preußen sind etwa gleichstark, kommt es zur Schlacht bei Preußisch Eylau in Ostpreußen. Sie endet unentschieden, Napoleon hat erstmals nicht gesiegt.

Im März 1807, während der Operationspause, wendet Napoleon seine Aufmerksamkeit den noch unbezwungenen preußischen Festungen im Rücken des französischen Heeres zu: Danzig, Graudenz und Kolberg. Besonders Danzig, das „Venedig der Ostsee", bedroht durch seine Lage im Rücken des linken französischen Flügels dessen rückwärtige Verbindungen.

Weder von der preußischen Heeresleitung in Memel, noch vom Danziger Kommandanten oder vom französischen Belagerungsgeneral wird die strategische Bedeutung der Weichselfestung Danzig hinreichend erkannt. Nur Napoleon erkennt sie von Anfang an, obwohl er sich seine Kenntnis erst durch Landkarten und Berichte verschaffen muß – ein Beispiel mehr für sein überlegenes Feldherrentum. Napoleon weiß zudem: Nur in Danzig können britische/schwedische Truppen in größerer Zahl landen. Daher hat seit 10. März 1807, dem Beginn der Belagerung Danzigs, die Einnahme dieser Festung für Napoleon absoluten Vorrang. Und deshalb auch sind alle für Kolbergs Einschließung nicht nötigen Truppen für Danzig bestimmt.

Inzwischen gibt es die kühnen Streifzüge kleinerer Detachements unter Rittmeister Ferdinand von Schill aus Kolberg gegen

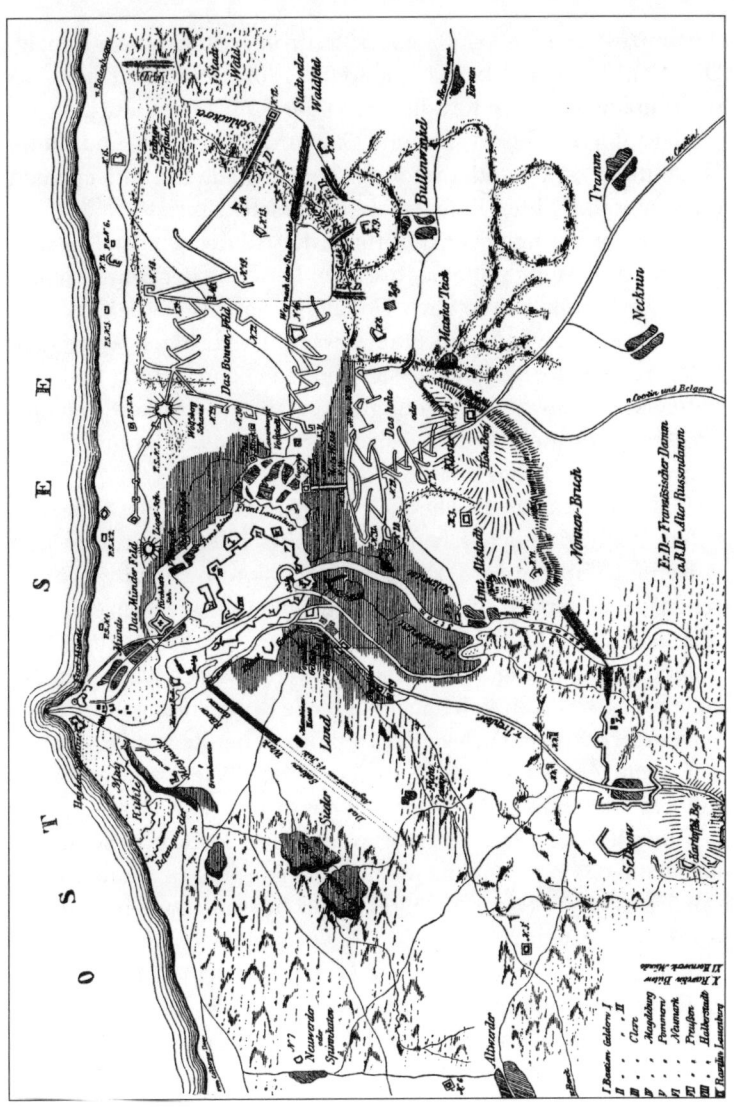

Plan der Festung
Kolberg im Jahre
1807.

die französische Etappenlinie von Stettin über Stolp bis vor Danzig. Das Schillsche Freikorps, im März 1807 bestehend aus 745 Infanteristen und 418 Kavalleristen oder 1.163 Mann, durchstreift Hinterpommern bis Wollin und Stargard, Neustettin und Stolp. Diese mehr oder minder erfolgreichen Ausfälle lassen Napoleon die Kräfte und Mittel Kolbergs weit überschätzen.

Napoleon befürchtet unzutreffend, diese Kolberg-Ausfälle könnten, in Verbindung mit einer dortigen Landung der Briten, seiner Hauptverbindungslinie nach Danzig gefährlich werden. Würde Napoleon über genügend Etappentruppen verfügen, wäre eine Belagerung Kolbergs überflüssig, und eine Beobachtung Kolbergs hätte Napoleon vollauf genügt. Aus dieser krassen Fehleinschätzung vor allem der französischen Seite heraus kommt es überhaupt zu der 111 Tage dauernden Belagerung Kolbergs.

In den ersten vier Wochen, ab 14. März 1807, ist diese „Belagerung" noch ziemlich harmlos, die Einschließung auf beiden Persante-Ufern nur lose. Diese Tatsache wird in preußisch-deutschen Darstellungen ebenso ungern eingeräumt wie noch eine weitere Tatsache: Die Belagerer sind anfangs der Besatzung sogar unterlegen, es mangelt ihnen an schweren Geschützen. Die Belagerer beschränken sich daher auf bloße Beobachtung vom 25 km südwestlich Kolberg gelegenen Treptow an der Rega aus.

Erst im April 1807 läßt Napoleon einen Belagerungspark für Kolberg vorbereiten. Zu dieser Zeit nötigt ein erfolgreicher Ausfall des durch Teile der Besatzung verstärkten Freikorps Schill die Belagerer, das ganze Gebiet westlich der Persante zu räumen. Aber seit 5. Mai 1807 ist dann Kolbergs Einschließung von der Landseite wieder hergestellt.

Erst als das 76 Tage gehaltene Danzig vor dem Fall steht, wird Kolberg über alle Maßen aufgewertet. Dem Prestigedenken Napoleons ist es unerträglich, daß dieses unscheinbare Kolberg ihm zu trotzen wagt. Napoleon rechnet mit der Eroberung „dieses" – nach seinen Worten – „schwachen Platzes mit schlecht organisierter Garnison" in vier bis sechs Wochen.

Dies wird nicht gelingen, und Napoleon kam daher später auch niemals mehr auf seine Niederlage bei der Belagerung Kolbergs zurück. Sein Schweigen über das „elende Nest" Kolberg erinnert an Napoleons ebenso ominöses Schweigen über den acht Jahre zuvor, 1799, gescheiterten Ägyptenfeldzug. Damals, im August

1799, entzog sich Napoleon der drohenden Kapitulation seines dezimierten Heeres durch eilige Flucht nach Frankreich. Erst eine Woche vor der (ehrenhaften) Kapitulation Danzigs am 26. Mai 1807 beginnt dann für Kolberg die förmliche Belagerung, nämlich am 19. Mai 1807. Napoleon befiehlt die nachdrückliche Bestürmung Kolbergs und läßt die Belagerungstruppen zunächst verdoppeln, dann verdreifachen, um – endlich – jenes Nest Kolberg in die Knie zu zwingen.

Kolberger Patriotismus: Mythos und Wirklichkeit

Friedrich der Große liebte die pommerschen Grenadiere wegen ihrer Tapferkeit und Treue: „Ich liebe die Pommern wie meine Brüder, denn sie sind brave Leute, die mir jederzeit in Verteidigung des Vaterlandes sowohl im Feld als zu Hause mit Gut und Blut beigestanden haben." Und: „Setze ich mich vor meine Pommern und Märker [Brandenburger – d. A.] und habe schon die Hälfte meiner Monarchie verloren, nur selbst den Kopf nicht, so jage ich den Teufel aus der Hölle!" Von jenem, einst von Fridericus Rex gerühmten kriegerisch-patriotischen Geist der Pommern sind diese, wie auch die Kolberger, jetzt allerdings schon weit entfernt.

1806 zählt Kolberg 4.445 Einwohner, meist Ackerbürger (Stadtbürger mit Grund und Boden in oder nahe der Stadtgemarkung), Seeleute und Handwerker. Der Hafen ist vernachlässigt – kaum 30 Schiffe laufen jährlich aus. Abgesehen von wenigen Großkaufleuten, sind die Kolberger nicht wohlhabend. Seit dem Mittelalter sind sie indes in Pommern wegen ihrer Sturköpfigkeit und trotzigen Willkür, bis hin zur Ungesetzlichkeit, bekannt und daher dem Pommern-Herzog schwierige Untertanen.

Will man dem Kolberg-Mythos glauben, so sei die Kolberger Bürgerschaft 1806 und besonders 1807 voller Opferbereitschaft gewesen. Dem ist jedoch, zunächst, nicht so. Im ganzen zeigt die Bürgerschaft anfänglich keineswegs opferwilligen Geist und preußisch-pommerschen Patriotismus.

Bei der Mobilmachung gegen Schweden fragt Kommandant Lucadou im Mai 1806, unter Hinweis auf „die rühmliche Tapferkeit der Kolbergschen Bürger im Siebenjährigen Kriege" (die bereits geschilderten Belagerungen von 1758, 1760 und 1761), vorsorglich beim Magistrat an, ob die Bürger bei einer Belagerung „im Notfalle" wie früher den inneren Wall verteidigen würden. Dies lehnt der Magistrat rundweg ab, Lucadou beläßt es dabei. Als im September 1806 die Bürger von Lucadou zum Wachdienst aufgefordert werden, suchen sie sich dieser patriotischen Pflicht zu entziehen. Daß Lucadou am 8. November 1806 die kampflose Übergabe ablehnt, ruft tiefen Unwillen der Kolberger hervor, nicht nur der reichen Kaufleute. Lucadou berichtet dies am gleichen Tag brieflich dem König, und Friedrich Wilhelm III. antwortet ihm zwei Tage später aus Graudenz: „Einen etwaigen Antrag der Bürgerschaft zur Übergabe müßt Ihr mit dem gehörigen Ernste zurückweisen und gegen wiederholte Anträge [auf Kapitulation – d. A.] nachdrucksvolle Maßregeln ergreifen."

Das im Februar 1807 benötigte Holz für 1.200 Palisaden muß im Stadtwald unter lebhaftem Protest des Magistrats geschlagen werden. (Fünf Wochen später schlagen die Franzosen aus dem Stadtwald, was sie brauchen.) Müssen Arbeiter und Gespanne für die Armierung der Festungswerke gestellt werden, erregt das den Zorn der Betroffenen.

Bezeichnend auch: Wohlhabende lassen sich beim Wachdienst und beim Feuerlöschen gern gegen Bezahlung vertreten. So manche Angehörige der begüterten Schicht entziehen sich der Belagerung durch Flucht über die Ostsee auf die 110 km entfernte dänische Insel Bornholm oder gar in das französisch besetzte Preußen.

Als während der Belagerung Bürger und Beamte aus Furcht vor feindlichen Granaten die Stadt verlassen, läßt Kommandant Gneisenau am 29. Mai 1807 bekanntmachen, er werde sie nicht wieder in dte Festung hereinlassen und ihre Namen am Stadttor anschlagen. Daraufhin finden sich diese Personen in aller Stille wieder in Kolberg ein.

Später stellen viele Kolberger, vor allem die Veteranen der drei früheren Belagerungen, ihre Person und Habe bereitwilig in den Dienst. Jung-Rekruten sind an den Kanonen den Artilleristen gleich. Die Frauen bringen Lebensmittel in die entferntesten Schanzen, tragen mit den Kindern Munition zur Schlachtlinie und pflegen Verwundete. Aber das Bürgerbataillon ist nie im Gefecht – wie später suggeriert wird.

Der Lebensmittelbedarf kann, anders als 1761, über See und bis

zur festen Einschließung auch vom Lande her gedeckt werden.
Lucadou und sein Stellvertreter Waldenfels entledigen sich kalt-
blütig aller etwa 200 Leute, die sich nicht gehörig verproviantieren
können: Sie werden vom Magistrat benannt und in Booten nach
Rügenwalde, 60 km nordöstlich Kolberg, abgeschoben. Diese
Zwangsevakuierung fügt sich schlecht in den Kolberg-Mythos ein
und bleibt deshalb meist unerwähnt.

Das Bargeld muß für die Bezahlung von Lieferungen aus dem
Ausland verwendet werden und wird äußerst knapp. Für die wegen
Geldmangels aufgelegten Anleihen geben vornehmlich kleinere
Bürger (genannt werden: Prediger, Müller, Brauer, Zinngießer) ihre
Ersparnisse her, reichere Kaufleute kaum. Zur Finanzlage der
Besatzung schreibt Gneisenau gegen Ende der Belagerung am 28.
Juni 1807 ironisch: „Seit sechs Wochen kein Geld. Ich helfe mir mit
freiwilligen und erzwungenen Darlehen; erstere gibt der kleine
Bürger, letztere der Kaufmann ..."

Schwäche und naturbedingte Stärke der Festung Kolberg

Im Dreißigjährigen Krieg waren und seitdem sind deutsche
Städte, gewissermaßen, Festungsstädte. Fast jede Stadt ist gegen
das offene Land hin durch Mauer, Tor und Graben abgeschlossen.
Eng und leicht zu verteidigen sind die Zugänge. Ist die Mauer dick
und die Bürgerschaft zuverlässig, kann die Stadt auch einem
größeren Heer eine Zeitlang widerstehen.

In den 43 Friedensjahren seit 1763 ist wenig, fast nichts geschehen, um die Festung Kolberg instandzuhalten, zu bestücken, gar
zu modernisieren – wie bei allen preußischen Festungen. Der „Alte
Fritz" ließ, nach den Erfahrungen der Belagerung von 1761, immerhin die Befestigung besonders auf der Hafenseite ausbauen; er folgte dabei den Vorschlägen des aus französischen Diensten über-
nommenen Ingenieur-Oberstleutnants Graf Magdeleine d'Heinze.
Eine Kabinettsordre des Königs Friedrich Wilhelm III. von 1803, in
den nächsten beiden Jahren solle auch die Festung Kolberg instandgesetzt werden, fruchtete nicht viel.

45 Jahre nach der letzten Belagerung, 20 Jahre nach dem Tod des
„Alten Fritz" sind die Kolberger Festungsanlagen 1806 allerdings

nicht, wie Joachim Nettelbeck fälschlich meint, halb verfallen, sondern in leidlichem Zustand. Doch die Gräben sind versumpft, es fehlt an Palisaden, Faschinen (durch Draht fest zusammengeschnürte, oft mit Steinen beschwerte Bündel aus Reisig) und Schanzkörben. Die seewärts gelegenen Festungswerke sind im September 1806 sogar desarmiert (entwaffnet) worden.

Im Oktober 1806 sind 156 Geschütze vorhanden, von denen nur 64 als brauchbar gelten können. Sie reichen kaum aus, einen Teil des Hauptwalls zu besetzen. Ein für Kolberg bestimmter Geschütztransport wird in Stettin von französischen Husaren erbeutet. An Munition sind wenig mehr als 200, statt der üblichen 1.500 Schuß je Geschütz vorhanden. Die 1771 aufgestellte Festungs-Artilleriekompanie hat eine Sollstärke von 136 Mann, 1806 besteht sie zunächst aus 86 (oder 97) Mann, darunter viele alte und schwächliche Leute. Zum Ausbessern der durchweg schlechten Lafetten steht ein einziger Stellmacher bereit. Die Besatzung mag Ende 1806 höchstens 1.500 Mann umfaßt haben. Es sind, wie in Stettin, als minderwertig geltende dritte Musketierbataillone zweier Infanterieregimenter, mithin Ersatzbataillone, keine Feldtruppen.

Der Kolberg-Mythos stellt die offenkundige Schwäche der Festung stark heraus, um vor diesem düsteren Hintergrund die Verteidigungsleistung der Besatzung um so strahlender glorifizieren zu können. Gleichwohl ist die Festung Kolberg durch ihre Lage von der Natur erheblich begünstigt und kann daher als verhältnismäßig stark bezeichnet werden.

Vor allem: Die sumpfigen Niederungen an beiden Ufern der Persante bieten Schutz gegen vorgetriebene feindliche Laufgräben. Der feuchte Untergrund erschwert Belagerungen ungemein, weil namentlich im Frühjahr und im Herbst eventuell ausgehobene Laufgräben bald voll Wasser stehen würden.

Ferner: Kolberg besitzt ausgedehnte Einrichtungen zum Anstauen der Persante und damit zur Überflutung. Werden die drei Schleusen in der Stadt geschlossen, kann man weite Gebiete des Vorgeländes besonders im Süden, aber auch im Nordosten, Osten und Westen überschwemmen, so daß nur schmale Zugänge zur Festung verbleiben, die Annäherung erschweren. Bei gründlicher Überschwemmung wird selbst ein förmlicher Angriff sehr schwierig. Die Schleusen, anfangs in ziemlich schlechtem Zustand, werden im November 1806 instandgesetzt. Nur bei Frost und Zufrieren der Gewässer verliert Kolberg seinen natürlichen Schutz. Zusammenfassend: Das Vorgelände erschwert feindliche Annäherung sehr. Dies gilt besonders für feindliche Artillerie; sie kann anfangs nur in ziemlicher Entfernung aufgestellt werden und daher den Schanzen, also den Stützpunkt- Erdwerken, nur wenig schaden. Die Hauptsorge der Besatzung gilt, neben ausreichender Versorgung mit Waffen und Munition, vor allem der Verproviantierung – in Erinnerung an 1761. Verfügt die Festung Kolberg über hinreichend Lebensmittel, Munition und Besatzung, so kann sie auch weit überlegenen Kräften widerstehen.

Am 23. Oktober 1806 trifft in Kolberg die amtliche Nachricht von der Vernichtung der preußischen Feldarmee ein. Volle vier Monate vergehen, ehe Napoleon Truppen nach Kolberg entsendet. Diese Zeit nutzt Kommandant Lucadou nicht schlecht, um Verteidigungsbereitschaft herzustellen. Das viele Neue, das auf Lucadou einstürmt, raubt ihm keinesfalls die Besinnung. Mit hausbackener Umsicht, langsam und bedächtig geht er daran, das höheren Orts lange Versäumte nachzuholen.

Binnen drei Monaten, bis Ende Januar 1807, sind Hauptwall und Außenwerke palisadiert, Erddepots für das Bombardement aufgefahren, Faschinen und Schanzkörbe in ausreichender Menge angefertigt, die Kasematten-Kaserne für 1.500 Mann hergerichtet. Ohne diese im Kolberg-Mythos unterschlagenen Maßnahmen Lucadous und seines tatkräftigen Stellvertreters Waldenfels hätte Nachfolger Gneisenau es – mindestens – weit schwerer gehabt und wäre womöglich sogar gescheitert.

Lucadou und Gneisenau, Schill und Nettelbeck

Festungskommandant ist – zunächst – der 66 Jahre alte Oberst Ludwig Moritz von Lucadou. Er versetzt, gleichsam aus dem Nichts, die Festung in verteidigungsfähigen Zustand. Dennoch stärken jene Maßnahmen nicht das Vertrauen zu Lucadou. Im Gegenteil, man mißtraut ihm in allem. Viele seiner Anordnungen stoßen auf Widerspruch und sogar auf Widerstand. Im März 1807 nehmen diese Spannungen zu, geschürt von Joachim Nettelbeck und seinen Anhängern bei Besatzung und Bürgerschaft, die Lucadou – völlig unberechtigt – des Verrats verdächtigen. Der Besatzung fehlt im ganzen, dies nicht unbegründet, das Vertrauen zur Führung Lucadous, daher auch der Gehorsam gegenüber seinen Befehlen. Lucadou wird am 10. April 1807 abgelöst durch den populären und energischen, 46 Jahre alten Major und Brigadier Neidhardt von Gneisenau, bis dahin im belagerten Danzig, seit 29. April 1807 in Kolberg im Amt. König Friedrich Wilhelm III. bewilligt Gneisenau eine außerplanmäßige Kolberg-Zulage von 100 Talern monatlich. Da Gneisenau einer der jüngsten Stabsoffiziere ist, scheinen Reibungen unausbleiblich, denen er jedenfalls schnell Herr wird. Lucadou und Gneisenau, im Alter deutlich unterschieden, verkörpern in Kolberg das alte und das neue Kriegsbild. Dank der Vorarbeiten Lucadous findet Gneisenau weit günstigere Verhältnisse als zu Beginn der Belagerung vor: verbesserte Festungsanlagen, vermehrte Besatzung und englische Waffenlieferungen.

Stellvertreter des Festungskommandanten ist der 35 Jahre alte, tapfere und ehrgeizige Hauptmann Carl Wilhelm Ernst von Waldenfels aus altem mainfränkischen Geschlecht, sein Vater war markgräflicher Kammerherr und Oberforstmeister in Bayreuth. Erst 1803, nach mehr als 15 Dienstjahren, erhielt Waldenfels eine Grenadierkompanie. In der Schlacht bei Jena leicht verwundet, schlägt er sich im November 1806 nach Kolberg durch und wird zum Lucadou-Stellvertreter ernannt. Beim Eintreffen Gneisenaus ist er Major, später Träger des Pour le mérite. Waldenfels zeichnet sich unter Lucadou und Gneisenau als Kommandeur eines Grenadierbataillons aus und fällt in der Nacht des 14./15. Juni 1807, zwei Wochen vor Belagerungsende, beim Kampf um den Wolfsberg.

Unterstützt wird der Festungskommandant vom 31 Jahre alten Leutnant Ferdinand von Schill – der am 12. Februar 1807 auf Lucadous Vorschlag zum Rittmeister befördert wird und nur bis zum 12. Mai 1807 in Kolberg bleibt – und vom 68 Jahre alten Bürgerrepräsentanten Joachim Nettelbeck.

Diese vier Persönlichkeiten – Oberst Ludwig Moritz von Lucadou, Major Neidhardt von Gneisenau, Rittmeister Ferdinand von Schill und Bürgerrepräsentant Joachim Nettelbeck – prägen das Kampfgeschehen in Kolberg. Die Stadt hat drei dieser Männer, und ihrem König, später Denkmäler gesetzt: vor dem Rathaus das Denkmal von Friedrich Wilhelm III., der Gneisenau entsandt und nach 1807 aus Dankbarkeit viel für Kolberg getan hat; vor dem Dom Gneisenau und Nettelbeck in prächtiger Doppelgruppe, darunter

Schill im Relief. Außerdem sind Straßen nach ihnen benannt und die Häuser, in denen sie gewohnt haben, mit Ehrentafeln geschmückt worden.

Und der vierte? In tiefem Schatten steht, unbeachtet, ungeehrt und vergessen Lucadou. Die aus persönlicher Feindschaft geborene, überaus harte, ungerechte und bis zur Schmähung gehende Beurteilung Lucadous durch den Volkshelden Nettelbeck wirkte im 19. und bis ins 20. Jahrhundert weiter. (Ein Beispiel aus der Gegenwart: In einer Bundeswehr-Kaserne wird der tendenziöse „Kolberg"-Film von 1944 vorgeführt. Anwesend ist ein Nachfahre Lucadous, nun angehender Reserveoffizier. Nach der Film-Verdächtigung des Kolberg-Kommandanten Lucadou als „Feigling" muß sich dessen Nachfahre Spott und Hohn gefallen lassen.)

Die Nichtbeachtung Lucadous teilte übrigens auch der tüchtige Vizekommandant Waldenfels. Er ist der ranghöchste Gefallene der Belagerung, bleibt aber in der späteren Kolberg-Literatur meist ungenannt.

Gneisenau und seine Leistung in Kolberg, dann hauptsächlich vor und in den Befreiungskriegen (als Militärreformer und Generalstabs-Chef Blüchers) sind in der Geschichtsschreibung unumstritten. Gneisenau zählt, unabhängig von den wechselnden Moden preußischer und deutscher Historiker, zu den großen Soldaten der preußischen Geschichte.

Lucadou, Schill und Nettelbeck jedoch sind später in der preußisch-deutschen Literatur seit 1807, zuletzt noch im pathetischen, verfälschenden NS- Durchhaltefilm „Kolberg", aus mancherlei Motiven sehr verzerrt dargestellt worden. Nämlich insbesondere Lucadou im höchst negativen, Schill und besonders Nettelbeck im höchst positiven Sinne. Angesichts solcher fortwirkenden Legendenbildung sollen an dieser Stelle Kurzporträts aller vier Kolberger Hauptbeteiligten stehen.

Ludwig Moritz von Lucadou

Er entstammt südfranzösichem Adel. Mit 19 Jahren tritt er 1760 in preußische Dienste, kämpft im Siebenjährigen Krieg, erhält 1779 als Oberleutnant von Friedrich den Großen einen Ehrendegen.

Seinen Posten in Kolberg (seit 1803) sieht er im Geist der Zeit als Altersversorgung an. Er ist in altpreußischer Schule mit ihren Vorzügen und Mängeln großgeworden. Gegen die Kolberger Bürgerschließt er sich, im alten Kastengeist, in steifer Zurückhaltung ab, ist aber um gütliches Zusammenwirken mit der Bürgerschaft bemüht. Seine Persönlichkeit ist nicht geeignet, die Kolberger für sich einzunehmen und sie zu gewinnen, zumal er die französische Sprache besser als die deutsche beherrscht.

Im Gegensatz zur allgemeinen Kapitulationsbereitschaft ist Lucadou entschlossen, Kolberg so zu verteidigen, daß er vor seinem König bestehen kann. Er bereitet gewissenhaft und umsichtig die Verteidigung vor. Nachdem die Stettiner Behörden die Landräte ersuchen, auf Napoleon zu schwören, weist Lucadou die Landräte seiner Umgebung an, diesem Ersuchen nicht zu folgen, die einzuziehenden Abgaben nur der Kolberger Kommandantur abzuliefern und deren Anordnungen in militärischer Hinsicht pünktlich zu befolgen. Solche Haltung ist damals überaus rar.

Der Gedanke, daß man eine Festung am wirksamsten durch einen Sieg über die Belagerer *außerhalb* der Wälle verteidigen könne, liegt damals fern. Daher kennt und befolgt Lucadou nur völlig passive Verteidigung innerhalb der Wälle. Lucadou, zuletzt (1795) Kommandeur nur eines Grenadierbataillons, mangelt es an taktischem Verständnis, so daß bei Beginn der Einschließung jede einheitliche Aufklärung des Gegners unterbleibt. Wichtiger noch: Da Lucadou die Führung der Verteidigung nie entschieden in die Hand nimmt, schlagen sich seine Unterführer zwar tapfer, aber planlos mit den Belagerern herum.

Zeitzeugen sind sich einig: Lucadou erfüllte seine Pflichten mit Treue und Standhaftigkeit. Nur Verleumder (an der Spitze Joachim Nettelbeck) versuchten seine Ehre anzutasten und ihn als „Schlafmütze" oder sogar als „Memme" hinzustellen. Seiner schwierigen Aufgabe aber war er nicht gewachsen. Der König ließ indes keinen Zweifel an Lucadous Ehrenhaftigkeit. Während viele Offiziere ohne Pension entlassen werden, wird Lucadou mit vollem Sold und dem Charakter des Generalmajors verabschiedet. Er bleibt bis zum Ende der Belagerung in Kolberg, obschon viele Bürger die Stadt über die Ostsee verlassen. Lucadou stirbt 1812, einsam geworden, mit 71 Jahren in Köslin/Hinterpommern.

Neidhardt von Gneisenau

Sein erster Lebensabschnitt (1760 bis 1805), damals fast ein ganzes Menschenleben, verläuft ereignislos. Im anschließenden Jahrzehnt (1806 bis 1816), mit 46 bis 56 Jahren, erbringt er seine Lebensleistung, die ihn berühmt macht. Die letzten fünfzehn Jahre, im frühen Lebensabend, sind geprägt von Resignation angesichts des von ihm in Preußen Gewollten, aber in Politik und Gesellschaft nicht Erreichten.

Neidhardt von Gneisenau. Gemälde von M. v. Clausewitz. (AKG)

Bis zum sechsten Lebensjahr wächst Gneisenau in ärmlichsten Verhältnissen bei Pflegeeltern auf. Dann nimmt ihn sein Großvater mütterlicherseits nach Würzburg und läßt ihn in einer Jesuitenschule erziehen. Seinen Waisenkind-Komplex kompensiert er durch Robustheit. Wegen Geldmangels wird er Berufssoldat: 1779 bei den österreichischen Husaren in Erfurt, 1780 in der Armee von Ansbach-Bayreuth. Als Unterleutnant wird er 1782 mit einem Ansbach-Bataillon nach Halifax/Kanada eingeschifft, kommt aber nicht mehr im nordamerikanischen Unabhängigkeitskrieg auf der Seite Englands zum militärischen Einsatz.

Als Oberleutnant tritt er 1786 in preußische Dienste. Er kämpft 1806 bei Saalfeld und Jena. 1807 erhält er als Major das Kommando über die Festung Kolberg und führt die neue Verteidigungstaktik ein, die Belagerer schon im Vorfeld zu stellen. Für die Kolberger Verteidigung wird er zum Oberstleutnant befördert und Ritter des Ordens Pour le mérite. Seit Juli 1807 wirkt er als Heeresreformer: Felddienst statt übertriebenen Paradedrills, Abschaffung ständischer Vorrechte, Besetzung der Offiziersstellen nach Leistung, „Freiheit des Rückens" (Abschaffung von Zopf und Prügelstrafen), Schaffung eines modernen Generalstabs, Einführung der allgemeinen Wehrpflicht. Mit diesen Neuerungen trägt er – entscheidend – zum Werk der vielen preußischen Reformen bei.

1813 ist er Generalleutnant und Generalquartiermeister (Chef des Generalstabs) der schlesischen Armee Blüchers. In den Befreiungskriegen wächst er zum herausragenden Feldherrn. Nach der Einnahme von Paris wird er 1814 in den Grafenstand erhoben; er gilt als der eigentliche Bezwinger seines Lehrmeisters Napoleon. Der Patriot Gneisenau ist ein musischer Mensch, ein universeller Geist und strahlt Charisma aus. 1816 nimmt er aus politischen Gründen seinen Abschied, 1825 wird er Generalfeldmarschall – ohne Einfluß. Während des Polenaufstands ist er Oberbefehlshaber der vier Korps in Ostpreußen, Pommern und Schlesien. Er verstirbt mit knapp 71 Jahren in Posen an der Cholera – wie sein Chef des Generalstabs und Freund Carl von Clausewitz.

Ferdinand von Schill

1806 ist Schill ein 30 Jahre alter, mittelmäßiger, daher seit 1793 nicht beförderter Dragoner-Leutnant. Von Auerstedt aus schleppt

Ferdinand von Schill. Punktierstich von Ludwig Buchhorn. (AKG)

er sich nach der Schlacht mit Kopfwunde bis nach Kolberg, belebt dort Mut und Vertrauen von Besatzung und Bürgern. Aus versprengten Soldaten, entflohenen Kriegsgefangenen usw. gründet er eine von Lucadou ungern genehmigte Freischar. Sie bringt wichtige Lagemeldungen, überfällt gegnerische Posten, macht Kriegsgefangene. Wenn Schill rastlos Geld, Ausrüstungen, Waffen und Nahrungsmittel in der Kolberger Umgebung eintreibt, so nicht auf Befehl, sondern aus eigener Initiative und – zudem – im Gegensatz zum militärischen Denken seiner Zeit. Sein steter Kleinkrieg bringt Schill die Bewunderung der Zaghaften, den Beifall der Mutigen ein. Ihn treiben Haß gegen die Franzosen, Verlangen nach Kampf und Sieg, hohes Geltungsbewußtsein. Er besitzt rasche Auffassungsgabe, praktischen Blick, schnelle Entschlußkraft. Der Haudegen Schill, ein „meteorischer Mensch" (Gneisenau) und geborener Freischärler, ist ein mitreißender, von seinen Soldaten verehrter militärischer Führer. Vor dem Wagen pflegt er wenig zu wägen. Viele seiner Pläne sind phantastisch und entbehren jeder aussichtsvollen Grundlage, so daß es öfters auch zu schweren Niederlagen mit erheblichen Verlusten kommt. Sein brennender Ehrgeiz und ungestümer Patriotismus führen bis zum offenen Ungehorsam gegen seine Vorgesetzten. Die kühnen Streifzüge des vom König am 13. Januar 1807 genehmigten Freikorps Schill mit rund 1.500 Reitern und Fußsoldaten erregen immer mehr Aufsehen, auch bei Napoleon. Seine legendär überhöhten Husarenstreiche in Pommern machen Schill zum Volkshelden.

Beim König wirken Schills Taten tief ein und führen zu seiner Überschätzung. Der frühe Ruhm läßt Schill – so Gneisenau – „schwindlig" werden. Seine Briefe an den König sind, im Unterschied zu denen von Blücher, Scharnhorst oder Gneisenau, schwülstig und voller Selbstruhm. Ab 1808 bemächtigt sich dann die nationale Legende seiner Person. Schill wird zur volkstümlichen Heldengestalt in ganz Preußen. Dies erst recht nach seinem Rebellenzug und Tod 1809 als Major und Pour le mérite-Träger im Alter von 33 Jahren. Er versucht auf eigene Faust, unter Bruch des Fahneneides, mit seinem Husaren-Regiment eine Volkserhebung gegen Napoleon auszulösen und fällt in Stralsund im Straßenkampf. Elf seiner Offiziere werden in Wesel standrechtlich erschossen. Das Bild ihrer Erschießung, mit selbst entblößter Brust, ziert fortan preußische und deutsche Geschichts- und Schulbücher.

Joachim Nettelbeck

Mit elf Jahren brennt der Kolberger Junge durch und geht zur See. 1758, 20 Jahre alt, flüchtet er vor preußischen Armee-Werbern aus der Stadt. (Sein Vater leistet bei den Belagerungen von 1758 und 1760 Adjutantendienst beim Kommandanten.) Nettelbeck wird

Joachim Nettelbeck. Porträt-Medaillon am Kolberger Denkmal Friedrich Wilhelms III.

erfahrener Ozean-Seemann, mithin für Hinterpommern nahezu ein Weltmann. Mit 32 Jahren kgl. preußischer Schiffskapitän, wird er bald wegen „Insubordination" entlassen. Nach weiten Seereisen als Steuermann, auch auf Sklavenjägerschiffen, läßt er sich 1783 mit 45 Jahren in Kolberg wie sein Vater als Branntweinbrenner nieder. Seit 1805 gehört er zum Kollegium der Stadtältesten.

Nettelbeck ist begeisterter Preuße, voller Liebe und Treue gegenüber König und Vaterland. Er ist hilfsbereit und opferfreudig im Dienst am Gemeinwesen. Ungemein praktischer Verstand und Todesverachtung verbinden sich bei ihm mit Widerspruchsgeist und Rechthaberei. Er glaubt alles besser zu verstehen als alle anderen. Sein Tatendrang reißt ihn – lebenslang – zu Kränkungen und Beleidigungen hin. Je mehr Lucadou seine gut gemeinten, nicht erwünschten, teils überflüssigen Ratschläge ablehnt, desto mehr steigert sich sein Zorn in blinde Wut. Als auch der von ihm hochverehrte Schill laut gegen Lucadou grollt, fordert Nettelbeck in Eingaben an den König die Ablösung Lucadous.

Das Drängen nach einem stärkeren Kommandanten ist sein Verdienst. Gneisenau überträgt Nettelbeck die Aufsicht über das Feuerlösch- und Überschwemmungswesen, bindet ihn damit ein und sichert sich so Nettelbecks Einfluß auf die Bürgerschaft. Murrenden Bürgern verkündet Gneisenau, wer heimlich verleum-

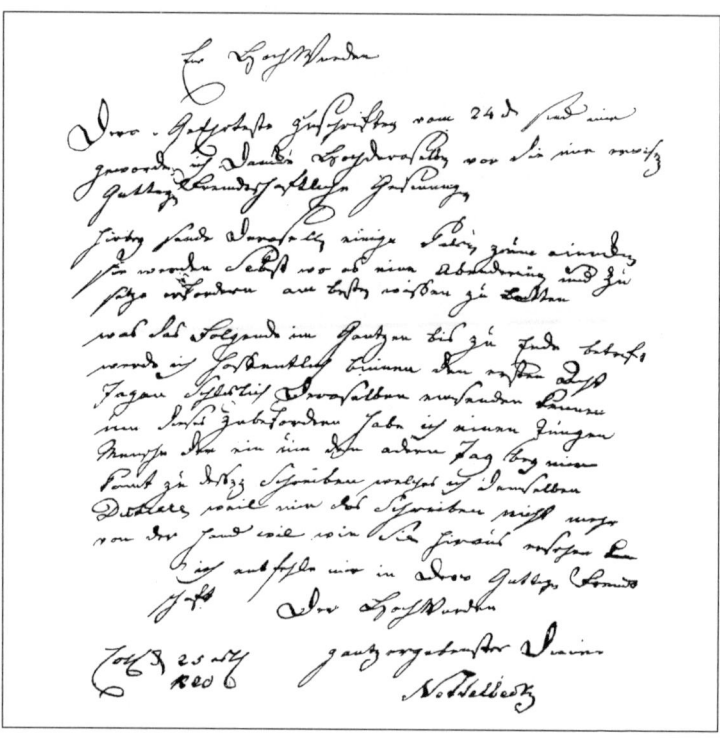

Nettelbecks Handschrift. Brief vom 25. Oktober 1820 mit der Unterschrift „Der HochWürden gantz ergebenster Diener Nettelbeck".

derische Briefe an den König schreibe (eine deutliche Anspielung auf Nettelbeck), den werde er am nächsten Baum aufknüpfen lassen; Nettelbeck richtet sich danach.

In Preußen gilt Nettelbeck als Vorbild für die Bürgertugenden der Opferfreudigkeit und des Gemeinsinns; seine negativen Seiten werden verschwiegen. Seine Memoiren (enstanden 1821-1823) finden in ganz Deutschland begeisterte Leser, machen ihn berühmt und prägen sein Bild in der Geschichte. Die Nettelbeck-Memoiren sind im zweiten Teil eine Schmähschrift gegen Lucadou, ihre Glaubwürdigkeit hinsichtlich der Belagerung ist begrenzt. Die Nettelbeck in Verbindung mit Gneisenau und Schill zuteil werdende Berühmtheit schmeichelt der Eitelkeit des pommerschen Querkopfes. Zum allverehrten Patriarchen der Kolberger Bürger wird er jedoch nie; die meisten von ihnen schätzen ihn nicht besonders. Nettelbeck, bis zuletzt geistig präsent, verstirbt 1824 im Alter von 85 Jahren.

Wie stark sind Besatzung und Belagerer tatsächlich?

Im Februar 1807 hat die Besatzung, ohne das meist in der näheren und weiteren Umgebung operierende Freikorps Schill, eine Stärke von 3.782 Mann. Im März/April 1807 stehen der Besatzung von nun etwa 4.700 Mann, alle in Bekleidung, Bewaffnung und Ausrüstung feldverwendungsfähig, 4.215 Belagerer mit nur zehn Geschützen unter Divisionsgeneral Pierre Teulié, dann General Olivier Loison gegenüber.

Die Besatzung ist demnach bei Kampfbeginn den Belagerern personell leicht, in der artilleristischen Feuerkraft deutlich überlegen. Dieses anfängliche Kräfteverhältnis paßt überhaupt nicht in den Kolberg-Mythos und wird daher in den meisten Darstellungen verschwiegen. Bis April 1807 ist die Besatzung taktisch im Vorteil, da sie auf der inneren Linie kämpft. Nachdem man im April 1807 die Einschließung aufgebrochen hat, versäumt man danach weitere erfolgversprechende Ausfälle.

Als am 19. Mai 1807 die förmliche Belagerung mit schwerer Artillerie beginnt, hat sich die Besatzung, durch Zuführungen aus der Umgebung und von See her, auf 5.601 Mann verstärkt. Der Geist der regulären Truppe ist im ganzen gut; im Schillschen Freikorps jedoch herrscht unter Mannschaften und Offizieren Disziplinlosigkeit, teilweise bis zu schandhaften Räubereien und zur offenen Befehlsverweigerung. Diesen 5.601 Mann stehen nun allerdings 8.132 Belagerer gegenüber. Doch die Überlegenheit wird von den Franzosen nicht als besonders groß empfunden. Dies mag das überaus behutsame Vorgehen von General Loison erklären, welches Gneisenau ganz „unbegreiflich" findet.

Unterstützt wird die Festung Kolberg von Engländern und Schweden. So erscheint am 29. April 1807, als Gneisenau das Kommando übernimmt, eine schwedische Fregatte mit 46 Kanonen. Dies ist Vertragsbruch: In dem am 18. April 1807 mit Frankreich abgeschlossenen Waffenstillstand hat sich Schweden verpflichtet, weder Danzig noch Kolberg Hilfe zu leisten. Wegen ihres Tiefgangs muß die Fregatte selbst für die Schußweite ihrer schweren Geschütze weit draußen auf Reede bleiben. Der schwedische Kapitän von Wollyn ist, laut Gneisenau, ein schwacher Mann, der 1. und 2. Offizier unzuverlässig, so daß man sie sogar bestechen muß. Immerhin beschießt das schwedische Kriegsschiff, bis zum Absegeln am 20. Juni 1807, die einen oder anderen französischen Angriffsvorbereitungen.

Zuletzt, im Juni 1807, sind nach energischen Befehlen Napoleons 12.300 Mann Infanterie, 400 holländische Husaren, 275 Pioniere, insgesamt rund 13.000 Belagerer, mit 55 bis 67 Geschützen versammelt – eine drückende, erdrückende Übermacht. Dennoch beantragt General Loison wiederholt Verstärkungen. In seinen Ersuchen wird die Abwehrleistung der Besatzung deutlich, die ihm Respekt abnötigt.

Dem französischen Blockadekorps von vier, dann sechs Brigaden gehören mehrheitlich Rheinbundtruppen aus Württemberg und Thüringen an, dazu drei italienische Regimenter und ein polnisches Regiment. Bis März 1807 stehen sogar ausschließlich italienische Truppen vor Kolberg. Gegen die Polen kämpft die Besatzung besonders erbittert.

(*Rheinbundtruppen*: Am 12. Juli 1806 treten 16 süddeutsche Fürsten aus dem Reich aus und gründen den Rheinbund: eine Konföderation unter französischem Protektorat, mit deren Hilfe Napoleon seine Herrschaft in Mitteleuropa festigt. Bis 1811 treten dem Bund weitere 20 deutsche Territorien bei, während sich Österreich, Preußen, Braunschweig und Kurhessen ihm fern halten. Wichtigste Gründungsmitglieder des Rheinbundes sind der zu dessen Fürstprimas erhobene Reichserzkanzler und Mainzer Kurfürst Karl Theodor von Dalberg, die 1805 zu Königreichen erhobenen Staaten Bayern und Württemberg, die neuerhobenen Großherzogtümer Baden, Hessen-Darmstadt sowie Kleve und Berg und das zum Herzogtum erhöhte Nassau. Auf dem Höhepunkt der Macht Kaiser Napoleons, 1808, umfaßt der Rheinbund ein Gebiet von 326.000 qkm mit 14,6 Millionen Einwohnern und einem Truppenkontingent von 119.180 Mann, das Napoleons Feldzüge mitmachen muß. In der „Grande Armée der 20 Nationen" von 455.000 Mann, mit der Napoleon 1812 in Rußland einfällt, bilden die Franzosen eine Minderheit, während die Deutschen etwa ein Drittel der Truppe stellen müssen.)

Wenn Lucadou/Gneisenau Ärger mit Teilen der Besatzung haben, so ihr Gegenspieler gleichermaßen mit Teilen der Belagerer. In seiner Meldung vom 15. Juni 1807 klagt General Loison über die Unzuverlässigkeit der Thüringer und Italiener und erbittet dringend Verstärkung durch Nationalfranzosen: Die Thüringer seien „völlig null" und würden lieber mit den Kolbergern gegen die Franzosen kämpfen. Die Italiener „schlagen sich bei Tage gut, weil sie sich als Teil der französischen Armee von der Eigenliebe und der Eitelkeit leiten lassen"; bei Nachtkämpfen jedoch sei es „schrecklich" mit den Italienern und kein Verlaß auf sie.

Bei einem Ausfall der Besatzung, noch unter Lucadou, am 20. März 1807 werden 13 italienische Nobelgardisten im Triumph als Kriegsgefangene eingebracht. Es sind reiche junge Leute in prächtigen Uniformen, mit guten Pferden und bestem Sattelzeug. Dies erregt Aufsehen in Kolberg. Einige Angehörige der Besatzung staffieren sich mit der Montur gefallener Italiener aus und stolzieren damit auf Markt und Straßen.

Warum kann Kolberg der Übermacht standhalten?

Im Vordergrund steht gewiß die später zum Mythos überhöhte Tapferkeit der Besatzung unter der taktisch überlegenen Führung Gneisenaus. Gegen alle Regel nimmt Gneisenau den Kampf schon im Vorfeld auf. Er geht dem Belagerer entgegen und will ihn dadurch zwingen, sich erst durch zeitraubende Kämpfe auf die Entfernung heranzuarbeiten, aus der sonst die förmliche Belagerung gleich zu beginnen pflegt. Diese einfache, damals unbekannte Verteidigungstaktik ist 1807 revolutionär.

Ein Beispiel für die erfindungsreiche, auch Kirchen nicht verschonende Taktik Gneisenaus: Auf den Turm der St. Georgskirche läßt er eine 6-Pfünder-Kanone stellen und in die Turmmauer Schießscharten für die Infanterie schlagen. Als der Turm durch die Erschütterungen des Schießens Risse zeigt und einzustürzen droht, trägt man ihn und das Kirchendach ab. Mit dem dadurch gewonnenen Schutt wird das Kircheninnere gefüllt und auf diese Weise eine erhöhte Stellung für nun sogar zwei schwere 12-Pfünder-Kanonen mit Infanterie-Besatzung geschaffen.

111

Ein Beispiel für Gneisenaus Erfindungsreichtum auch in Finanzdingen: Angesichts der Bargeldknappheit schreibt er am 28. Juni 1807: „Nun präge ich Papiergeld von meiner Fabrikation und eine Belagerungsmünze. Sogar zur Falschmünzerei habe ich meine Zuflucht genommen." Was konkret heißt, daß Gneisenau 30.000 Taler Papiergeld in erzwungenen Umlauf bringt und in Birmingham/England 100.000 Groschen bestellt.

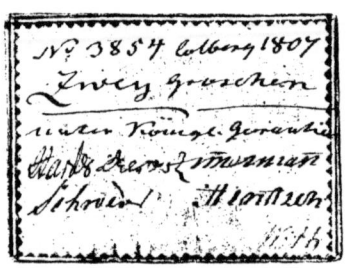

Infolge des Mangels an Münzen in der belagerten Stadt wurden kleine, handgeschriebene „Notgeld"-Scheine ausgegeben. Hier ein Beispiel: „No. 3854 Colberg 1807 Zwey Groschen unter Königl. Garantie".

Gneisenaus Taktik wird durch einen oft ungenannten Umstand wesentlich erleichtert. Bis fast zuletzt reißt die Versorgung mit Truppen, Waffen, Munition und nicht zuletzt Proviant über die Ostsee nicht ab. Versorgungsschiffe laufen aus Schwedisch-Pommern (Stralsund), Kopenhagen, Memel und Riga ein, ferner aus Schweden und England.

Am 14. Juni 1807 hat Gneisenau nur noch für 14 Tage Munition. Im Kolberg- Mythos bleibt eine daraufhin gereifte Verzweiflungsidee Gneisenaus unerwähnt. Wie er erst drei Wochen nach der Belagerung dem König im Brief vom 22. Juli 1807 beichtet, plant Gneisenau, sich mit der Besatzung, unter riesigen Verlusten, durch den Belagerungsring durchzuschlagen. Da erscheinen englische Schiffe und bringen 24 metallene und 16 eiserne Geschützrohre, jedoch ohne Lafetten, und 300 Schuß je Rohr. Dabei kommt, aus verständlicher Erleichterung, das Vergnügen nicht zu kurz. Als Gneisenau den britischen Kapitän besucht, findet er Damen Kolbergs und viele Offiziere an Bord vor; unter dem eigenen und fremden Kanonendonner tanzen alle wie besessen ...

Gneisenau und Nettelbeck auf den Wällen von Kolberg.
Ein Beispiel für Mythenbildung: Die heroisierende Chromotypie nach
Richard Knötel erschien 1896 in dem Band „Königin Luise in 50 Bildern"
mit der Unterschrift: „Ein erhebendes Beispiel echter Vaterlandsliebe".
(AKG)

Wirklichkeit gegen Mythos: Kolberg steht vor dem Fall

Die einzelnen Phasen der Belagerung, wichtig nur für Militärhistoriker, bleiben hier außer Betracht. Wichtig wird der Kampf um die Wolfsberg-Schanze und um die Maikuhle-Befestigung. Beider Verlust deutet das Ende an.

Gneisenau läßt den der Ostfront der Festung vorgelagerten Wolfsberg rechtzeitig durch 300 Soldaten in Tag- und Nachtarbeit so stark befestigen, daß er zum Rückgrat der gesamten Verteidigung wird.

Am 11. Juni 1807 muß die unter hohen Verlusten hart umkämpfte Wolfsberg- Schanze, ein „wahres Mordloch" (Gneisenau), nach Kapitulation den Belagerern überlassen werden, weil alle Mittel der Abwehr erschöpft sind. Gneisenau urteilt tags darauf in einem Brief: „Nach dem Fall von Danzig schnürt man uns nun die Kehle zu ... Es bleibt mir also nichts übrig, als zu fechten und zu sterben ... Aber wenn wir auch die Hoffnung sinken lassen, [so] doch nicht den Mut." Gneisenau weiß also, daß die Verteidigung nicht mehr lange durchzuhalten ist. Diese realistische Lagebeurteilung findet sich nicht in seinem dem König übermittelten Gefechtsbericht, sondern in einem vertraulichen Brief an einen Freund.

Vor Colberg 1807. Aquarell von Richard Knötel.

Seit 19. Juni 1807 deutet sich bei der durch Verluste geschwächten Besatzung gegenüber den sich stetig verstärkenden Belagerern das allmähliche Einschnüren der Verteidigung auf verengtem Raum an. Wann wird die Munition verschossen sein und die Artillerie keinen Rückhalt mehr bieten?

Seit 1. Juli 1807, 3.00 Uhr, beschießen sämtliche Batterien der Belagerer Festungswerke und Stadt den ganzen Tag über. Die Belagerer gehen von allen Seiten gegen die immer noch gehaltenen Außenposten der Festung vor. Die Angriffe werden im großen und ganzen, nach Teilrückzügen, abgewiesen, jedoch an einer entscheidend wichtigen Stelle nicht: Die Maikuhle-Befestigung geht verloren. Die Maikuhle ist ein befestigtes Wäldchen am linken Ufer der Persante-Mündung. Noch unter Lucadou hatte das Schill-Korps seit 19. März 1807 mit dem Bau der dortigen Befestigungen als Hafenschutz begonnen. Gneisenau befiehlt nach Eintreffen beschleunigte Weiterarbeit an dieser schwachen Stelle.

Die bisher tapfer gehaltene Maikuhle wird der dort eingesetzten, 500 Mann starken Schill-Infanterie fast kampflos entrissen. Die Schill-Soldaten flüchten, die Offiziere können sie weder durch Bitten noch Drohungen aufhalten. Gneisenau schreibt verbittert dazu: „Ich hatte die grausame Demütigung, daß ein Posten, der mit so vielen Kosten verschanzt worden war, und wo man sich begraben lassen wollte, in wenigen Minuten mit allem Geschütz, 15 Stück, verloren ging." Damit nicht genug: Ein großer Teil der geflüchteten Schill-Soldaten verkriecht sich in der Stadt; ein anderer Teil plündert benachbarte Häuser sowie das Gepäck der Artillerie, Grenadiere und Füsiliere.

Zwei nahe der Maikuhle stationierte bewaffnete, mit Wollsäcken beladene Boote machen sich westwärts davon und verkaufen an der schwedisch-pommerschen Küste im Raum Stralsund königliches Eigentum. Alles dies charakterisiert einen von Gneisenau nicht erwarteten Zusammenbruch der Kampfmoral eines Teils der Besatzung. Wiederholte verlustreiche Gegenangriffe auf Wolfsberg-Schanze und Maikuhle scheitern.

General Loison bietet am 1. Juli 1807 durch einen Parlamentär die ehrenvolle Kapitulation an. Gneisenau lehnt unter Hinweis auf die intakten Wälle ab – „solange mir Mittel zur Verteidigung bleiben."

Nur solange der Hafen und seine Verbindung zur Stadt in

preußischer Hand sind, eine Lebensfrage und Vorbedingung für jede Verteidigung, ist Kolberg zu halten. Seit dem Verlust der Maikuhle ist der Hafen fast völlig vom Belagerer besetzt. Dadurch wird die lebenswichtige Verbindung mit der Ostsee auf Boote vom noch im Besitz befindlichen Teil der Küste aus beschränkt. Die eigene Artillerie ist so gut wie ausgefallen, die Zahl der zuletzt vorhandenen intakten Geschütze nicht mehr festzustellen. Damit steht Kolberg tatsächlich vor dem Fall.

Dem widersprechen später preußische Militärhistoriker. Der Mut Gneisenaus sei ebensowenig wie die Tapferkeit der Besatzung oder die Opferbereitschaft der Bürger gebrochen gewesen. Das mag zutreffen, lenkt aber von zwei unwiderlegbaren Tatsachen ab: Die Wirkung des überlegenen feindlichen Artilleriefeuers hätte die Verteidigung am Ende doch zermürbt, Besatzung und Bürger wären letztlich, in den nächsten Tagen von der Übermacht zusammengedrängt und überwältigt worden. Dem steht der preußische Kolberg-Mythos entgegen. Ihm kann sich später auch der berühmte Historiker und Treitschke-Nachfolger Hans Delbrück nicht ganz entziehen. Delbrück, Kritiker der Nationalliberalen und Konservativen, Gegner eines alldeutschen Imperialismus und vom Großen Generalstab abgelehnt, spricht in seiner zweibändigen Gneisenau-Biographie (1908) vorsichtig von „weiterer Widerstandskraft" Kolbergs.

Nur der Waffenstillstand vom 2. Juli 1807, 15.00 Uhr, sodann der Friede von Tilsit vom 7./9. Juli 1807 retten Kolberg vor der völligen Vernichtung. Kolberg wird nicht, wie von General Loison angedroht, zum „Aschenhaufen". Als Gneisenau mit Loison und Begleitung zusammentrifft, anerkennen die Franzosen die Tapferkeit der Besatzung und salutieren in Hochachtung, mit dem Hut in der Hand. In Deutschland später im Banne des Kolberg-Mythos vielfach erfolgreich verdrängt oder verschwiegen: Es ist eine glückliche Wendung in aussichtsloser Lage.

Übrigens: In den ersten Julitagen 1807 landen tatsächlich 5.500 Mann englisch-hannoversche Truppen auf der Insel Rügen, greifen aber infolge des Friedens von Tilsit nicht mehr in die Kriegshandlungen ein.

Verluste von Besatzung, Bevölkerung und Belagerern

Die Verlustzahlen beider Seiten sind sehr hoch und lange umstritten gewesen. Der Verfasser legt die sorgfältig erarbeiteten, teilweise auch Gneisenau widersprechenden Angaben in der Kolberg-Studie des Großen Generalstabes in Berlin (1912) zugrunde, die Glaubwürdigkeit beanspruchen dürfen. Der wie stets ungenannte Autor des Großen Generalstabes enthält sich jeden Kommentars zu den von ihm ermittelten Zahlen.

Die preußische „Verlustliste", getrennt nach Offizieren, Unteroffizieren, Spielleuten und Gemeinen (Mannschaften), unterscheidet penibel: gestorben, vor dem Feinde geblieben, gefangen, vermißt, desertiert, als Invalide dimittiert (verabschiedet) und blessiert (verwundet). Die Besatzung verliert insgesamt 55 Offiziere, 213 Unteroffiziere, 29 Spielleute und 2.564 Soldaten, zusammen 2.861 Mann. Demnach sind 51 % der Kolberger Besatzung Opfer der Belagerung geworden.

Gefallen sind 14 Offiziere, 23 Unteroffiziere und 391 Soldaten, also 428 Mann oder 7,6 % der Besatzung. Fast jeder dreizehnte Angehörige der Besatzung überlebt demnach die Belagerung nicht. Verwundet sind 27 Offiziere, 104 Unteroffiziere, 12 Spielleute und 900 Soldaten, zusammen 1.043 Mann oder 18,6 % der Besatzung. Fast jeder fünfte der Besatzung wird also verwundet. Diese Zahlen bezeugen den verlustreichen Abwehrkampf der Besatzung. König Friedrich Wilhelm III. bedauert die hohen Verluste, so daß Gneisenau sich genötigt sieht, seine Kampfführung zu rechtfertigen.

In allen früheren, dem Kolberg-Mythos dienenden Darstellungen werden die Deserteure unter der Besatzung mit keinem Wort erwähnt. Es soll der Eindruck entstehen, daß es in Kolberg keine Deserteure gegeben habe. Doch handelt es sich immerhin um 334 Mann (18 Unteroffiziere, 9 Spielleute, 307 Soldaten) oder fast 6 % der Besatzung. Den stärksten Anteil der Deserteure stellt ein drittes Musketierbataillon, den zweitstärksten die Schillsche Infanterie. Die Zahl der „Vermißten" von 159 Mann (Hauptanteil wiederum Schill-Infanterie) darf man vielleicht sogar zum größeren Teil ebenfalls als „Deserteure" ansehen, doch das ist Spekulation.

Es sterben 27 Bürger (12 Männer, 9 Frauen, 6 Kinder). Verwundet werden 42 Bürger (26 Männer, 11 Frauen, 5 Kinder), insgesamt also

69 Zivilisten, meist in den beiden letzten, schwersten Kampftagen. Für die tapfere Mithilfe bei der Verteidigung verleiht Friedrich Wilhelm III. am 9. Mai 1807 dem Bürgerbataillon eine eigene Uniform. (Diese Tatsache hält der Autor des Generalstabes nicht für erwähnenswürdig.)

Die Verlustzahlen der Belagerer sind ebenso mit Vorsicht zu werten wie die preußischen. Überdies sind die Verluste der Belagerer nie offiziell bekanntgemacht worden. Ob darin der tiefsitzende Groll Napoleons über die – wider Erwarten – nicht gelungene Eroberung Kolbergs zum Ausdruck kommt, steht dahin. In den inoffiziellen Unterlagen werden Gefallene, Verwundete und Kranke zusammengefaßt, also nicht wie üblich aufgegliedert. Ebenso fehlt seltsamerweise eine an sich naheliegende Aufgliederung der Verluste nach Franzosen und Rheinbundtruppen. Da die Württemberger und Thüringer die Mehrheit der Belagerer stellen, will die französische Führung – wahrscheinlich – nicht deren mehrheitlichen Blutzoll im Vergleich zu dem der Franzosen belegen.

Gefallen, verwundet und krank sind – laut Gneisenau, nach Schätzungen aufgrund von Äußerungen französischer Offiziere nach Ende der Belagerung – etwa 8.000 Mann, davon allein in den beiden letzten Kampftagen etwa 1.000 Mann gefallen oder verwundet. Demnach sind sogar 60 % der Belagerer Opfer der Belagerung geworden. Gefangen werden 1.632 Mann oder 12,6 % der Belagerer, eine überraschend hohe, jedoch durch viele erfolgreiche Ausfälle der Besatzung erklärliche Zahl. Desertiert, meist von deutschen Rheinbundtruppen, sind 206 Mann. Die Verluste der Belagerer betragen mithin – geschätzt – fast 10.000 Mann. Sie sind demnach, im Vergleich zu denen der Besatzung, mehr als dreimal so hoch.

Nicht in den seit 1807 bis zum NS-Durchhaltefilm „Kolberg" von 1944 gepflegten Kolberg-Mythos mit der Glorifizierung des Bürgerbataillons paßt der verschwindend geringe Blutzoll der Kolberger Bürgerschaft von 1,5 % der Bevölkerung. Die Blutopfer werden fast ausschließlich von der Besatzung geleistet, nicht von den Bürgern. Kein Zivilist ist in den Abwehrkämpfen vor dem Feind gefallen oder verwundet worden.

Der materielle Schaden der Stadt erscheint der damaligen Zeit als beträchtlich: ein Haus ganz niedergebrannt, etwa vier Häuser gänzlich zusammengeschossen, alle übrigen mehr oder weniger beschädigt. Das Rathaus ist bis auf einen Flügel, der Stadthof ganz ein Raub der Flammen geworden. Hier spiegelt sich die vorzügliche Arbeit der von Joachim Nettelbeck beaufsichtigten Feuerwehr wider. (Im „Kolberg"-Film wird die Stadt als fast gänzlich niedergebrannt gezeigt.)

Ganz und gar nicht in den Kolberg-Mythos paßt die Zahl der desertierten Angehörigen der Besatzung. Sie liegt, ungerechnet die „Vermißten", um mehr als die Hälfte höher als die Zahl der desertierten Belagerer.

VI

1944/45: Der Zweite Weltkrieg erreicht den deutschen Osten

Fünftes Kriegsjahr 1944: Der Führer-Mythos wankt

Zeitzeugen und Nachgeborenen wird eine Tatsache später unwirklich klingen: Die starke und dauerhafte Treue der Deutschen zu Hitler, trotz aller Pflichten und Leiden, Opfer und Entbehrungen im Kriege, beruht nicht in erster Linie auf dem Gestapo-Terror, sondern – vorrangig – auf dem lange Zeit fortbestehenden Grundkonsens mit Hitler. Trotz Meinungsverschlechterung bleibt der Führer-Mythos wirksam. Dieser Glaube an Hitler ist ein verinnerlichter Faktor geworden und von der Wahrnehmung objektiver Tatsachen nur bedingt abhängig. Aber die Wahrnehmungsweisen von Hitlers Deutschen sind isoliert, ihre Horizonte geschrumpft Der „Führer" verkörpert für die meisten Deutschen die außerordentlichen Erfolge des Dritten Reiches. Er hat auf sich gezogen, was an Bereitschaft zur Hingabe, Leidenschaft und Selbstlosigkeit in großen Teilen der Gesellschaft seit 1918 angelegt ist. Nicht zuletzt ist der Führer die Projektion eines großen nationalen Traumes. Alle diese inneren Beweggründe des Glaubens an Hitler immunisieren den Führer-Mythos auch dann noch längere Zeit, bis in das Jahr 1944 hinein, als alle äußeren, wahrnehmbaren Tatsachen längst gegen ihn sprechen.

Das Verhältnis Führer-Volk ist eine fast magisch zu nennende Wechselwirkung zwischen der gläubigen Hingabebereitschaft der Massen und ihrem bezwingenden Lenker. In der Heimat sind es die durch den furchtbaren Luftkrieg erschütterten Bürger, an der Front die durch Niederlagen wankenden Soldaten, die ihre letzten Hoffnungen, sofern sie nicht Fatalisten geworden sind, auf Hitler setzen. Viele weigern sich einfach zu glauben, daß die Versprechungen des Führers leer geworden sind. Viele meinen gerade im Schweigen Hitlers seit 1942/43 den Beweis dafür zu haben, daß der Führer das Geheimnis der Rettung hüte.

Diese mystische Gemeinschaft zwischen Führer und Geführten ist eine der stärksten seelischen Triebkräfte für die Deutschen an der Front und in der Heimat, Ungeheuerliches zu ertragen und übermenschliche Anstrengungen zu vollbringen. Ende 1944 lebt das Dritte Reich weitgehend vom immer noch ziemlich intakten Führer-Mythos. Allerdings wankt dieser Mythos, hat lange schon seinen Höhepunkt überschritten und zehrt sich langsam auf. Im Mai 1945 ist jene mystische Gemeinschaft zwischen Führer und Volk dann den Deutschen so unbegreiflich wie ein Traumgebilde, an das sie sich später nur höchst ungern erinnern lassen. Nun begreifen Hitlers einstige Deutsche – mehrheitlich – nicht mehr, was unter diesem Mann ihr Denken und Handeln bestimmt hat.

Das Attentat, die Lage an der Ost- und Westfront Juli bis September 1944

Im Juli 1944, vier Wochen nach Landung der Alliierten in der Normandie am 6. Juni 1944, sind große Teile des Volkes weit davon entfernt, die wirkliche Lage zu erkennen. Über Regungen der Vernunft breitet sich Wunderglauben an Hitler aus, über Zweifel vertrauensvolle Hoffnung. Man fragt sich: Gibt es eine andere Chance, als den Vernichtungswillen der Gegner durch harte Gegenwehr zu brechen? Sind nicht kaum vorstellbare Vergeltungswaffen angekündigt? Kann der Führer den Kampf fortsetzen, ohne von einem erträglichen Ende für uns überzeugt zu sein?

Es bewahrheitet sich: Nicht entlarvte Illusionen sind „Realitäten", und jede Flucht vor der Wirklichkeit ist selbst auch eine Wirklichkeit und hat Folgen. Wenn der Mensch merkt, daß er eine Einsicht gewinnt, gegen die sich alles in ihm wehrt und sträubt, pflegt er desto heftiger an der Sache festzuhalten, von der er ahnt, daß sie falsch ist. Dieses psychologische Phänomen entwickelt sich bei vielen Deutschen zu einer unerhörten Kraft – unter dem Motto: Es kann doch unter dem Führer nicht alles umsonst, falsch und verlogen gewesen sein!

Das Attentat vom 20. Juli 1944 löst bei den Deutschen mehrheitlich Erschütterung, Empörung, Wut aus, dazu große Erleichterung über den glimpflichen Ausgang. Diese Reaktion belegt, wie isoliert der Widerstand gegen Hitler tatsächlich ist. Oft hört man: „Dem Führer bleibt auch nichts erspart!" Hitlers Rundfunkansprache nach dem Gerücht über seinen Tod hebt schlagartig die Moral. Eine Befreiung von der Diktatur wird im Sommer 1944 von einer Mehrheit der Deutschen seelisch tatsächlich nicht gewollt. Da die Mehrheit der Deutschen die Ermordung des Staatsoberhauptes in einem als Existenzkampf verstandenen Krieg ablehnt, stimmen hier NS-Propaganda und Mehrheitsmeinung überein.

Die Frontsoldaten verurteilen das Attentat, für sie Landesverrat, angesichts der wankenden Fronten fast einmütig. Ihre erste spontane Reaktion: Sind die Verschwörer nicht Günstlinge und Stützen des NS-Regimes gewesen, solange alles gut ging? Haben sie nicht durch halbe Maßnahmen, gar durch Verrat wertvolle Kräfte ins Verderben gerissen? Viele glauben, daß die Front durch Verzögerung oder gar Sabotage des Nachschubs verraten worden sei. Das Ausmaß und den ethischen Ernst der Verschwörung erkennt oder ahnt fast niemand unter den Frontsoldaten.

Das Attentat und seine Folgen lenken vom Zusammenbruch der West- und Ostfront ab. Im Westen gewinnen die Alliierten die Operationsfreiheit in Frankreich; im Osten ist die Heeresgruppe Mitte mit 25 Divisionen und 350.000 Mann in einem „Super-Stalingrad" vernichtet. Das Ausmaß des Zusammenbruchs der Ostfront dringt kaum in das Bewußtsein.

Als Hitler am 2. August 1944 im Reservelazarett Rastenburg die beim Attentat Verletzten besucht, wird er, ohne sichtbare Schutzmaßnahmen, von den Patienten umringt und läßt sich lächelnd fotografieren. Jeder dieser verwundeten oder verkrüppelten Soldaten, die vielleicht eben noch den Krieg und womöglich den Führer verflucht haben, hätte Hitler hier unschwer töten können; statt dessen jubeln sie ihm zu.

Die deutschen Kriegsgefangenen sehen Hitler – nach wie vor – im Nimbus seiner früheren glänzenden Siege. Ihr Bewußtsein ist bei den Hitler-Siegen stehengeblieben. Befragungen von Kriegsgefangenen vom 1. bis 10. August 1944 durch US-Truppen ergeben: 68 % vertrauen Hitler, 17 % tun dies nicht; 52 % glauben an den deutschen Endsieg, 11 % nicht; 66 % glauben an deutsche kriegsentscheidende Geheimwaffen, 15 % nicht. In den meisten Kriegsgefangenenlagern der Westmächte herrscht bis Kriegsende ein militanter NS-Geist. Die Kriegsgefangenen halten den Nationalsozialismus wegen seiner sozialen und wirtschaftlichen Leistungen in Ehren, besonders, so heißt es, wegen der durch ihn bewirkten Überwindung der Klassengegensätze.

Schon bald nach dem Attentat nimmt jedoch ab Ende August 1944 das Vertrauen in Hitler ab. Die alliierten Luftangriffe, von Joseph Goebbels als schauerlicher Anschauungsunterricht für die alliierten Kriegsziele hingestellt, werden immer verlustreicher. Die Invasion wird, entgegen allen Versprechungen, nicht zurückgeschlagen. Die Angloamerikaner treiben das flüchtende Westheer bis September 1944 zur Reichsgrenze zurück. Und die Rote Armee drückt das flüchtende Ostheer ebenfalls bis an die Reichsgrenze.

Im Volk gewinnt zögernd, trotz Führer-Mythos, die Ansicht an Boden, daß selbst größte Tapferkeit die materielle und zahlenmäßige Überlegenheit der Feindkoalition nicht ausgleichen könne. Dafür appelliert die NS-Propaganda an Nationalidee, Opferbereitschaft, Gläubigkeit, Gehorsam, Soldatentugenden. Die eigenen Niederlagen werden bagatellisiert, die Schwierigkeiten der Feindkoalition aufgebauscht. Die Luftangriffe, die Forderung „bedingungslose Kapitulation", der Morgenthau-Plan, das als herzliche Freundschaft bekundete Einvernehmen der Westmächte mit der Sowjetunion spielen der NS-Propaganda Trümpfe zu.

Phantom „Pommernwall" – August bis Dezember 1944

Seit August 1944 arbeiten Hunderttausende Deutsche (Frauen, alte Männer, ältere Schüler), ferner Polen, Ostarbeiter und Kriegsgefangene, dazu Reichsarbeitsdienst (RAD) und Organisation Todt (OT), an den Grenzen von Ost- und Westpreußen, Hinterpommern und Niederschlesien an Panzergräben und Feldbefestigungen. Jener riesige Arbeitseinsatz erfolgt unter Regie der Gauleiter, die in ihrer Eigenschaft als Reichsverteidigungskommissare noch Arbeitskräfte im Heimatkriegsgebiet mobilisieren können. Dieser mit viel Entbehrungen gegrabene „Ostwall" ist eine gigantische Improvisation.

Da die NS-Hoheitsträger, meist Kreisleiter als Abschnittsleiter, die Aufsicht ausüben, die Wehrmacht nur taktisch-beratende Funktion hat, ist der größte Teil des „Ostwalls" militärisch unbrauchbar oder unzweckmäßig angelegt. Unklare Befehlsverhältnisse lassen Halbheiten entstehen. Für die Parteifunktionäre, teils auch für die OT-Bauleitungen kommt es auf täglich geleistete, sofort in Landkarten höheren Orts beweisbare Erdbewegungen beim Bau umfangreicher Grabenlinien an.

Aus Furcht vor der Roten Armee arbeitet die ostdeutsche Bevölkerung bei dieser entbehrungsreichen Schanzaktion anfangs recht willig mit. Viele Stettiner, mit Sonderzügen in den 125 km entfernten Raum Deutsch Krone gebracht, lernen erst jetzt Hinterpommern kennen. Auf behelfsmäßigen Strohlagern schlafen Offiziersfrauen neben Arbeitertöchtern, Verkäuferinnen neben Professorengattinnen. Sie alle schuften den ganzen Tag an flachen Kriech- und hohen Panzergräben. Bald jedoch schlägt die Stimmung um. Die Arbeitsbedingungen sind elend, die Verpflegung ist schlecht, die Unterbringung in Dorfschulen, Gasthäusern, Scheunen, Heuböden kümmerlich. Der barsche Befehlston der NS-Hoheitsträger stößt ab. Überdies: Nach dem Durchbrechen des „unüberwindlichen Atlantikwalls" ist die Bevölkerung nicht mehr von der Abwehrkraft schnell gebauter Gräben überzeugt.

Bis Dezember 1944 sind die unbesetzten Grabensysteme in Ostpreußen und zwischen Weichsel und Oder zum größten Teil fertig. Sie sind allerdings durch herbstlichen Regen und winterlichen Schneefall inzwischen bereits wieder teilweise verfallen und eingestürzt. Einsame, unbesetzte Gräben, mögen sie noch so lang sein, sind keine Stellung. Trotz aller Anstrengungen der Bevölkerung bleibt auch Hinterpommern praktisch offenes Hinterland. Der „Ostwall", so nützlich er bei sachgerechter Planung und entsprechender Besatzung 1945 hätte sein können, bleibt ein Phantom ohne wesentlichen Abwehreffekt gegenüber der Roten Armee.

Führer-Mythos im Niedergang – Oktober bis Dezember 1944

Im Herbst 1944, vor dem sechsten Kriegswinter, setzt die Agonie des Dritten Reiches ein. Dies erkennen indes nur die Wissenden.

Die an Hitler glaubenden Deutschen hingegen erblicken in allen schweren Niederlagen nur die dem „Endsieg" vorangehenden „Hammerschläge der Vorsehung".

In der Wehrmacht schwindet das Vertrauen in ein glimpfliches Ende oder in einen Remis-Frieden noch nicht. Die Kampfmoral der Truppe und der Widerstandswille des Volkes sind schwer angeschlagen, aber immer noch vorhanden. Daß den Gegnern an der West- und Ostfront an den Reichsgrenzen Halt geboten werden kann, gibt wieder Mut. Die meisten Deutschen ahnen jedoch nicht: Dieser „Abwehrerfolg" beruht nicht auf der Stärke der eigenen Verteidigung, sondern auf dem Erlahmen des Feindangriffs in der Tiefe des Raumes, infolge überdehnter Nachschubverbindungen.

Die bei alten Landsern populäre Parole: „Freut euch des Krieges, der Friede wird fürchterlich!" greift die NS-Propaganda auf, um das Volk zu stabilisieren. US-Befragungen deutscher Kriegsgefangener Mitte Oktober 1944 ergeben: 42 % vertrauen noch immer Hitler, 43 % nicht; 28 % glauben an den Endsieg, 57 % nicht; 33 % glauben an deutsche Geheimwaffen, 57 % nicht. Die Amerikaner staunen: Trotz fehlenden Glaubens an den Endsieg halten sich Vertrauen und Nichtvertrauen in Hitler die Waage ...

Die Massenkundgebungen, die Hitler und sein Volk einst gemeinsam „aufgeladen" haben, gibt es schon lange nicht mehr. Nach Stalingrad, an der Jahreswende 1942/43, hält Hitler nur noch zwei Reden in der Öffentlichkeit und spricht dafür fünfmal über den Rundfunk. Dennoch zehren viele Deutsche weiterhin von dem mystischen Glauben, daß dem charismatischen Führer, der einst so viel erreicht hat, auch jetzt, in der bedrängtesten Lage des Reiches, das Unmögliche gelingen könne.

Obwohl der Wunderglaube an Hitler erschüttert ist, gelingt es diesem, durch seine Proklamation zum 9. November 1944 den Labilen und Leichtgläubigen wieder Vertrauen einzuflößen, Sicherheit zu suggerieren und ihre Hoffnungen zu beleben. Obwohl der Mann Hitler von Ende 1944 und der Führer-Mythos durch eine Welt getrennt sind, spricht Hitler noch immer breite Volksschichten an. Gerade deswegen bleibt der Durchhaltewille ungebrochen. Menschen, die im mörderischen Bombenhagel ihr Hab und Gut verlieren, glauben nahezu mystisch, man könne durch schwerste Opfer vielleicht doch noch den Sieg, zumindest ein Remis herbeizwingen.

Reden der NS-Hoheitsträger auf Ortsebene klingen ähnlich: Angst und Leid seien notwendige Durchgangsstationen auf dem Weg in eine bessere Zukunft. Alles, was man jetzt ertrage, werde in der Endabrechung positiv zu Buche schlagen. Damit stellt sich die NS-Propaganda geschickt auf die Volksstimmung ein. Die vom Propagandaministerium gesteuerte Flüsterparole von den unglaublichen deutschen „Wunderwaffen" findet – weiterhin – im Volk Verbreitung und Anklang.

Am 8. Dezember 1944 wenden sich fünfzig deutsche Generale in sowjetischer Kriegsgefangenschaft, an der Spitze die Stalingrad-Befehlshaber Friedrich Paulus und Walther von Seydlitz-Kurzbach, in einem Flugblatt-Aufruf an Wehrmacht und Volk, den Hitler-Krieg sofort zu beenden und das NS-Regime zu stürzen. Ihr beschwörender, jedoch psychologisch unglücklich formulierter Aufruf findet im Ostheer so gut wie kein Echo – zumal der Landser seit langem weiß oder zu wissen glaubt, was ihn beim „Iwan" und in Sibirien erwartet.

Auf sowjetische Initiative war am 12./13. Juli 1943 in Krasnogorsk bei Moskau das Nationalkomitee Freies Deutschland (NKFD) entstanden. Gründungsmitglieder waren Kriegsgefangene vor allem der in Stalingrad untergegangenen 6. Armee sowie Führer der nach Moskau emigrierten KPD, darunter Wilhelm Pieck und Walter Ulbricht, ferner bekannte kommunistische Schriftsteller wie Johannes R. Becher und Erich Weinert. Der zusätzlich am 12./13. September 1943 in Lunjowo bei Moskau gegründete Bund Deutscher Offiziere (BDO) bildete zusammen mit dem NKFD das Plenum der Moskauer Bewegung „Freies Deutschland".

In den Kriegsgefangenenlagern bleibt die Werbung für das NKFD, trotz erhöhter Rationen usw. für seine Mitglieder, ziemlich erfolglos. Zahlen über die Stärke des NKFD werden nicht bekannt. NKFD-Angehörige tun sich als Spitzel hervor. Den Kern des NKFD bilden Patrioten und überzeugte Hitler-Gegner, die Mehrheit dürften Opportunisten sein. Zur Wehrmachtsuniform tragen die NKFD-Angehörigen eine schwarz-weiß-rote Binde mit der Aufschrift „Freies Deutschland" am linken Oberarm.

Ziel von NKFD und BDO ist es, Wehrmachtführung und Volk für die Beendigung des Krieges durch Sturz des als verbrecherisch erkannten Hitler-Regimes zu gewinnen. Der in allen Teilen des

Reiches zu hörende Sender „Freies Deutschland" hat als Pausenzeichen die Anfangstakte des Liedes von Ernst Moritz Arndt aus dem Jahre 1812: „Der Gott, der Eisen wachsen ließ, /Der wollte keine Knechte..." Die vierseitige, großformatige Wochenzeitung „Freies Deutschland", mit schwarz-weiß-roten Balken auf der ersten Seite, wird in Lagern und an der Front verbreitet. Die Aufrufe zum Sturz des Hitler-Regimes, meist durch Lautsprecherpropaganda und Flugblätter, finden kein, solche zum Überlaufen ein nur geringes Echo. Von der Wehrmachtg ergriffene NKFD-Aktivisten verfallen in der Regel sofortiger Exekution. Fanatisierte NKFD-Aktivisten kämpfen 1945 in Kommandounternehmen gegen Ex-Kameraden in Königsberg und Breslau.

Nach Einmarsch der Roten Armee in Deutschland werden zahlreiche NKFD-Funktionäre in Schlüsselstellungen der SBZ/DDR eingesetzt. NKFD und BDO lösen sich, weil überlebt, am 2. November 1945 in Lunjowo auf.

Ob NKFD und BDO zum deutschen Widerstand gegen das NS-Regime zu zählen sind, war später – und ist bis heute – in Deutschland heftig umstritten. Der Bundeswehr-Personalgutachterausschuß erklärt 1956 nach gründlicher Prüfung einstimmig, daß Angehörige von NKFD und BDO für die Aufnahme in die Bundeswehr nicht geeignet sind.

Im Dezember 1944 steigt die Stimmung im Volk, trotz immer schlimmeren Luftkrieges, schlagartig, als die ersten Meldungen über die deutsche Ardennen- Offensive bekannt werden. Auf viele Deutsche wirkt die Tatsache, daß die Wehrmacht überhaupt wieder offensiv geworden ist, wie eine Erlösung. Die Offensive bleibt jedoch bald stecken.

Wie ist Ende 1944 die Stimmung in den ostdeutschen Provinzen Ostpreußen, Pommern und Schlesien? Obwohl die Rote Armee seit Oktober 1944 auf 150 km Breite und bis zu 40 km Tiefe in Ostpreußen steht, herrscht im allgemeinen gedämpfte Zuversicht. Zur Jahreswende 1944/45 finden beispielsweise in Ost- und Westpreußen, teils auch in Hinterpommern immer noch die traditionellen Treibjagden statt. Die Flucht vor der Wirklichkeit nimmt oftmals groteske Formen an. In vielen Ostdeutschen lebt der Tannenberg-Mythos von 1914 weiter, sie glauben, man werde die russische „Dampfwalze" aufhalten können. Gerade in Ostpreußen,

Pommern und Schlesien war und ist das Vertrauen in Hitler besonders ausgeprägt. Auch das Vertrauen in die Widerstandskraft des (schwachen) Ostheeres ist ziemlich intakt.

Am 1. Januar 1945, 0.05 Uhr, spricht Hitler im Rundfunk zum Volk. Es ist, seit dem 20. Juli 1944, seine erste öffentliche Ansprache. Hitler prophezeit: Aus den Trümmern der Zerstörung würden neue Städte erwachsen, werde die soziale Neugestaltung im Sinne eines Volksstaates erfolgen. „Ein Volk, das in Front und Heimat so Unermeßliches leistet, so Furchtbares erduldet und erträgt, kann niemals untergehen. Im Gegenteil: Es wird aus diesem Glutofen von Prüfungen sich stärker und fester erheben als jemals zuvor in seiner Geschichte!" Nach jener Neujahrsrede fassen viele wieder Mut und vertrauen dem Führer.

Friedensinsel Hinterpommern – Juli bis Dezember 1944

Seit sich im Herbst 1812 die elenden Überreste der „Grande Armée" Napoleons aus dem Rußland-Feldzug durch Preußen schleppten, hat Pommern, in 133 Jahren, keinen Krieg mehr im eigenen Lande erlebt.

Im Zweiten Weltkrieg treffen alliierte Luftangriffe seit 1943, verstärkt 1944, vernichtend die Provinzhauptstadt Stettin mit dem außerhalb des Stadtkerns gelegenen Hydrierwerk Pölitz sowie die V-Waffen-Versuchsanstalt Peenemünde an der Nordwestspitze der Insel Usedom. Davon abgesehen, bleibt Pommern vom Luftkrieg verschont. Es ist daher seit 1942 Aufnahmegebiet für Abertausende Bombengeschädigte und Evakuierte, meist Frauen und Kinder, aus Berlin und dem Westen Deutschlands. Die Kleinstädte hier kennen nicht einmal Luftalarme. Hinterpommern ist – bis 1944 – eine kriegsferne, fast friedensähnliche Insel.

Nach dem Zusammenbruch der Heeresgruppe Mitte steht die Ostfront im Juli/August 1944 an der Weichsel, am Narew und vor Ostpreußen. Seitdem arbeiten, wie bereits geschildert, Zehntausende dienstverpflichteter Pommern, meist Frauen und Mädchen, unter Führung der NS-Kreisleiter an Panzergräben usw. in Hinterpommern, hochtrabend „Pommernwall" genannt.

Erst durch die Dienstverpflichtung für den „Pommernwall" wird

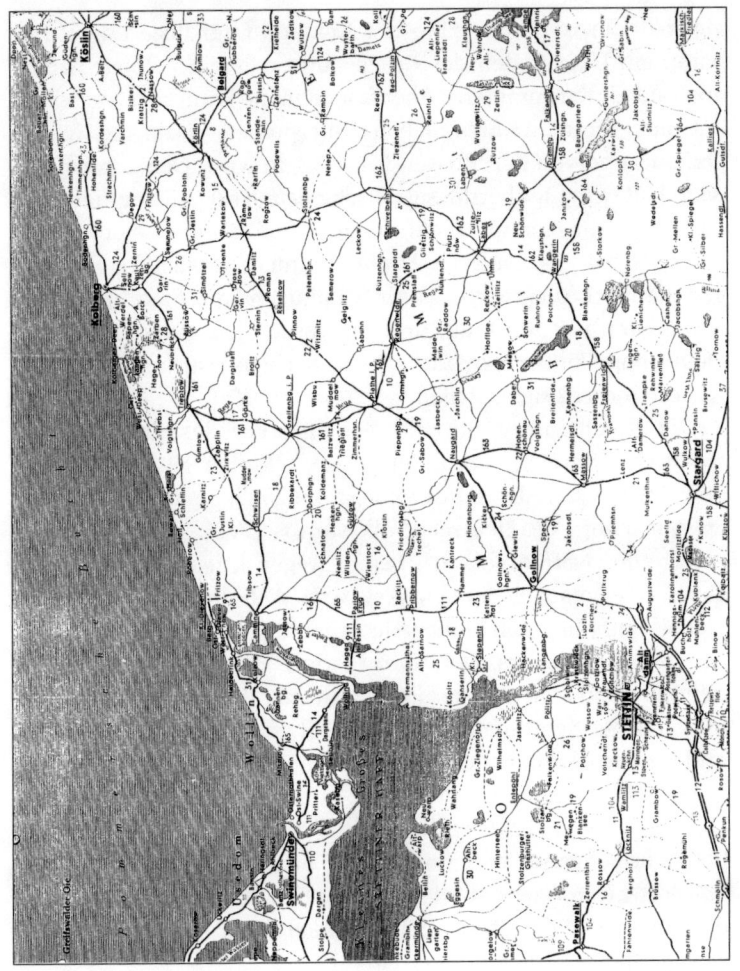

Pommersche Ostseeküste mit Swinemünde, Stettin, Kolberg und Köslin. Ausschnitt aus einer Verkehrskarte von 1937.

129

vielen der Ernst der Lage bewußt. Immerhin signalisiert die Partei damit ein Übergreifen des Krieges und damit der Roten Armee auch auf Hinterpommern. Aber fast niemand kann sich vorstellen, daß die Ostfront in Kürze auch in Hinterpommern sein, die Heimat geräumt und von den Russen besetzt sein wird. Den „Pommernwall" hält man für überflüssige Plackerei und für Wichtigtuerei der Parteibonzen, genannt „Goldfasane".

Im Herbst 1944 laufen in Hinterpommern parallel das Einbringen der Hackfruchternte, wofür Schuljugend aus Stadt und Land aufgeboten werden muß, und die verkündete Aufstellung des Deutschen Volkssturms. Es ist die nächste Warnung, sich der Kriegswirklichkeit zu stellen.

Der Reichsführer SS und Befehlshaber des Ersatzheeres, Heinrich Himmler, verkündet am 18. Oktober 1944 in Königsberg/Ostpreußen den Führer-Erlaß vom 25. September 1944 über die Aufstellung des Deutsche Volkssturms (DVSt). Dieser erfaßt ab sofort alle „waffenfähigen", bisher wegen kriegswichtiger Aufgaben oder mangels Tauglichkeit vom Wehrdienst freigestellten vier bis fünf Millionen Männer der Jahrgänge 1884 bis 1928 im Alter von 16 bis 60 Jahren. Der Aufruf zum DVSt wirkt im Volk eher deprimierend statt anfeuernd. Man wertet den DVSt als Zeichen militärischer Schwäche, mit einem „letzten Aufgebot" von Alten und Kindern, Lahmen und Krüppeln den Krieg wenden zu wollen.

Der DVSt soll – ursprünglich – in unmittelbar bedrohten Heimatgebieten vorübergehend zur Verstärkung der Wehrmacht bei der örtlichen Verteidigung und zu Bau- und Sicherheitsaufgaben eingesetzt werden. Seit Ende 1944 aber befiehlt man in Ostpreußen den vorzeitigen Einsatz des völlig unzureichend ausgebildeten und ausgerüsteten DVSt an der Front.

Der DVSt und die Art seines Einsatzes als „verlorene Haufen" sind keineswegs verantwortliche militärische Maßnahmen zur Heimatverteidigung, sondern verantwortungslose Verzweiflungsakte Hitlers und seiner Gauleiter/Reichsverteidigungskommissare. Der DVSt entrichtet an der Ostfront einen hohen, nie genau ermittelten Blutzoll. Die DVSt-Angehörigen befürchten, vom Gegner als Partisanen kurzerhand erschossen zu werden. Diese Furcht ist an der Ostfront begründet. Im Gegensatz zu den Westalliierten, wird den DVSt-Angehörigen von der Roten Armee der Kombattantenstatus aberkannt. Daher haben sie für die Rote Armee keinen

Anspruch auf Behandlung nach der Haager Landkriegsordnung (HLKO) von 1899/1907 und werden nach Gefangennahme vielfach erschossen oder hingerichtet. Der DVSt erfüllt jedoch alle Bedingungen der HLKO – ebenso wie beispielsweise die „Home Guard" 1940 in England oder die „Volkswehr" 1941 in Leningrad. Daher stellt die Behandlung der DVSt-Angehörigen als „Feindagenten", „Partisanen" oder „zivile Saboteure" ein Kriegsverbrechen der Roten Armee dar.

Wie steht es mit dem Kampfwert des DVSt? Die alten DVSt-Angehörigen kämpfen teilweise nicht oder schlecht, was ihnen niemand verdenken kann. Dennoch gibt es unter ihnen Beispiele großer Tapferkeit.

Junge DVSt-Angehörige, oft entgegen Vorschrift sogar Kinder von 14 oder 15 Jahren, sind im allgemeinen begeistert dabei und schon in der Hitlerjugend (HJ) vormilitärisch an der Waffe ausgebildet. In Unkenntnis der Frontwirklichkeit sind sie von glühender Einsatzfreude beseelt und bringen große Blutopfer. Es kommt vor, daß sich diese Jungen, vor der Feuertaufe, an den Händen fassen und den feierlichen HJ-Hymnus singen: „Heilig Vaterland in Gefahren, Deine Söhne sich um um dich scharen./Von Gefahr umringt, heilig Vaterland, alle stehen wir Hand in Hand./Eh' der Fremde dir deine Krone raubt, Deutschland, fallen wir Haupt bei Haupt!" Diesem Gelöbnis bleiben die Kampfgruppen der Hitlerjugend in Ost- und Westpreußen, Pommern und Schlesien treu.

Die Rote Armee vor Hinterpommern – Januar/Februar 1945

Am 12./13. Januar 1945 bricht die sowjetische Großoffensive der Heeresgruppen Konjew und Schukow los. Dem zu nächtlicher Stunde im Rundfunk wiederholten Wehrmachtbericht folgt auch jetzt, als die entscheidende Weichselschlacht schon verloren ist, wie immer das von der bekannten Sopranistin Maria von Schmedes gesungene Lied: „Und wieder geht ein schöner Tag zu Ende, voller Glück und Sonnenschein ..." Die Weichselfront wird durchbrochen, das schwache Ostheer in drei Tagen zertrümmert. Die Reste des Ostheeres flüchten, zum Teil panikartig und demoralisiert, in Richtung Oder. Einige geschlossene Verbände kämpfen sich als „wandernde Kessel" zurück.

Die Menschen in Hinterpommern können dem Wehrmacht-bericht entnehmen, daß die Ostfront auf sie zukommt. Wie reagiert die Bevölkerung in den Kleinstädten und ländlichen Gegenden Hinterpommerns? Da sind zunächst die unverbesserlichen Optimisten, besser: Illusionisten, die meinen, es werde alles nicht so schlimm werden. Da sind ferner diejenigen, die in Panik verfallen und vorhandene Fluchtmöglichkeiten nicht nutzen, zum kleinen Teil lieber Selbstmord begehen. Da sind schließlich die verhältnis-mäßig wenigen, die klaren Kopf behalten und zweckmäßig handeln, schon frühzeitig Fluchtvorbereitungen treffen und daher zum größten Teil vor der Roten Armee nach Westen entkommen können.

Wie reagieren die NS-Hoheitsträger beim Herannahen der Roten Armee? Einige erkennen nun, was absolute Parteitreue und blinder Glaube an Hitler angerichtet haben, und begehen Selbstmord. Andere „Goldfasane" betrinken sich und flüchten heimlich, ohne sich um die ihnen anvertrauten Menschen zu kümmern. Nur weni-ge handeln verantwortungsbewußt, also im Ungehorsam gegen Gauleiter und Hitler, im Interesse der Bevölkerung. Meist bleiben die Menschen in Hinterpommern, wie zuvor in Ostpreußen und Schlesien auch, in der Stunde höchster Not sich selbst überlassen bei ihrer überstürzten, regellosen, daher oft vergeblichen Flucht.

Die Pommern-Stäbe reagieren auf das Herannahen der Roten Armee fieberhaft-hektisch mit Notmaßnahmen. Ersatztruppen-teile, Lehr- und Ausbildungspersonal von Kriegsschulen, Polizei, Volkssturm, Hitlerjugend und vor allem Versprengte sollen in Alarmbataillonen an der Grenze Hinterpommerns eine improvi-sierte Abwehr bilden. Den geringen deutschen Truppen in Hinterpommern mangelt es an Waffen, Munition, Nachrichten- und Transportmitteln. Vor Schukow liegt die hinterpommersche Ebene fast verteidigungslos: harter und leicht mit Pulverschnee bedeckter, also idealer panzergängiger Boden. Es ist ein reiches Land, das den Krieg bisher kaum gespürt hat.

Angesichts zusammenbrechender Fronten werden überall Alarmbataillone gebildet. Man rafft sie zusammen aus Urlaubern, Versprengten, Genesenden, Troßangehörigen, Rekruten, also nied-rigen Tauglichkeitsgraden.

Typische Beispiele: Da gibt es Heeres-Stabsgefreite mit 16 Kasernenhof-Jahren oder stutzerhafte Luftwaffen-Feldwebel mit havannabraunem Offizierskoppel und Lackstiefeln; symptomatische Figuren der Geborgenheit der Kasernen, weicher Küchenmädchenbetten, dunstiger Unteroffiziers-Kantinen. Nun suchen sie mit verkrampften Gesichtern, eckigen Bewegungen, unechter Forschheit ihre Ängste zu überspielen. Daneben Rekruten mit vier Wochen Ausbildung, eingekleidet mit dem Ramsch der Kleiderkammern nach dem Motto: „Wer stirbt, braucht keine passenden Schuhe!" Weder die älteren Schreibstubensoldaten noch die Rekruten haben genügend Erfahrungen mit dem MG 42 oder anderen Infanteriewaffen und werden so an die Front gejagt.

Diese Alarmbataillone verfügen über kein Zusammengehörigkeitsgefühl. Jedermann steht zwischen „Kameraden", die er nicht kennt, und unter Befehl von Offizieren, deren Namen er nicht weiß. Es gibt keinerlei Stammrolle für den Angehörigen eines Alarmbataillons. Seine Familie hat keine Feldpostnummer; mithin kann niemand sie benachrichtigen, wenn er nicht zurückkehrt. Diese improvisierten Einheiten erleiden weit höhere Verluste als ein festgefügter Verband. Weil niemand seinen Nebenmann kennt, läßt er ihn bei Verwundung im Stich, was bei normalen Einheiten undenkbar ist. Der Kampfwert der Alarmbataillone ist meistens gering; Ausnahmen bestätigen die Regel.

Ein Soldat, der außerhalb seiner Stammeinheit, seinem „alten Haufen", kämpft, ist erfahrungsgemäß immer nur die Hälfte wert. Demoralisierte Landser finden nur zusammen, wenn sie sich an der Ruhe eines bewährten Frontoffiziers aufrichten können, dem seine Kampferfahrung absolut geglaubt wird. Der Offizier kann Halt an seinem Rangabzeichen finden, der Soldat nur an seinem Offizier. Sich absetzende Offiziere, dies 1945 immer häufiger, verstärken die Panik weiter. Weil die Alarmbataillone aus Soldaten bestehen, die bei ihrem alten „Haufen" schon als gefallen oder vermißt gelten, hat man keinen Grund, sie als unverhoffte „Verstärkung" besonders zu schonen. Denn militärbürokratisch existieren die Angehörigen dieser „verlorenen Haufen" gar nicht mehr ...

Hitlerjungen opfern sich für Flüchtlinge – Februar 1945

Die Spitzen der Heeresgruppe Schukow stürmen binnen zwei Wochen 400 bis 600 km nach Westen vor und stehen am 30./31.

Januar 1945 bei Küstrin und Frankfurt/Oder, 60 bis 70 km vor Berlin. Nichts könnte Schukow nun daran hindern, anschließend ganz Hinterpommern mit Stettin zu überrennen, also seine auf 150 km Länge ungedeckte rechte Flanke. Schukow denkt vorerst nicht daran, auch nicht, direkt nach Berlin durchzustoßen, wo ihm ebenfalls kaum Truppen gegenüberstehen. Vielmehr festigt Schukow seine Brückenköpfe auf dem Oder-Westufer.

Nicht in Schukows, aber in Stalins Sicht bedeutet Hinterpommern eine ernst zu nehmende Flankenbedrohung des auf Berlin gerichteten Stoßkeils. In deutscher Sicht ist Hinterpommern der militärische Verbindungsweg zur in Westpreußen hartnäckig kämpfenden 2. Armee und der Fluchtweg für die Zivilbevölkerung. Er ist von Ost nach West in seiner ganzen Länge bis zur Oder von der Roten Armee flankiert.

Am 31. Januar 1945 drehen Schukows Spitzen (schnelle mechanisierte und gepanzerte Verbände) nach Nordwesten in Richtung Stettin ab. Sie haben nicht, wie man auf deutscher Seite annimmt, den Auftrag, Stettin zu erobern, sondern sie sollen Schukows Nordflanke sichern, womöglich aber auch die genannte Verbindungslinie von Hinterpommern nach Westpreußen durch schnellen Vorstoß handstreichartig unterbrechen.

In diesem Raum südöstlich Stettin gibt es keine einsatzfähigen Truppen. Der Stab des Wehrkreises II in Stettin wirft schwache Behelfskräfte an diesen Gefahrenpunkt. Da Pommerns Hauptstadt akut bedroht scheint, bereiten Pioniere alle Oderbrücken zwischen Gartz und Stettin zur Sprengung vor. Schukows Vorhut kann 40 bis 60 km südöstlich Stettin – das wären für die Rote Armee zwei bis drei Panzerstunden – im 50 km breiten Abschnitt Bahn-Pyritz-Arnswalde von hastig zusammengezogenen Truppen, darunter Hitlerjugend, aufgehalten werden.

Hier (und anderswo auch) bewaffnen sich spontan Gruppen minderjähriger Hitlerjungen mit Karabinern und Panzerfäusten, die beim panikartigen Rückzug der Wehrmacht liegengeblieben sind. Die Hitlerjungen im Raum Pyritz stehen, nach Tauwetter, bis zum Bauch im Wasser ihrer Schützenlöcher, schlafen kaum und stürmen zum Gegenstoß. Sie werfen sich der sowjetischen Vorhut entgegen und halten sie 48 Stunden auf, bis sie völlig erschöpft von herangeholter Waffen-SS abgelöst werden.

Viele HJ-Angehörige fallen. Diese gläubige, verführte Jugend ist begeistert dabei, sie ist stolz auf diese Bewährung, sie fällt klaglos. Die HJ glaubt, nur sie sei noch imstande, das Vaterland zu retten. Wenn fronterfahrene Landser sich absetzen, springt diese HJ bedenkenlos in die Bresche – mit hohem Blutzoll, wie hier im Raum vor Stettin. Der Sperriegel Bahn-Pyritz-Arnswalde, von den Deutschen verbissen gehalten, von den Sowjets ebenso verbissen immer wieder angegriffen, hält vier Wochen, verwehrt den Durchbruch nach Stettin und hält Abertausenden Flüchtlingen zwei Wochen lang den Weg über die Oder frei. Durch diesen unerwarteten Abwehrerfolg bleibt der Fluchtweg aus Hinterpommern erhalten. Hätte Schukow mit verstärkten Kräften energisch gegen den Raum Stettin nachgestoßen, wäre das Schicksal Stettins und Hinterpommerns schon in der ersten Februarwoche 1945 besiegelt gewesen.

Inzwischen ziehen Trecks aus Ostpreußen und dem südlichen Westpreußen durch die stillen, bisher vom Krieg verschonten Dörfer und Kleinstädte Hinterpommerns. Deren Bevölkerung glaubt nicht, daß auch sie bald das harte Treckschicksal werde teilen müssen. Darin bestärken sie Partei-Aufrufe, so von einem Beauftragten Heinrich Himmlers, seit knapp zwei Wochen Oberbefehlshaber der Heeresgruppe Weichsel, am 8. Februar 1945 im NS-Gauorgan „Pommersche Zeitung" in Stettin: „Die Auswertung der vorhandenen Vorräte an Soldaten und Waffen und der Einsatz der gesamten Kräfte des rückwärtigen Gebietes wirken geradezu Wunder. Die Bevölkerung Südpommerns hat die Aufgabe der Stunde erkannt. Die Front steht und wird ständig stärker." Viele schenken dem Glauben ...

Im pommerschen Hinterland trifft man fieberhaft Maßnahmen, um den dünnen Abwehrschleier an der Front zu stützen. Neue Aufstellungsstäbe treten auf; Kommissionen durchkämmen Ersatzeinheiten; auf den Bahnhöfen werden alle ankommenden Wehrmachtsangehörigen abgefangen und zu den entstehenden Alarmbataillonen weitergeleitet. Die Stimmung in den Kasernen ist gespannt, ergeben oder verbittert. Am wertvollsten erweisen sich die wenigen Fahnenjunker-Regimenter der Kriegsschulen.

Sie alle werden ganz ungenügend bewaffnet und ausgerüstet an die Ostfront gejagt. Es mangelt ihnen vor allem an panzerbrechenden Waffen und Artillerie. Um so überraschender ist: Sie leisten vielfach mehr als zu erwarten steht. Und das in einem ungleichen Kampf mit einer siegreichen, an Zahl und Material mehrfach überlegenen Roten Armee.

Im frontfernen Hinterland geht das zivile Leben fast wie im Frieden weiter, die Gefahr wird nicht gesehen oder verdrängt. In den Städten finden Viehmärkte statt, die Kinos sind ausverkauft. In den Dörfern und auf den Gütern ist man emsig beim Dreschen und Schnapsbrennen.

Die Flüchtlingstrecks – eine anonyme Tragödie

Spätestens seit Beginn der sowjetischen Großoffensive am 12./13. Januar 1945 hätte eine Evakuierung der ostdeutschen Bevölkerung eingeleitet werden, mindestens organisatorisch vorbereitet sein müssen. Indessen: Die NS-Führung hat jeden Gedanken daran als Defätismus und Feigheit abgelehnt. Mithin trifft die Schuld für die durch mangelnde Vorbereitung, verlogene Darstellung der Frontlage und zu spät erteilte Räumungsbefehle verursachten Treckverluste die Gauleiter und die ihnen unterstellten Kreis- und Ortsgruppenleiter. Bei selbständigem Handeln der NS-Hoheitsträger hätte ihnen Einverständnis oder Forderung der militärischen Befehlshaber die notwendige Rückendeckung gegeben.

Auch in Pommern lehnen Gauleiter und die meisten Kreis- und Ortsgruppenleiter rechtzeitige Räumung ab. Wer trotzdem räumen läßt, der weiß sich von schwersten Strafen bis hin zur Todesstrafe bedroht. Meist kommt wenige Stunden vor Einbruch der Roten Armee der „Packbefehl" ohne den Räumungsbefehl; wenn dieser erfolgt, ist es meistens schon zu spät.

Auch Nebenstraßen sind von Fuhrwerken überfüllt. Oft sind es keine umsichtig organisierte Trecks, sondern hastig vollgeworfene Wagen, die im letzten Augenblick aus den Höfen jagen. Mitunter bieten HJ-Panzervernichtungstrupps den Trecks einen gewissen Rückhalt und bewahren so manchen Treck vor dem Niederwalzen durch sowjetische Panzer. Wer beim Treck stürzt und den Weg blockiert, wird beiseitegestoßen; dabei gehen zurückflutende Wehrmacht- Nachschubeinheiten besonders brutal vor.

Die ganze Last der Flucht liegt zumeist auf den Schultern der Frauen. Französische Kriegsgefangene fahren als Treckkutscher getreulich die Wagen der Bauersfrauen. Auch Greise, Großmütter, Halbwüchsige führen die Trecks. Bei der Rettung durch Flucht spielen Pferde eine entscheidende Rolle. Wäre 1939 die Landwirtschaft vollmotorisiert gewesen, hätte sich die Landbevölkerung nicht in so großer Zahl retten können, weil es 1945 für motorisierte Zugmaschinen keinen Treibstoff gibt.

Wagenkolonnen fahren nebeneinander und auf vereisten Straßen ineinander. Sowjetische Schlachtflugzeuge werfen Bomben und beschießen die Flüchtlingskolonnen mit Bordwaffen. Tote und Verwundete, Tierkadaver, umgestürzte und zerschmetterte Wagen bilden ein Knäuel des Elends.

Wenn Trecks ineinander verkeilt sind, pflegen sowjetische Panzer sie durch Überfahren der Straße zu vernichten. Stoßen die Panzer auf einen Treckwagen, heben sie sich vorn nur wenig in die Höhe und walzen ihn mit einem furchtbaren Brechen der Pferdeknochen nieder; wer dabei ist, sagt, es klinge, als ob gefrorene Kohlköpfe platzten. Oft kehren die Panzer zurück und wollen den Rest des Trecks erledigen. Dabei schwenken die MGs der Panzer bei den Salven langsam den Treck hinauf und hinunter. Pferde brechen zusammen, Menschen werden in die Höhe geschleudert, Bettfedern stieben in die Luft. Später versuchen die Flüchtlinge unter Tränen noch etwas Brauchbares aus der festgewalzten Fläche loszueisen. Erfrierungen nehmen zu, was qualvollen Tod bedeutet. Sollen einem Erfrorenen die Stiefel ausgezogen werden, löst sich mit den Stiefeln das Fleisch von den Knochen.

In die Trecks mischen sich marschierende Kolonnen von Kriegsgefangenen. Zieht ein Trupp aus mehreren Nationen dahin, bilden die Engländer meist die Spitze: fest geschlossen, stoisch, fast nonchalant. Die Italiener sind abgerissen und sehen wie uniformierte Landarbeiter aus. Die Russen schleppen sich abgezehrt, zu Tode abgemagert, als menschliche Wracks dahin, gefolgt von Fuhrwerken mit Fußkranken. Am Ende dann Züge der zebragestreiften KZ-Opfer, schwer bewacht und erbarmungslos vorangetrieben. Ihre Augen gleichen denen eines zu Tode gequälten Tieres, ihre Gesichter und Handgelenke sind von Hunger-Ödemen aufgedunsen. Wer von ihnen nicht weiterkann, fällt dem Genickschuß zum Opfer.

Schwangere, zum Teil auf der Flucht geschändet, gebären in irgendeinem Winkel ohne Beistand. Vergewaltigte Mädchen mit

fahlen Gesichtern fragen nach Ärzten. Kranke und Schwerver-
wundete fürchten zurückgelassen zu werden und verbergen häufig eine Waffe unter der Decke, um Sanitäter zum Mitnehmen zu
zwingen oder sich beim Herannahen der Russen zu erschießen.
Ungezählte alte, kranke, sieche Menschen sind den Strapazen nicht
gewachsen, sinken zusammen und wachen nicht mehr auf.
Pastoren erinnern an das alte Bibelwort: „Fliehet, rettet euer Leben
und fristet es gleich dem Dornenstrauch in der Wüste" (Jeremias
48,6).

Bei der ostdeutschen Flucht- und Treckbewegung verschwistern
sich Edelmut und Niedertracht. Das Abstumpfen aller Empfin-
dungen (in Bombennächten, an der Front, in Trecks), hervorgeru-
fen durch unvorstellbare Überbeanspruchung, hilft mit, alle
Drangsale zu überstehen. Ein bestimmter Grad von Elend erregt
weder Mitleid noch Selbstmitleid mehr. Wer diese härteste Schule
des Lebens 1945 besteht, glaubt später die Schwierigkeiten des normalen Lebens nie mehr ernstnehmen zu können. Massensterben
pflegt als anonyme Tragödie aus dem Gedächtnis getilgt zu werden, so auch bei den Trecks. Einsamer Tod und Überleben verbergen sich nach 1945 in Statistiken, die nur wenige Menschen interessieren.

Russische „Nemmersdorf"-Greuel auch in Hinterpommern

Der Ort Nemmersdorf im Kreis Gumbinnen/Ostpreußen wird,
nach seiner Rückeroberung zwei Tage später, wegen der dortigen
bestialischen Greueltaten der Roten Armee im ganzen Reich und
im neutralen Ausland bekannt. Neben den Katyn-Morden ist
Nemmersdorf eines der bestbelegten Beispiele sowjetischer
Kriegsverbrechen im Zweiten Weltkrieg.

Fast niemand in Deutschland aber stellt sich 1944/45 die naheliegende Frage: Haben die Mordtaten der Roten Armee vielleicht
etwas zu tun mit den Mordtaten der Deutschen in der überfalle-
nen Sowjetunion? Bis zur Gegenwart in Deutschland kaum zuge-
geben und oft verdrängt: Die Verbrechen der Deutschen in der
Sowjetunion waren, nach Maßstab und Zielsetzung, weitaus
schlimmer als die der Roten Armee in Deutschland.

Der Hamburger Staatsrechts-Professor Ingo von Münch urteilte 1998, man dürfe den „gravierenden Unterschied zwischen dem Treiben einer entfesselten Soldateska 1944/45 und dem staatlich angeordneten Völkermord in der NS-Zeit" nicht verschweigen. „Nur macht dies das Leid der an Hitlers Angriffskrieg unschuldigen Frauen und Kinder in Nemmersdorf nicht geringer. Diese Ermordeten zu vergessen oder zu verschweigen, ist geschichtslos und unmenschlich zugleich."

Am 20. Oktober 1944 fällt die Spitze der 11. Garde-Armee, meist Soldaten zentralrussischer Abstammung, in Nemmersdorf ein. Es werden etwa 70 Männer, Frauen und Kinder, darunter Ordensschwestern, zusammengetrieben, mehrfach vergewaltigt (auch Mädchen von acht bis zwölf Jahren), erstochen und erschossen oder lebend und nackt in gekreuzigter Haltung an Scheunentore oder Leiterwagen genagelt, den Kindern im Windelalter die Schädel eingeschlagen. Auch französische Kriegsgefangene, dort zur Landarbeit, werden erschossen

Die Morde in Nemmersdorf sind an Blutdurst, Bestialität und Sadismus nicht zu überbieten. Eine internationale Ärzte-Kommission bestätigt die Zeugenaussagen und untersucht die exhumierten Leichen. Danach werden sie beigesetzt. „Nemmersdorf" wird zum schaurigen Symbol dafür, was die Deutschen im Osten zu erwarten haben, wenn der schwache, brüchige Damm des Ostheeres bricht. Es wird weitere „Nemmersdorfs" geben: in Ost- und Westpreußen, in Pommern, Ostbrandenburg und in Schlesien, im Warthegau und im Sudetenland.

Wie reagiert das Ausland auf die der Weltöffentlichkeit bekanntgegebenen Nemmersdorf-Fakten? Das Londoner Foreign Office bezweifelt ihre Glaubwürdigkeit, spricht intern am 6. November 1944 von einer „deutschen Greuelkampagne" und versteigt sich sogar zu der absurden Entlastungsbehauptung: „Man [Berlin – d. A.] wurde etwas nervös wegen der sowjetischen Anschuldigungen, Gestapo-Leute hätten diejenigen Ostpreußen, die sich nicht evakuieren lassen wollten, erschossen ..."

Im Londoner Außenministerium ist damals unbekannt: Kriegsgefangene britische Offiziere in Deutschland, freigekommen und Zeugen sowjetischer Mord-Exzesse, schließen sich einer versprengten deutschen Einheit an und wollen gemeinsam mit ihr gegen die Russen kämpfen. Im Londoner Public Records Office befinden sich Vernehmungsprotokolle ehemaliger britischer Kriegsgefangener, die noch lange nach Kriegsende Mühe haben, ihren Haß auf die Russen unter Kontrolle zu bringen.

Über Nemmersdorf erscheinen Protokolle von Zeugenvernehmungen sowie Fotografien, dazu Augenzeugenberichte nicht nur von Journalisten aus Franco-Spanien und Vichy-Frankreich, sondern auch neutraler Journalisten aus Schweden und der Schweiz, so vom Sonderkorrespondenten auf der ersten Seite des „Le Courrier de Genève" vom 7. November 1944.

In den zurückeroberten Dörfen um Goldap/Ostpreußen bieten die Bauernhöf ein Bild der Verwüstung: In den Zimmern zertrümmerte Möbel, zerschnittene Betten, vor den Krippen erschossenes Vieh. In den Dörfern ist, beispielsweise, der Ortsgruppenleiter der NSDAP von Pferden zu Tode geschleift, sein Stellvertreter im Waschkessel gekocht, der Bürgermeister im Vollgatter mit zwölf Sägeblättern zersägt worden. Die Überlebenden in diesen Dörfern grüßen – seitdem – nicht mehr mit „Heil Hitler!"

Am 4. April 1945 übergibt der OKW-Wehrmachtführungsstab dem Auswärtigen Amt in Berlin einen zusammenfassenden Bericht über das Verhalten der Roten Armee in den besetzten ostdeutschen Gebieten. Demnach hätten sowjetische Kriegsgefangene ausgesagt, daß sie von ihren Polit-Offizieren unterrichtet worden seien, auf deutschem Boden alles tun und lassen zu können, was sie wollten. So könne man Mädchen und Frauen ohne weiteres vergewaltigen. (Diese Aussagen sowjetischer Kriegsgefangener sind nicht als Schutzbehauptungen, mit dem Abwälzen der Verantwortung auf die Polit-Offiziere, abzutun.)

Die sowjetischen Exzesse im deutschen Osten sind nicht nur Ausdruck aufgestauten Hasses und verständlicher Rache für entsetzliche deutsche Verbrechen. Nach den Feststellungen des amerikanischen Völkerrechtlers Alfred Maurice de Zayas wurde die Rote Armee systematisch aufgehetzt durch die Propaganda vor allem des bekannten sowjetischen Schriftstellers Ilja Ehrenburg, eines fanatischen Deutschenhassers. Ehrenburgs Haßtiraden in der „Prawda", „Iswestija" und der Frontzeitung „Krasnaja Swesda" peitschten die niedersten Instinkte der Rotarmisten auf, die Deutschen zu töten – auch Frauen, Greise und Kinder. (Später wird Ehrenburg vehement abstreiten, der Urheber des Mordaufrufs vom Januar 1945 gewesen zu sein.)

Guderian-Offensive und Fluchtkorridor – 15. Februar 1945

Generaloberst Heinz Guderian, Chef des Generalstabes des Heeres, will sich gegen das unausweichliche Ende stemmen. Er plant eine Zangenoperation aus dem Raum Glogau/Guben von Süden her und aus dem freigehaltenen Raum Pyritz-Arnswalde nahe Stettin von Norden her. Guderians Ziel ist, Schukows noch schwache Nordflanke zu schlagen, sie von ihren rückwärtigen Verbindungen abzuschneiden und damit Berlin Luft zu verschaffen. Der Planungsansatz Guderians ist plausibel.

Guderian verlangt für seine „Operation Sonnenwende" außer Divisionen vom Balkan, aus Italien und Norwegen vor allem die Heeresgruppe Kurland mit deren zwei kampferprobten, ungeschlagenen Armeen und die ausgezeichnet bewaffnete und ausgerüstete 6. SS-Panzerarmee. Mit genügend Infanterie und etwa 1.500 Panzern hat der Guderian-Plan eine Chance, die Ostfront zwar nicht zu retten, aber vorerst zu stabilisieren.

Hitler jedoch lehnt die Konzeption Guderians mit einem Wutausbruch ab. Er beläßt die Kurland-Heeresgruppe auf ihrem Außenposten (sie wird, in sechs Schlachten ungeschlagen, am 9./10. Mai 1945 kapitulieren) und beordert die 6. SS-Panzerarmee zu einer Offensive an die Ungarnfront. Hitlers Begründung: Er will nach dem Verlust des Rumänien-Öls wenigstens das ungarische Erdölgebiet behalten.

Mit den Guderian für seine Offensive verbliebenen schwachen Kräften gelingt es nicht, aus dem Aufmarschraum südöstlich von Stargard die rechte Flanke Schukows, der übrigens den deutschen Aufmarsch erkannt hat, einzudrücken, geschweige sie zu umfassen und zu vernichten. Die „Operation Sonnenwende" vom 15. Februar 1945 bleibt im Raum Pyritz-Arnswalde bald stecken und endet nach drei Tagen ziemlich kläglich.

Da Schukow – vorerst – nicht nachstößt, bleibt der Fluchtkorridor Hinterpommern bis zum Februar 1945 fünf Wochen lang frei. Früher brauchte der Personenzug Stolp-Stettin (Luftlinie: 210 km) sechs Stunden, nun fahren die Züge drei bis vier Tage, weil die Eisenbahnstrecke durch Militär- und Flüchtlingstransporte verstopft ist. Im feindfreien Gebiet zwischen dem Rest Ostpreußens und dem Unterlauf der Oder leben fast drei Millionen einheimische

und fast eine Million aus Ostpreußen und dem Weichsel/War-
the-Gebiet geflüchtete Deutsche.

Was hält die Menschen in Hinterpommern und in Westpreußen
fest? Es sind einerseits Erschöpfung, Resignation und Mangel an
Transportmitteln, andererseits auch die Hoffnung, nach erfolgreicher deutscher Gegenoffensive bald wieder in ihre Heimat zurückkehren zu können.

Stalin befiehlt Doppeloffensive gegen Hinterpommern

Das Moskauer Oberkommando befiehlt eine gemeinsame
Operation des linken Flügels der Heeresgruppe Rokossowski und
des rechten Flügels der Heeresgruppe Schukow. Da Rokossowski
schon in Westpreußen nur langsam vorankommt, traut Stalin ihm
aus gutem Grund allein nicht die Eroberung Hinterpommerns zu.
Die deutschen Truppen in Hinterpommern sollen, von Süden nach
Norden, bis zur Ostseeküste bei Kolberg aufgespalten, eingekesselt und so vor der Berlin-Offensive ausgeschaltet werden.

Rokossowski und Schukow gedenken in drei Richtungen
vorzustoßen: Rokossowski nach Gotenhafen/Gdingen und Danzig
(diese Offensive kommt wegen des sich versteifenden Widerstandes der 2. Armee nur zäh voran und erreicht erst am 21. und
22. März die Küste im Raum Danzig); Rokossowski aus dem Raum
Schneidemühl/Deutsch Krone in allgemeiner Richtung auf Köslin
(Luftlinie: 100-120 km) mit dem Ziel, die Ostseeküste zwischen
Danzig und Kolberg zu erreichen; Schukow aus dem Raum Friede-
berg/Arnswalde, um die deutsche Front östlich Stargard aufzu-
spalten mit dem Ziel, die Oder-Mündung bei Stettin und die Ostseeküste bei Cammin (Luftlinie: 110 km) zu erreichen und den
Gegner zwischen Stettiner Haff und Kolberg zu vernichten.

Diese Doppeloffensive Rokossowski/Schukow auf rund 200 km
Front zielt mithin auf das Eindrehen nach Osten in Richtung Danzig
und nach Westen in Richtung Stettiner Haff und Cammin. Stalin
will, vor der entscheidenden Großoffensive gegen Berlin, durch
Eroberung Hinterpommerns die Flanke des auf Berlin gerichteten
Schukow-Offensivkeils endgültig gegen eine mögliche Flankenbedrohung aus Hinterpommern absichern.

Die dortige Bevölkerung sieht dem aus Ostpreußen bekannten Schicksal entgegen, aber die Partei sagt, es bestehe kein Grund zur Beunruhigung. In Hinterpommern befinden sich Ende Februar 1945 noch etwa 2,5 Millionen Deutsche, davon mehr als ein Viertel Flüchtlinge. Der westliche Fluchtweg entlang der Küste wird nach dem Rokossowski-Durchstoß immer schmaler, schließlich abgeschnitten. Daher drängen sich die Flüchtenden zu Hunderttausenden in den Ostseehäfen zusammen, meist in Danzig und Gotenhafen/Gdingen, aber auch in Kolberg, dem zwar kleinen, aber wichtigsten Ostseehafen zwischen Danzig und Stettin.

Inzwischen transportieren, in einer beispiellosen Leistung, Kriegs- und Handelsmarine Hunderttausende Flüchtlinge aus den Häfen Pillau, Danzig, Gotenhafen/Gdingen und den hinterpommerschen Kleinhäfen in den rettenden Westen (Vorpommern, Dänemark, Schleswig-Holstein) ab.

Marschall Rokossowski gegen Köslin – 24. Februar 1945

Der 24. Februar 1945 ist zugleich der 25. Jahrestag der Verkündung des NSDAP-Programms. Hitler läßt eine Proklamation verlesen; es ist seine letzte öffentliche Verlautbarung an das deutsche Volk. Er geißelt das „unnatürliche Bündnis zwischen ausbeuterischem Kapitalismus und menschenvernichtendem Bolschewismus" und prophezeit „noch in diesem Jahr" die „geschichtliche Wende" des Krieges. „Was die Heimat erduldet, ist entsetzlich, was die Front zu leisten hat, übermenschlich."

Das NS-Zentralorgan „Völkischer Beobachter" kommentiert tags darauf: „Der Führer könnte diese eiserne Ruhe nicht haben, wenn er nicht wüßte, was er in die Waagschale der Entscheidung zu werfen hat." Indes: Der Führer-Mythos ist nahezu aufgezehrt, Hitlers Phrasen verfangen nur noch bei wenigen, „während", so die SD-Außenstelle Berchtesgaden, „bei der überwiegenden Zahl der Volksgenossen der Inhalt der Proklamation vorbeirauscht wie der Wind im leeren Geäst." Der halb verfemte, halb tolerierte Schriftsteller Erich Kästner notiert in seinem Tagebuch: „Das Dritte Reich bringt sich um, doch die Leiche heißt Deutschland." So wie Kästner denken immer mehr Deutsche.

Am 24. Februar 1945 tritt der linke Flügel der Heeresgruppe Rokossowski zum Angriff auf das östliche HInterpommern an. Nach guter Aufklärung zielt der Stoß Rokossowskis auf den schwächsten Punkt der schwachen und überdehnten deutschen Front, die dünne Naht zwischen der 2. Armee in Westpreußen und der 3. Panzerarmee in Hinterpommern. Der Stoß schlägt durch; die Panzer dringen zügig ins offene Gelände vor.

Dort befinden sich Flüchtlingskolonnen, aber keine formierten deutschen Truppen, gar Reserven. Gegenmaßnahmen gegen den sowjetischen Durchbruch bleiben erfolglos. Entscheidende Voraussetzung für den sowjetischen Erfolg ist die große deutsche Schwäche, denn bei Rokossowskis Verbänden zeigen sich erhebliche Führungsmängel. So verliert, beispielsweise, das Oberkommando der 19. Armee die Verbindung mit der Truppe.

Im östlichen Hinterpommern steht die an Menschen, Material und Waffen mindestens zehnfach überlegene Rote Armee am 26. Februar 1945 in Bublitz, 35 km vor Köslin. Mit seinem zunächst schmalen, aber tiefen Durchbruchskeil hat Rokossowski am dritten Offensivtag die Hälfte des Weges zur Ostseeküste zurückgelegt. Die deutsche Front ist hier praktisch, trotz einigen verzweifelten Widerstandes, zusammengebrochen und zwischen Weichsel und Oder aus den Angeln gehoben. Widerstand einzelner Stützpunkte wird entweder umgangen oder niedergewalzt.

Am 28. Februar 1945, als die dünne deutsche Front in ganzer Breite aufgerissen und der Eckpfeiler Neustettin gefallen ist, gibt der Wehrmachtbericht zu, sowjetische Panzer seien westlich Rummelsburg [gemeint: Bublitz – d. A.] „weit nach Norden" vorgestoßen, jedoch habe man eine „bedrohliche Ausweitung der Einbruchslücke" verhindert.

Die Frontwirklichkeit sieht ganz anders aus. Die 3. Panzerarmee verfügt nur noch über 19 einsatzfähige Panzer und 164 Sturmgeschütze gegenüber zwei kampfkräftigen, voll ausgestatteten sowjetischen Panzerarmeen. Die wenigen deutschen Panzer haben nur je zehn Granaten, ihre Besatzungen sind ausgepumpt und ohne Hoffnung. In der Pommernschlacht werden dann insgesamt 580 sowjetische Panzer vernichtet, davon zwei Drittel von tapferen Einzelkämpfern mit der Panzerfaust, darunter viele HJ-Angehörige. Was aber hilft das gegen diese Übermacht?

Schukows rechter Flügel steht auf dem Sprung, aus dem Raum

südöstlich Stargard mit sechs Armeen, darunter zwei Panzerarmeen, in breiter Front von der Oder bis Tempelburg nach Nordwesten, Norden und Nordosten vorzustoßen, um die immer schwächer werdende 3. Panzerarmee im westlichen Teil Hinterpommerns zu zerschlagen und damit den Zusammenbruch der Hinterpommernfront zu beschleunigen und abzuschließen.

Die in Hinterpommern heimische oder auf der Flucht dort eingetroffene Bevölkerung weiß auch ohne verschleiernden Wehrmachtbericht: Unser Schicksal steht auf des Messers Schneide! Überstürzt setzen sich bei winterlichem Wetter hier Trecks und Transporte in Bewegung. Räumungserlaubnis wird von der Partei meist zu spät erteilt. Die Bevölkerung des im östlich des sowjetischen Vorstoßkeils nach Köslin gelegenen Gebietes wendet sich wieder nach Osten in Richtung Danziger Bucht, wo vielen noch Rettung winkt. Aus dem westlichen Teil Hinterpommerns gelangen nur wenige über die Oder nach Vorpommern und Mecklenburg.

Am 1. März 1945 stehen Rokossowskis Panzer östlich Köslin an der Küste. Dort gibt es nur wenige Einheiten von Heer, Kriegsmarine, Luftwaffe, so u. a. 2.000 notdürftig ausgebildete Rekruten, dazu Volkssturm, HJ und RAD mit Panzerfäusten. Mit seinem Durchstoß nach Köslin schneidet Rokossowski die letzte Landverbindung zur 2. Armee und Danzig ab. Das Schicksal des östlichen Hinterpommern ist entschieden. Der Wehrmachtbericht vom 2. März 1945 verschleiert für den Vortag den Front-Zusammenbruch: „Feindliche Panzerspitzen drangen auf schmalem Raum weiter nach Nordwesten vor und erreichten die Straße Köslin-Schlawe" – also 10 km vor der Ostsee ...

Marschall Schukow gegen Kolberg – 1. März 1945

Am 1. März 1945, als Rokossowski sein Teilziel (die Ostseeküste bei Köslin) erreicht hat, greift Schukows rechter Flügel mit fünf Armeen an und stößt durch. Nach wenigen Stunden stehen 30 sowjetische Panzer vor dem Hauptquartier der 3. Panzerarmee, dem Bismarck-Schloß in Plathe. Es erweist sich, daß Schukow seine Heeresgruppe weit besser organisiert und operativ führt als Rokossowski die seine. Nach nur 20 km Geländegewinn könnten

145

Schukows Panzerbrigaden die Oderbrücken bei Stettin erreichen, den Schiffsverkehr auf der unteren Oder zwischen Stettin und Swinemünde lahmlegen und damit der 3. Panzerarmee die Versorgung ebenso abschneiden wie Ostpreußen und Kurland.

Am 4. März 1945 wird, 30 km südöstlich Stettin, der Straßen- und Eisenbahnknotenpunkt Stargard, traditionell das „Tor zu Stettin", ohne wesentliche Kämpfe aufgegeben. Die Stettiner Einwohnerschaft erwartet ebenso wie Partei- und Militärstäbe die Rote Armee in Kürze vor und in der Stadt. Die deutsche Front zuvor im östlichen, nun auch im westlichen Teil Hinterpommerns ist zertrümmert, die 3. Panzerarmee zerschlagen, teilweise ohne eine Hoffnung auf Entsatz eingekesselt.

Am 5. März 1945 werden auch die 16jährigen einberufen.

Am 6. März 1945 tritt Schukow zum konzentrischen Angriff gegen die östlich Stettin zusammengedrückten Reste der 3. Panzerarmee an. Sie werden in den in fieberhafter Hast gut ausgebauten Brückenkopf Stettin-Altdamm/Greifenhagen zurückgeworfen, der sich zunächst behaupten kann. Am 7. März 1945 stehen Schukows Truppen, trotz erheblicher Verluste durch die sich verzweifelt wehrenden Reste der 3. Panzerarmee, am Ost-Ufer des Stettiner Haffs und am Ost-Ufer der Dievenow bei Cammin an der Oder-Mündung und an der Ostseeküste westlich Kolberg. Damit hat Schukow sein Offensivziel in noch nicht einer Woche erreicht.

Für Einheimische wie Flüchtlinge in den Kreisen Köslin, Kolberg und Belgard ist der Weg zur Oder zu weit, als daß er vor Auftauchen sowjetischer Angriffsspitzen bewältigt weden könnte. Letzte Hoffnung auf Rettung bietet nur die Flucht über die Ostsee.

An der Küste Hinterpommerns gibt es nur kleine Fischereihäfen, von Ost nach West: Leba, Stolpmünde, Rügenwalde, Kolberg. Sie können nicht von größeren Schiffen angelaufen, ihre Hafeneinfahrten müssen regelmäßig freigebaggert werden. Nun transportieren kleine und kleinste, noch eben seegängige Boote bei meist schlechtem Wetter (Frost, Regen, Nebel, Sturm) von dort Flüchtlinge ab. Nur Kolberg, größte Stadt in jenem Raum, und sein Hafen bleiben die letzte, größere Rettungsmöglichkeit – wie früher letzte Zuflucht von Schiffsvolk in Sturm und Not.

Der mehrfach durchbrochene „wandernde Kessel" der Korpsgruppe Tettau schlägt sich in abenteuerlicher Flucht durch Wälder an die Ostsee durch. Mit rund 10.000 Mann und etwa 30.000

Flüchtlingen bricht man in den Brückenkopf West-Dievenow auf der Insel Wollin durch. Dieser geglückte Aus- und Durchbruch beweist, was geschickte Führung unter den schwierigsten Bedingungen erreichen kann, wenn eine kampfwillige Truppe zusammenhält und ein Mindestmaß an schweren Waffen vorhanden ist.

Inzwischen hat Schukow die – potentielle – Flankenbedrohung aus Hinterpommern endgültig ausgeräumt. Die meisten hinterpommerschen Städte werden kampflos aufgegeben. Abgesehen von dem sich noch eine Woche haltenden Stettiner Brückenkopf, ist seit 10. März 1945 ganz Hinterpommern von sowjetischen (und später polnischen) Truppen besetzt – mit Ausnahme von Kolberg. Nur ein Widerstand dieses „Festen Platzes" Kolberg, die Verteidigung von Stadt und Hafen, kann eine Aussicht darauf eröffnen, daß Einwohner, Flüchtlinge, Verwundete und die Reste der Truppe über die Ostsee entkommen können. Dies ist die Aufgabe der Verteidiger Kolbergs und der Sinn ihres Ringens gegen Übermacht.

Im Jahre 1807 hatten Napoleon und seine Generale Kolberg zunächst kaum ernstgenommen; nun, 1945, unterschätzen die sowjetischen und polnischen Generale die Widerstandskraft der schwachen Kolberg-Besatzung.

Die NS-Propaganda versucht, den Kolberg-Mythos von 1807 mit der erfolglosen Belagerung durch napoleonische Übermacht für sich zu nutzen. Nicht zuletzt mit dem künstlerisch-handwerklich geschickt gemachten Ufa-Durchhalte-Farbfilm „Kolberg" von Veit Harlan. Er wird seit Februar 1945 an einigen Orten im feindfreien Reich gezeigt, in Kolberg selbst bezeichnenderweise nicht. In diesem Film beschwören NS-Propaganda und Harlan den unbeugsamen Widerstandswillen der Verteidiger von 1807. Der „Kolberg"-Film, Titelrolle: Heinrich George als Joachim Nettelbeck, versucht auf propagandistische Weise preußische Geschichte auszuschlachten und will eine Parallele zur Gegenwart von 1945 beschwören.

Dieses NS-Vorhaben kann nicht den Verteidigern Kolbergs angelastet werden. Sie leisten 1945 in höchster Not und in ersichtlich aussichtsloser Lage das ihnen Mögliche. Mit dem Film sollen die Deutschen ein letztes Mal aufgepeitscht werden, sich ihrer Vorväter würdig zu erweisen – jetzt für Hitler. Diese von Joseph Goebbels gewollte Wirkung dürfte „Kolberg" besonders auf opfertreue Hitlerjungen ausgeübt haben.

VII

Letztmals Mythos: Der Durchhaltefilm „Kolberg" von 1943/44

Die Entstehung des „Kolberg"-Films ist nur vor dem Hintergrund des Kriegsgeschehens zu verstehen. Daher hier die wichtigsten Stichworte zur Situation an der Front und in der Heimat 1942 und 1943.

Das Ostheer erleidet bis März 1942 einen Verlust von 1,1 Millionen Mann oder 35 % seines Bestandes. Dieser Aderlaß ist nie mehr auszugleichen. Im Sommer 1942 erreicht Hitlers Imperium seine größte Ausdehnung. Deutsche Truppen stehen vom Nordkap Norwegens entlang der Atlantikküste, auf dem Balkan und in Nordafrika. In der Sowjetunion verläuft die deutsche Front von vor Leningrad im Norden bis an die Grenze Asiens im Süden: im Kaukasus und an der Wolga bei Stalingrad.

Nachdenkliche Deutsche überlegen: Wenn nach der Niederlage vor Moskau, nach Hitlers Kriegserklärung an die Vereinigten Staaten am 11. Dezember 1941, dieser Krieg als Ermattungskrieg geführt wird, muß sich, wie schon im Ersten Weltkrieg 1914 bis 1918, die Waage unweigerlich am Ende zu Ungunsten Deutschlands neigen – trotz aller Waffentaten der Wehrmacht und Durchhaltekraft des deutschen Volkes. Die Mehrheit des Volkes gibt, Mitte 1942, den Krieg allerdings nicht verloren. Stärkstes Motiv für den Siegesglauben ist der Glaube an Hitler. Indessen: Seit Dezember 1941, mit der (verschleierten) Niederlage vor Moskau, ist die riesige Popularität Hitlers angeschlagen. Nun ist augenscheinlich: Der Führer hat sich geirrt, er ist nicht unfehlbar...

Im Winter 1942/43 wird vielen Deutschen bewußt: Es geht nicht mehr darum, wann man den Krieg gewinnen werde, sondern einzig darum, ihn nicht zu verlieren. „Stalingrad", Jahreswende 1942/43, ist der entscheidende Anstoß für den Niedergang des Führer-Mythos. Den Untergang der 6. Armee in Stalingrad werden weder NS-Regime noch Volk je überwinden. Damals im Volk unbekannt: Bei 25 Grad Kälte ziehen 90.000 Überlebende der 6. Armee in sowjetische Kriegsgefangenschaft. Von ihnen werden nur 5.000 in die Heimat zurückkehren. Fast 150.00 Mann sind gefallen, erfroren, verhungert, 34.000 Verwundete und Kranke sind ausgeflogen worden.

Erst mit dem Stalingrad-Schock breitet sich im Volk das dumpfe Gefühl einer möglichen Niederlage aus. Erst jetzt wird das grenzenlose Vertrauen in den Feldherrn Hitler in allen Volksschichten erschüttert. Bei fast allen früheren Rückschlägen hieß es im Volk meist, der Führer sei schlecht beraten gewesen oder habe nichts gewußt. Nun wird Hitler – zutreffend – mit der Stalingrad-Katastrophe verbunden. Unter den Frontsoldaten ist die Siegeszuversicht zwar nicht gebrochen, jedoch angeknackst. Obwohl sich die Meinung massiv verschlechtert, verdüstert, bleibt der Führer-Mythos in weiten Schichten wirksam.

Nachdem Franklin D. Roosevelt und Winston Churchill nach der Casablanca- Konferenz (14. bis 26. Januar 1943) die bedingungslose Kapitulation Deutschlands fordern, versteift sich der Widerstandswille der Mehrheit der Deutschen, trotz aller Zweifel, eher noch.

Am 19. April 1943 fragt Joseph Goebbels in seiner traditionellen Rede zum Hitler-Geburtstag, „ob wir am Anfang einer neuen, nie dagewesenen historischen Entwicklung unserer nationalen Geschichte stehen" oder mit dem Abschluß der alten deutschen Geschichte „überhaupt die Geschichte unseres Volkes abschließen."

Seit 1942 steht im Propagandaministerium fest, daß der Kolberg-Mythos von 1807 einen hervorragenden Stoff für einen Kriegsfilm abgeben würde. Mit dem wechselnden Verlauf der deutschen Fronten ändert das Filmprojekt seinen Charakter, im Mai 1943 fällt dann die Entscheidung.

Wie stellt sich zu diesem Zeitpunkt die Kriegslage in deutscher Sicht dar?

Die Ostfront ist, trotz riesiger Verluste, wieder einigermaßen stabilisiert und kann sich, im Schutz der Schlammperiode, kurzfristig festigen. Aber die Reste der im Brückenkopf Tunis zusammengedrängten Heeresgruppe Afrika haben gerade (am 13. Mai 1943) kapituliert: Drei Monate nach der Stalingrad-Katastrophe marschieren rund 252.000 Deutsche und Italiener in alliierte Kriegsgefangenschaft. Bemerkenswerterweise findet „Tunis" im Volk weit weniger Aufmerksamkeit als „Stalingrad".

Der Oberbefehlshaber der Kriegsmarine, Großadmiral Karl Dönitz, muß am 24. Mai 1943 den U-Boot-Krieg gegen alliierte Geleitzüge im Nordatlantik nach schweren Mißerfolgen und Verlusten abbrechen und die „Schlacht im Atlantik" verlorengeben. Nach „Stalingrad" und „Tunis" ist nun der Verlust der Atlantik-schlacht die dritte große Niederlage, sie wird aber dem deutschen Volk verheimlicht. Der alliierte Luftkrieg nimmt durch rollende Angriffe (nachts Briten, am Tage Amerikaner) auf Städte-Flächen-ziele zu. Hochwirksame Phosphor-Brandbomben und Luftminen werden massenhaft eingesetzt. Der Luftkrieg wird zum Luftbrand-krieg. Groß- und Mittelstädte fallen verheerenden Flächenbränden zum Opfer; Zehntausende Tote und Hunderttausende Obdachlose sind zu beklagen. Der Luftkrieg trifft einen besonders empfindli-chen Punkt des Vertrauens zur Führung: Sie kann nicht länger den Schutz der „Heimatfront" garantieren.

Nach jedem Luftangriff mit seinen Verwüstungen entsteht in der betroffenen Stadtbevölkerung, neben Niedergeschlagenheit und Trauer, auch ein Gefühl verzweifelter Wut. Sie richtet sich nicht gegen Hitler, sondern gegen die Westmächte. Daher hat die NS-Propaganda der „Vergeltung" mit angeblich in Kürze einsatz-bereiten „Wunderwaffen" starke Wirkung. Viele Deutsche (womög-lich noch eine Mehrheit?) sagen sich: Bisher hat der Führer im großen und ganzen immer recht behalten; wenn er die „Vergeltung für den Luftterror" der Alliierten ankündigt, dann wird sie auch kommen! In der NS-Propaganda auf Ortsebene wird dieses Denken aufgenommen: Haltet aus, einmal wird doppelt und dreifach zurückgezahlt! Nicht mehr lange, dann werdet ihr wieder ruhig schlafen können!

Am 1. Juni 1943 – vier Monate nach dem Schock des Untergangs der 6. Armee in Stalingrad, kurz nach der Tunis-Kapitulation und nach dem „Stalingrad zur See" der U-Boot-Waffe – erteilt Joseph Goebbels (auf Weisung Hitlers?) schriftlich den Auftrag zur Her-stellung von „Kolberg", einem Ufa-"Großfilm". Der Auftrag ergeht an den prominenten, 44 Jahre alten Regisseur Veit Harlan: „Aufgabe dieses Films soll es sein, am Beispiel der Stadt, die dem Film den Titel gibt, zu zeigen, daß ein in Heimat und Front geeintes Volk jeden Gegner überwindet..." Was ursprünglich – ganz allgemein – ein nationales Kriegsepos werden sollte, wird nun, 1943, zu einem Durchhaltefilm.

Veit Harlan, Star-Regisseur im Dritten Reich

Der Sohn eines Schriftsteller erhielt nach Abschluß des Gymnasiums und einer Lehre als Silberschmied eine Bühnen-ausbildung am berühmten Reinhardt- Seminar. 1916 meldete er sich mit 17 Jahren als Kriegsfreiwilliger. 1919 begann seine erfolg-reiche Karriere als Bühnenschauspieler, die ihn bereits 1924 – für elf Jahre – an das Preußischen Staatstheater in Berlin führte, Traumziel aller deutschen Schauspieler. Ab 1927 übernahm er auch Rollen beim Stummfilm, danach beim Tonfilm, dort u. a. in den nationalen Streifen „Die elf Schill'schen Offiziere" (Regie: Rudolf Meinert) und „Der Choral von Leuthen" (Carl Froelich).

1934 folgte die erste Filmregie, seit 1937 galt Harlan als Star-Regisseur. Viele unvoreingenommene Theater- und Filmkri-tiker hielten damals Jürgen Fehling für den bedeutendsten Bühnen-, Veit Harlan für den begabtesten Filmregisseur.

1939 heiratete er – in dritter Ehe – die 27 Jahre alte deutsche Schauspielerin schwedischer Herkunft Kristina Söderbaum. (Ihr Vater war international bekannter Chemie-Professor, Präsident der Königlich Schwedischen Akademie der Wissenschaften und damit Vorsitzender des Nobelpreiskomitees.) Die Söderbaum verkörpert den „Typus bedrohter Reinheit", der unschuldig leidenden Kind-frau, schon vom Äußeren her kommt sie dem NS-Idol der nordi-schen Frau nahe. Durch Harlan steigt sie seit 1938 zum Filmstar auf.

Die Harlans gehören seit 1937/38 zur Tafelrunde und kleinen Gesellschaft beim Reichsminister für Volksaufklärung und Propaganda, Joseph Goebbels. Wie eng das private Verhältnis Goebbels/Harlan ist, erhellt folgende Tatsache: Den triumphalen Einzug Hitlers am 14. März 1938 in Wien unter Massenjubel und Glockengeläut verfolgt Goebbels in der Berliner Harlan-Villa, Tannenbergallee 28, wo alle gebannt am Radio sitzen. (Goebbels' große Liebe, der tschechische Filmstar Lida Baarova, ist mit der damaligen Harlan-Frau Hilde Körber eng befreundet, so daß das

Harlan-Haus zum geheimen Goebbels/Baarova-Treffpunkt wird.) Harlan ist regimetreu: In seinem Haus darf im Krieg nicht BBC London gehört werden – wie unzählige Deutsche es trotz Verbots tun.

Zu Harlans wichtigen Filmen bis 1944 zählen „Die Kreutzersonate" (1937, nach der Erzählung von Leo Tolstoi), „Der Herrscher" (1937, frei nach Gerhart Hauptmanns Bühnenstück „Vor Sonnenuntergang", mit Marianne Hoppe, Emil Jannings u. a. – dieser Film wird von Goebbels begeistert gelobt: „Modern und nationalsozialistisch. So wie ich mir die Filme wünsche." Hier wird erstmals deutlich: Harlan bearbeitet geschickt Nicht-NS-Vorlagen zu ideologischen Zwecken), „Die Reise nach Tilsit" (1939, frei nach der gleichnamigen Novelle von Hermann Sudermann), „Die goldene Stadt" (1942, nach dem Bühnenstück „Der Gigant" des NS-Schriftstellers Richard Billinger), „Immensee" (1943, frei nach der Novelle von Theodor Storm) und „Opfergang" (1944, frei nach der Novelle von Rudolf G. Binding). Alle Filme sind erstklassig besetzt, bei Harlan spielt die erste Garnitur.

Mit dem antisemitischen, handwerklich hervorragend gemachten Hetzfilm „Jud Süß" hat Harlan 1940 den NS-Tendenzfilm per se geschaffen, mit Heinrich George, Eugen Klöpfer, Werner Krauß, Ferdinand Marian und Kristina Söderbaum in den Hauptrollen. (Bei diesem Film erweist sich: Juristische Schuld und moralische Schuld können zweierlei sein. Als einziger Regisseur des Dritten Reiches wird Harlan nach 1945 wegen „Jud Süß" vor Gericht gestellt – und in zwei Gerichtsverfahren freigesprochen.) Für Goebbels ist „Jud Süß", so in seinem Tagebuch, „ein ganz großer genialer Wurf" und ein antisemitischer Film, „wie wir ihn uns nur wünschen können."

Auch „Der große König" (1942) ist historisch verbrämte NS-Propaganda. Mit dem historischen Stoff soll der Zuschauer im Sinne psychologischer Kriegsführung nach innen beeinflußt werden. Wie schon bei „Jud Süß", mischt sich Goebbels auch hier intensiv ein. In „Der große König" soll Friedrich der Große in der offenbar aussichtslosen Kriegslage von 1761/62 die Analogie zu Hitler herstellen:

Seit 1759 in die Verteidigung gedrängt, kämpft der Preußenkönig im letzten Stadium des Siebenjährigen Krieges, seit Herbst 1761, in nahezu verzweifelter Lage mit letzten Kräften. Friedrich der

Große ist zum Jahreswechsel 1761/62 ohne Beistand, fast ohne Hoffnung und sieht standhaft seinem Untergang und dem Preußens entgegen. Rettung bringt, wie bereits geschildert, der Thronwechsel in Rußland. Später fast vergessen: Auch die Österreicher sind so sehr am Ende ihrer Kräfte, daß Kaiserin Maria Theresia sich im Dezember 1761 entschließen muß, ihre Armee, die sie nicht länger unterhalten und bezahlen kann, zu verringern. Vielen aber kommt es vor, als ob Preußen allein durch den unbeugsamen Widerstandswillen des „Alten Fritz" gerettet worden sei. Der Friede von Hubertusburg/Sachsen am 15. Februar 1763 beendet den Siebenjährigen Krieg und bestätigt den territorialen Status quo der Eroberung Schlesiens durch Preußen. Damit darf sich Preußen als Großmacht fühlen. Beides, überraschende Umkehrung der Feindkoalition und unbeugsamer Widerstandswille gegen eine Übermacht, soll nun, in diesem Fall 1942, für Deutschland und für Hitler gelten.

Harlan inszeniert „Kolberg", Oberregie führt Goebbels

Dem Farbfilmprojekt „Kolberg" will sich Harlan anfänglich widersetzt haben, wird aber von Goebbels – angeblich – „dienstverpflichtet." Und das, in der Sicht des Ministers, aus gutem Grund: Ist Harlan doch „hochdekorierter Spezialist für Melodramen und monumentale Propaganda-Epen" (Blumenberg). Dieser „Kolberg"-Film soll – so notiert Goebbels in seinem Tagebuch in deutlicher Vorahnung, daß die Heimat dereinst zur Front werde – „genau in die militärisch-politische Landschaft" passen, „die wir wahrscheinlich zu der Zeit zu verzeichnen haben werden, wenn dieser Film erscheint..."

Damit „Kolberg" nun zum nationalen Kolossalgemälde werden kann, muß man der historischen Wahrheit Gewalt antun. So bemächtigt sich der Propagandaminister der Figur Nettelbecks auf seine Weise. Goebbels sieht in der Figur Nettelbecks sich selbst, das damalige Bürgerbataillon als Vorläufer der SA. Im Film werden, im historischen Gewand, die Prestige- und Machtkämpfe zwischen Reichswehr und SA, Wehrmacht und SS ausgefochten – endend natürlich zugunsten der Partei. Außerdem möchte der Film

Dreharbeiten zu „Kolberg". Der Reichsminister für Volksaufklärung und Propaganda Dr. Joseph Goebbels bei einem Besuch im Babelsberger Studio, im Gespräch mit Nettelbeck-Darsteller Heinrich George.

einreden, daß der Gedanke eines Volksheeres in Kolberg geboren worden sei; tatsächlich ist das Volksheer von der Französischen Revolution mit der „Levée en masse", dem Massenaufgebot für alle 18 bis 25 Jahre alten Ledigen, in Abkehr vom Berufsheer 1793 geschaffen worden.

Goebbels erklärte – so Harlan –, daß Nettelbeck der eigentliche Held des Widerstandes sei; dies müsse, bei allem Respekt für den großen Gneisenau, im Film deutlich werden. Die Bauerntochter Maria, neben Nettelbeck die tragende Filmfigur, verkörpert die Idylle und deren heroische Zerstörung; Maria ist das „Volk", das den Krieg nicht mag, aber am unerbittlichen Schicksal „groß" wird. In Anspielung auf den Luftkrieg 1943/44 hat Nettelbeck im Film zu sagen: „Unsere Häuser können verbrennen, unsere Erde bleibt!" Oder am Filmende: „Das Größte wird nur unter Schmerzen geboren ..."

Am Ende von „Kolberg" müsse, so Goebbels, die „Volksgemeinschaft" stehen, wonach jeder Preuße und Deutsche, ob in Zivil oder in Uniform, ein Soldat des Reiches sein solle.

154

Harlan erläutert Ende 1943 auf einer Pressekonferenz: „Und so wird denn dieser Film zwar auch ein Denkmal für Gneisenau und Nettelbeck sein und ein Denkmal für die Bürger von Kolberg, doch vor allem soll er ein Denkmal dafür werden, wie wir Deutschen heute sind."

Das Drehbuch schreibt Harlan gemeinsam mit Alfred Braun, was dieser nach 1945 bestreitet. (Der einstige Berliner Rundfunkpionier war 1933 verhaftet worden und nach dreimonatigem Aufenthalt im KZ Oranienburg in die Schweiz, später die Türkei emigriert. 1939 von Emil Jannings, auf Betreiben von Goebbels, nach Berlin zurückgeholt, schrieb er seitdem für mehrere Harlan-Filme, nicht „Jud Süß", die Drehbücher. Nach dem Krieg war Braun von 1947 bis 1949 beim Ostberliner Rundfunk tätig, danach von 1954 bis 1957 Intendant des Senders Freies Berlin.)

Harlan/Braun brauchen nur drei Wochen für das Erarbeiten des Drehbuches. Es basiert offenkundig auf der Autobiographie Nettelbecks, die für die Zeit der Kolberg-Belagerung nur eine geringe Glaubwürdigkeit aufweist.

Freie Erfindungen des Drehbuchs, somit Geschichtsverfälschung, sind vornehmlich: Kommandant Lucadou habe dazu geneigt, dem Beispiel der anderen preußischen Festungen zu folgen und zu kapitulieren. Nettelbeck habe sich bemüht, die vernachlässigte Festung auf eigene Faust instandzusetzen. Nettelbeck sei nach Auseinandersetzungen mit Lucadou zum Tode verurteilt worden. Das Mädchen Maria, Nettelbecks Nichte, habe sich zur Königin Luise nach Königsberg durchgeschlagen und Nettelbecks Bitte um einen neuen Kommandanten überbracht. Die englischen Lieferungen von Geschützen und Munition werden entweder verschwiegen oder verdreht. Der verzagte Gneisenau habe an Kapitulation gedacht, worauf der Patriot Nettelbeck vor ihm niedergekniet sei und ihn zu weiterem Widerstand ermutigt habe: „Eher werden wir uns mit unseren Nägeln in den Boden krallen ..." Die französischen Belagerer hätten nach Meuterei ihrer Offiziere, die am Widerstandswillen der Kolberger Besatzung verzweifelt seien, die Belagerung abgebrochen.

Minister Goebbels schaltet sich in die Arbeit ein und fordert eine „Rahmenhandlung" aus dem Jahr 1813. Dem wird entsprochen. Goebbels' künstlerisch geschickter „eigener Einfall" (Harlan) sieht so aus: Der Film beginnt damit, daß Gneisenau dem zögernden

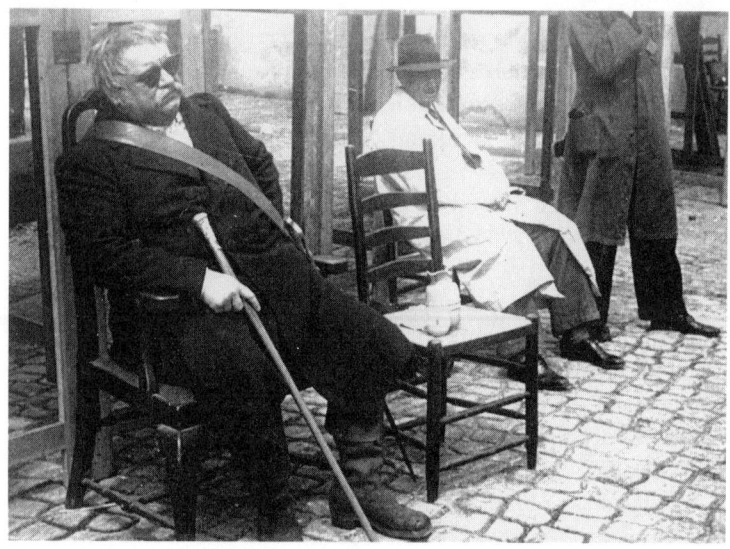

Außenaufnahmen in der Stadt Kolberg, 1944. Heinrich George während einer Drehpause.

König Friedrich Wilhelm III., vor dessen Aufruf zum Befreiungs-krieg, in beschwörenden, fast unbotmäßigen Worten das Kol-berg-Beispiel vor Augen führt. (Auch diese Szene ist frei erfunden, also unhistorisch – ebenso wie ein Auftritt von Prinz Louis Ferdi-nand von Preußen im Film, dieser war bereits vor der Kol-berg-Belagerung am 10. Oktober 1806 bei Saalfeld gefallen.)

Die Filmmusik (von Norbert Schultze) beginnt mit dem Lied des Freiheitsdichters Karl Theodor Körner von 1813: „Das Volk steht auf, der Sturm bricht los!" Diesen Text hatte Goebbels, zugespitzt, auch am 18. Februar 1943 als Schlußappell in seiner Rede bei der Verkündung des Totalen Krieges im Berliner Sportpalast über-nommen: „Nun, Volk steh' auf – und Sturm brich los!"

Hauptteil des Films sind drei gewaltige Schlachten-Sequenzen mit eindrucksvollen, von Harlan glänzend inszenierten Massen-szenen.

Der Film endet mit dem berühmten Breslauer Aufruf des Königs „An mein Volk" vom 17. März 1813. Dieser Filmschluß soll den Blick auf die Völkerschlacht bei Leipzig, den Sieg über Napoleon, die

Szenenfoto aus „Kolberg" mit Paul Wegener (Lucadou) und Horst Caspar (Gneisenau).

Befreiung Deutschlands lenken. Die schmachvollen sechs Jahre von 1806 bis 1812 werden verwischt, weil „Kolberg 1807" direkt auf „Breslau 1813" projiziert wird. So wird aus dem verlorenen Krieg von 1806 der „Endsieg" von 1813/1815.

Die Besetzungsliste ist, wie in jedem Harlan-Film, erstrangig: Horst Caspar (Gneisenau), Gustav Dießl (Schill), Heinrich George (Nettelbeck), Kurt Meisel (Claus), Irene von Meyendorff (Königin Luise), Jaspar von Oertzen (Prinz Louis Ferdinand), Kristina Söderbaum (Maria, Tochter des Bauern Werner), Jakob Tiedtke (Reeder), Paul Wegener (Lucadou), Otto Wernicke (Bauer Werner) u. a.

Drehzeit für den Ufa-Farbfilm war vom 22. Oktober 1943 bis zum August 1944. Die Atelieraufnahmen entstanden in Babelsberg, Außenaufnahmen in Kolberg, Königsberg, Berlin und Umgebung (so in Groß Glienicke, wo man für die Szenen der Zerstörung das historische Kolberg teilweise nachbaute).

Vor Drehbeginn erklärt Harlan in einer Ansprache, er mache diesen Film „im Auftrag unseres geliebten Führers", seine flammende Rede endete routinemäßig, wie üblich, mit dem dreifachen „Sieg Heil!"

1943, mehr noch 1944 verlangt das Propagandaministerium, angesichts des immer knapper werdenden Materials, von den Filmleuten größtmögliche Sparsamkeit und technische Vereinfachung. Alle Einschränkungen dieser Art werden jedoch für Harlan und seinen „Kolberg"-Film außer Kraft gesetzt.

Goebbels hat (im Einklang mit Hitler?) Harlan ermächtigt, „soweit erforderlich alle Dienststellen von Wehrmacht, Staat und Partei" um Hilfe und Unterstützung zu ersuchen, da der von ihm angeordnete Film „im Dienste unserer geistigen Kriegsführung" stehe. Harlan äußert dazu nach 1945: „Ich hatte Macht über Generale; wenn sie nein sagten, wurde ja gesagt ..." Daher darf Harlan, beispielsweise, soviel Holz requirieren, wie er will, obwohl Holz 1943/44 Mangelware ist. Oder: Für eine Szene erhält Harlan sogar, bewacht von zwanzig Kriminalbeamten, die originale deutsche Kaiserkrone, dazu Zepter und Reichsapfel.

Der Aufwand an Geld, Material, Darstellern und Komparserie ist enorm. Es wirken mit u. a. 250 bespannte Fahrzeuge, 6.000 Pferde, 1.000 Kavalleristen, darunter Kosaken aus der mit dem Reich verbündeten Wlassow-Armee. Kaskadeure stürzen in rasendem Galopp vom Pferd und lassen die übrigen Tiere über sich hinwegfegen. Dazu kommen mindestens 10.000 Soldaten als Komparsen. Dies entspricht einer kriegsstarken Division und fast dem Vierfachen der Kolberg-Besatzung von 1945.

Ende November 1944, nach zehn Monaten Produktionszeit, liegt die Rohfassung des Films vor, die für 90 (statt 2) Stunden reichen würde.

Der Regisseur und Filmhistoriker Hans-Christoph Blumenberg urteilt 1993, „Kolberg" sei dem „besessenen Kino-Monomanen Veit Harlan zu lang, zu wirr, zu gewalttätig geraten", und erläutert, Harlan habe „Kampfszenen von naturalistischer Drastik, über-

hitzte Dialogduelle zwischen todesmutigen Vaterlandsverteidi-
gern, zögerlichen Opportunisten und feigen Krämerseelen zu
einem allzu opernhaften Durchhaltegemälde gefügt. Goebbels
stößt sich an Harlans hemmungslosem Pathos, an den endlosen
Gemetzeln zwischen napoleonischen Truppen und Kolberger
Bürgerwehr, schließlich auch an dem Gewicht, das der Regisseur
der Rolle des pazifistischen Geigers (Kurt Meisel) gegeben hat."

Bevor die Schneidearbeit beginnt, interveniert Goebbels (der
sich große Teile des Materials hatte vorführen lassen), nach Harlan
angeblich mit einem Tobsuchtsanfall, weil ein „pazifistischer Film"
herausgekommen sei. In seinen Memoiren geht Harlan selbstredend nicht auf die oben genannten kritischen Punkte ein, sondern
berichtet, daß Goebbels die Greuelszenen, die vielen Leiden, die
Flucht der Einwohner vor dem Feuer im brennenden Kolberg
mißfallen hätten. (Die Parallele zum Feuersturm in den zerbomb-
ten Städten im Reich mit den Leiden und Opfern der Zivilbevölkerung war zu deutlich.) Es solle dargestellt werden, wie hero-
isch die Menschen alles ertragen, aber was sie ertragen, das solle
nicht gezeigt werden. Dafür sollten die rauchenden Trümmer
Kolbergs von 1807 zum Symbol für den „Endsieg" von 1945 werden. Sogar eine der drei großen Schlachtsequenzen mußte entfal-
len. Harlan vermerkt nach 1945: „Für 2 Millionen RM Grauen ...
wurde herausgeschnitten."

Weil der Film, so Goebbels angeblich, in Resignation statt in Sie-
gesentschlossenheit führe, muß er durch Schnitte und Kürzungen
abgeändert werden. Harlan wird der Filmschnitt aus der Hand
genommen und Wolfgang Liebeneiner anvertraut, einem Meister
der Regiekunst, der sich ebenfalls – wie Harlan – der Gunst
Goebbels' erfreut.

Liebeneiner ist seit 1937 Regisseur sowohl gehobener
Unterhaltungsfilme als auch politischer und dramatischer Filme,
seit März 1938 Leiter der Fakultät Filmkunst der Deutschen
Filmakademie in Potsdam-Babelsberg, seit März 1943 wie Harlan
Professor, seit April 1943 Ufa-Produktionsleiter. Mit seinen
Großfilmen über den „Eisernen Kanzler": „Bismarck" (1940) und
„Die Entlassung" (1942) erntete er höchstes Lob von Goebbels.
Über seinen Euthanasie-Film „Ich klage an" (1941) notierte der
Minister: „Großartig gemacht und ganz nationalsozialistisch".

Nun, im Dezember 1944, kürzt Liebeneiner „Kolberg" nach

Weisungen von Goebbels sowie Reichsfilmintendant und SS-Gruppenführer Hans Hinkel mehrfach, bis Goebbels den Film endlich akzeptiert. Für den Filmschluß fordert dieser noch, den ihm unliebsamen Choral „Ein' feste Burg ist unser Gott", Martin Luthers Trutzlied von 1529, durch das nach 1807 entstandene „Niederländische Dankgebet" zu ersetzen. Auch das geschieht.

Am 26. Januar 1945 wird der Film freigegeben, vier Tage später, am 30. Januar 1945, erlebt er seine Uraufführung – und zwar parallel in der belagerten Atlantik-Festung La Rochelle/Frankreich und in Berlin in den Ufa-Filmtheatern Tauentzienstraße und Alexanderplatz. Mit der Uraufführung am zwölften Jahrestag der „Machtergreifung" soll der Durchhaltefilm „Kolberg" für das NS-Regime seine Weihe erhalten. Was der Propagandaminister seit längerem geahnt hat: An diesem besonderen Tag steht die Rote Armee alllerdings bereits an der Oder, 60 km vor Berlin.

Während die Kopie von „Kolberg" eingeflogen wird, richtet Goebbels einen Funkspruch an Vizeadmiral Ernst Schirlitz, den Festungskommandanten von La Rochelle: „Der Film ist ein künstlerisches Loblied auf die Tapferkeit und Bewährung, die bereit ist, auch die größten Opfer für Volk und Heimat zu bringen ... Möge der Film Ihnen und Ihren tapferen Männern als ein Dokument der unerschütterlichen Standhaftigkeit eines Volkes erscheinen, das in diesen Tagen eines weltumspannenden Ringens, eins geworden mit der kämpfenden Front, gewillt ist, es den großen Vorbildern seiner ruhmvöllen Geschichte gleichzutun..." Der Festungskommandant antwortet nach der Vorführung, man sei „tief beeindruckt von der heldenhaften Haltung der Festung Kolberg und ihrer künstlerisch unübertrefflichen Darstellung", und gelobe Einsatztreue. (La Rochelle wird sich bis zum Kriegsende halten.)

Im „Völkischen Beobachter", Zentralorgan der NSDAP, vom 31. Januar 1945 schreibt „J. Sch." (das Kürzel ist nicht mehr aufzulösen) über die Berliner Uraufführung von „Kolberg" u. a.: Kolbergs „zähe Beharrlichkeit" habe „über eine übermächtige Belagerung in letzter Stunde obsiegt ... Unsichtbar aus einem bleibend gültigen Hintergrund erhebt sich die Beziehung zu unseren Tagen, gespenstisch mitunter in einem Blick, in einem Wort wie auf heute gemünzt. Doch wurde der Historie keine Gewalt angetan, und außer der Erfindung des Rankwerks menschlicher Schicksale ist alles Wahrheit, was wir sehen." Der VB-Rezensent zieht nach-

drücklich die Parallele zu 1945: Man vermeine, „in der Zügello-
sigkeit der fremden Soldateska die Willkür der bolschewistischen
Gewalt zu ahnen, im Brand der alten Bürgerhäuser das Flam-
menmeer unserer gepeinigten Städte zu sehen, unter dem Marsch
der fremden Bataillone das Pommernland so schmerzlich wie den
Boden unserer ostdeutschen Provinzen unter den Stiefeln der
Sowjetararmee stöhnen zu hören." Weiter meint er, man verlasse
den „Kolberg"-Film nicht ohne die Gewißheit, „daß ein zäher Glaube an das gute Recht der eigenen Sache endlich doch die Übermacht
besiegt." Regisseur Veit Harlan „sei damit aller Mühe gedankt, die
aus dem Namen einer Stadt den Film vom Beispiel unserer Zeit
machte."

„Kolberg" erhält folgende höchste Prädikate: Film der Nation,
staatspolitisch und künstlerisch besonders wertvoll, kulturell und
volkstümlich wertvoll, anerkennenswert, volksbildend, jugend-
wert.

Mit 8,5 Millionen RM Produktionskosten, dem Sechsfachen
eines normalen Spielfilms, ist „Kolberg" der teuerste Ufa-Film seit
„Metropolis" (1926) des berühmten Fritz Lang und der teuerste Film
des Dritten Reiches überhaupt. Angesichts der auf dem Reichs-
gebiet näherrückenden West- und Ostfront, gelangt „Kolberg" in
den letzten drei Monaten des Dritten Reiches nur noch in wenige
Filmtheater. Vom Propagandaministerium sind, zwecks dringlicher Vorführung, Kopien u. a. am 5. Februar 1945 für das in Kürze
eingeschlossene Breslau, am 20. Februar für das seit längerem eingeschlossene Königsberg bestimmt. Über die Reaktion der dortigen Kinobesucher wird in Berlin nichts bekannt. „Kolberg" hat
gewiß nicht die von Joseph Goebbels erhoffte aufpeitschende
Wirkung auf „seine" Deutschen – ausgenommen bei Hitler-Treuen
und bei gläubigen Hitlerjungen.

Am Vormittag des 17. April 1945 ist die am Vortag durch die
Heeresgruppe Schukow begonnene Oder-Schlacht im Vorfeld
Berlins verloren. Nachdem Schukows Truppen, auch bedingt durch
schwere Führungsfehler, zunächst den Durchbruch gegen ver-
zweifelten Widerstand der 9. Armee nicht haben erzwingen kön-
nen, fassen sie nun an mehreren Stellen auf den Seelower Höhen
Fuß. Die deutschen Truppen sind aufgesplittert und aufgerieben.
Die Verbände der Roten Armee haben den Durchbruch auf Berlin

geschafft. Obwohl die Stäbe die Lage beschönigen, erkennt auch Goebbels das baldige Ende.

An diesem Vormittag versammelt der Propagandaminister etwa 50 leitende Mitarbeiter zur Ministerkonferenz. In seiner kurzen Rede verweist Joseph Goebbels, diesmal in makaberer Ironie, auf den „Kolberg"-Film:

„In hundert Jahren wird man Farbfilme über die jetzt durchlebten schrecklich-gewaltigen Zeiten zeigen ... Jeder von Ihnen hat die Chance, sich die Rolle auszusuchen, die er hundert Jahre später in einem so geschichtlichen, erhebenden Film spielen wird. Bei tapferem Verhalten wird es ein sehr erhebender Film sein. Es liegt an Ihnen, ob in hundert Jahren das Publikum Sie bei Erscheinen auf der Leinwand beklatschen oder auspfeifen wird." Mit diesen Worten nimmt Goebbels Abschied von „Kolberg", seiner Film-Wunderwaffe ...

Zwei Wochen später ist es soweit. Hitler und seine Frau Eva begehen am 30. April 1945, 15.30 Uhr, im Führerbunker Selbstmord; Joseph Goebbels, in letzter Stunde von Hitler zum Reichskanzler ernannt, und seine Frau Magda lassen ihre sechs Kinder vergiften und begehen am 1. Mai 1945, 22.00 Uhr, im Garten vor dem Führerbunker Selbstmord.

Nach der Besetzung Deutschlands wird der Film „Kolberg" von den vier alliierten Militärregierungen für öffentliche Vorführung verboten. Erst am 22. März 1998 wird „Kolberg" wieder, in einem Heinrich George gewidmeten Themenabend, vom Fernsehkanal Arte/ZDF in Originalfassung gezeigt.

Veit Harlan erhält fünf Jahre – faktisch – Arbeitsverbot. Ab 1950 wird er dann wieder insgesamt neun Filme drehen, alle wie früher mit seiner Frau in der Hauptrolle. Sie können jedoch nicht an seine einstigen künstlerischen und kommerziellen Erfolge vor 1945 anknüpfen, zumal sie sich in neuer Zeit an alte Vorbilder anlehnen. Kritiker sprechen sogar von einem „Verfall des Regiehandwerks" bei Harlan. Die Meinung des Publikums über Harlan-Filme ist geteilt; Wiederholungen einiger früherer Filme in „gereinigter Fassung" finden erneut Anklang.

Kristina Söderbaum bleibt nach 1945 ihrem „Gretchen-Typ" mit kindlich hoher Stimme treu. Obwohl seit längerem Harlan entfremdet, hält sie demonstrativ zu ihrem Mann, ordnet sich unter und lehnt auf sein Geheiß Filmangebote aus Italien und Schweden ab. Sie pflegt den todkranken Harlan auf Capri. Nach Harlans Krebs-Tod 1964 fast mittellos, schafft sie sich, mit 52 Jahren, eine neue Existenz als freie Fotografin. Seit 1985 lebt sie in einem Münchener Seniorenheim.

VIII

Kolbergs sechste Belagerung – März 1945

Nachdem man 1873 die Festungswerke geschleift hatte, war Kolberg von 1914 bis 1918 Reservelazarettstadt, 1919 Sitz der Obersten Heeresleitung unter Feldmarschall Paul von Hindenburg. 1933 gab es hier, wie in ganz Pommern (und in Ostpreußen und Schlesien), eine absolute Mehrheit der NSDAP. Beim Judenpogrom 1938 wurde die Synagoge zerstört; aus dem Jüdischen Kurhospital machte man eine Kohlenhandlung, aus der Leichenhalle des jüdischen Friedhofes einen Stall.

1939 befand sich Kolberg mit 823.177 Gäste-Übernachtungen an der Spitze der großen deutschen Kur- und Badeorte. Anmutige Parkanlagen trennten die Altstadt vom langgestreckten Badeviertel mit Dünenpromenade, Sport- und Vergnügungsleben. 1939 soll bei Kolberg, nach Binz auf Rügen, das zweite KdF-Bad Pommerns entstehen. Bis 1944/45 war es auch erneut Reservelazarettstadt.

Die Kolbergerin Tina Georgi beschreibt den Unterschied zwi-

Stadtwappen von Kolberg

164

schen dem im Stadtkern zu 70 bis 100 % bombenzertrümmerten Stettin und ihrer Heimatstadt im Frühjahr 1944: In Kolberg tut sich eine Märchenwelt auf. In den Anlagen und Wäldchen gibt es kühlenden Schatten, die Kurkapelle spielt. Kein Luftangriff, also ruhige Nächte. Viele Erholung suchende Verwundete. In Stettin muß man lange am Hydranten nach Wasser anstehen und wagt nicht, schmutziges Wasser wegzugießen; in Kolberg fließt sogar warmes Wasser in jeder Menge aus der Leitung. Seit August 1944 allerdings wird es in der Stadt bedrückend still. Der gewohnte Kurbetrieb fehlt, das Theater ist geschlossen, es gibt keine Konzerte mehr. Schauspieler und Musiker sind zum „Ostwall"-Bau an der Grenze Hinterpommerns dienstverpflichtet. Immer mehr Luftkriegsopfer, Frauen und Kinder, kommen in der Stadt an.

Im November 1944 wird Kolberg, entgegen weitverbreiteter Darstellung, nicht zur „Festung", sondern nur zum „Festen Platz" erklärt. Indessen gelten Festungsgesetze. Der Wehrmachtführungsstab (WFSt) des Oberkommandos der Wehrmacht (OKW) trifft am 30. Januar 1945, als die Spitzen der Roten Armee an der Oder stehen, eine auch für Kolberg gültige Begriffsbestimmung über „Festungen" und „Verteidigungsbereiche":

Festungen sind zur Rundumverteidigung eingerichtete, festungsmäßig ausgebaute Bereiche oder Ortschaften von operativer Bedeutung, deren wichtigste Verteidigungsanlagen in ständigem Ausbau (Beton, Forts usw.) errichtet sind. Sie sollen verhindern, daß der Feind das durch sie gesicherte, operativ wichtige Gebiet in Besitz nimmt, haben sich einschließen zu lassen, zugleich starken Feind zu binden und dadurch eine der Voraussetzungen für erfolgreiche Gegenoperationen zu schaffen. (Demnach ist Kolberg gemäß OKW-WFSt keineswegs eine „Festung".)

Verteidigungsbereiche heißen Bereiche oder Ortschaften, die nach ihrer militärischen (nicht: operativen) Bedeutung einer Festung gleichzuachten sind, deren wichtigste Verteidigungsanlagen jedoch nicht oder noch nicht durch ständigen Ausbau gesichert sind. Mit der Bestimmung zum Verteidigungsbereich erhalten sie grundsätzlich die gleichen Aufgaben wie Festungen, deren Bestimmungen grundsätzlich auch für sie gelten. (Dies trifft, gemäß OKW-WFSt, auf Kolberg zu.)

Im November 1944 ergeht von Stettin die Anordnung, in Kolberg, unter Ausnutzen des vorgelagerten Sumpfgeländes (eine Erinne-

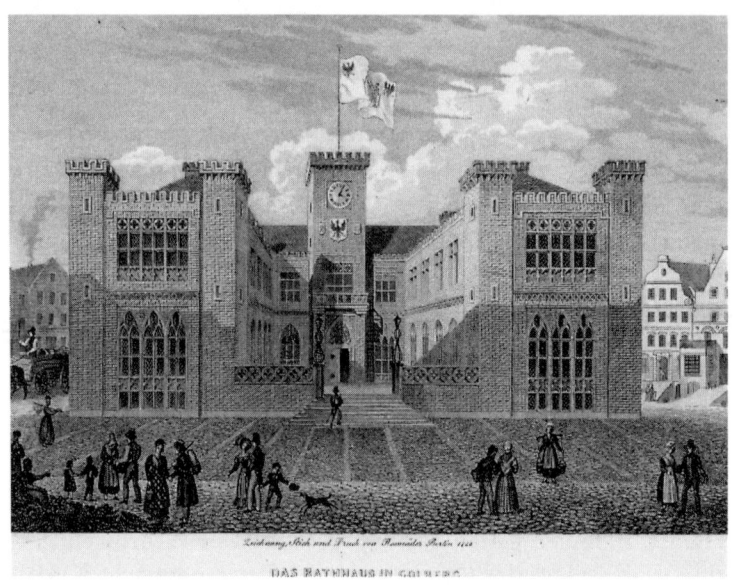

Das nach der Zerstörung von 1807 neuerrichtete Kolberger Rathaus. Stich von 1840.

rung an 1807?), drei „Verteidigungsringe" festzulegen. Ungesagt dabei bleibt: Welche Truppen sollen dieses ausgedehnte Verteidigungssystem besetzen? Diese Stettiner Anordnung bleibt weitgehend Generalstabs-Theorie.

Unter dem Schock des Durchstoßes der Heeresgruppe Schukow an die Oder vor Berlin befiehlt am 3. Februar 1945 das Stellvertretende Generalkommando II. Armeekorps (Ersatztruppenteile) in Stettin den Ausbau einer Kolberger „Stadtrandstellung", das sind leichte Feldbefestigungen am Stadtrand. Für Stellungsbau fehlen 1945 deutsche Arbeitskräfte, so daß man dafür Fremdarbeiter und Kriegsgefangene einsetzt. NSDAP-Kreisleiter Anton Gerriets, seit 1935 im Amt, fordert für die Verteidigung Kolbergs nicht das Muster von 1807, sondern halbkreisförmig, 20 bis 25 km vor Kolberg angelegte „Riegelstellungen". Auch diese nicht unrealistische Idee muß jedoch ohne kampffähige Truppen eine Utopie bleiben.

Seit Mitte/Ende Januar 1945 strömen Flüchtlinge aus Ost- und Westpreußen durch Kolberg in Richtung Westen. NSV und BdM,

Postkarte um 1910.

Der Marktplatz. Aufnahme um 1937.

Der Kolberger Dom, Wahrzeichen der Stadt.

DRK und Arztpersonal betreuen die Flüchtlinge auf den Bahnhöfen des Kreisgebietes mit warmem Essen, Lebensmitteln, Bekleidung, Gebrauchsgütern usw.; Mütter und Säuglinge erhalten Milch. Die Ostflüchtlinge kommen mit Kinder- und Handwagen, Pferde- und Rodelschlitten. Alte Männer, Frauen und Kinder liegen auf Stroh in Notquartieren. Ihre spärlichen, wortkargen Schilderungen, ihre ermatteten Körper lassen die Kolberger frösteln.

Der eine oder andere Kolberger beginnt zu bangen, ob das auch ihm bevorstehen könnte. Da die Ostflüchtlinge Bettsäcke mitführen, machen sich viele Gedanken über eine eigene Flucht. Tina Georgi: „Bis dahin hatte ich keine Vorstellung davon gehabt, wie

Das Merkurhaus aus dem 17. Jahrhundert.

so etwas vor sich geht, an Betten hätte ich nicht gedacht, eher an
ein Hotel, wo man sich aufhalten würde, bis alles [sprich: der Krieg
– d. A.] vorüber war."
Nach späterer Statistik werden in Kolberg, von Ende Januar bis

Anfang März 1945, rund 250.000 Menschen durchgeschleust, untergebracht, verpflegt, ärztlich versorgt. Gleichzeitig werden im Hafen etwa 150 Dampfer und Motorschiffe für Flüchtlingstransporte eingesetzt. Die Deutsche Reichsbahn transportiert Tag und Nacht bis zur Grenze der Leistungsfähigkeit, kann aber nicht mehr Züge abfertigen, als zur Verfügung stehen und von der Strecke abgenommen werden können.

Ende Januar 1945 laufen jeden Tag in Kolberg neue Gerüchte um: „Der Führer ist gestern in Belgard (30 km südöstlich Kolberg) gewesen; das Führerhauptquartier wird hierher verlegt; die neuen Wunderwaffen kommen zum Einsatz!" Oder: „Bei Schneidemühl (an der Grenze Hinterpommerns, 135 km südöstlich Kolberg) wird eine gewaltige Abwehrstellung gebaut, da kommt kein Russe durch, für uns besteht gar keine Gefahr!" Oder: „Der Briefträger hat einen Bruder bei der Eisenbahn; die haben keine Kohlen mehr und heizen die Lokomotiven mit Holz; morgen fährt der letzte Zug!"

Wegen der starken Schneeverwehungen auf Landstraßen und Eisenbahngleisen bleiben immer mehr Flüchtlinge aus Ost- und Westpreußen und aus den hinterpommerschen Kreisen Deutsch Krone und Schivelbein in Kolberg hängen. Immer mehr Menschen mit Gepäck verlassen mit der Reichsbahn die Stadt. Viele Offiziere holen ihre Familien weg. Viele Familien der benachbarten Gutsbesitzer und der Garnisonsoffiziere reisen in von der Wehrmacht zur Verfügung gestellten LKW mit großem Gepäck ab. Wer es irgend möglich machen kann, versucht die Seinen in Sicherheit zu bringen. Im Februar 1945 erinnert die Stadt an einen wimmelnden Ameisenhaufen. Die in Kolberg stationierten Heeres- und Luftwaffen-Einheiten sind abgerückt. Jeden Tag treffen neue Massen von Flüchtlingen und Verwundeten aus Pillau und Danzig ein.

Tina Georgi spricht eine ältere Flüchtlingsfrau an, ob wirklich alles wahr sei, was die Zeitungen über sowjetische Greueltaten schrieben. Die Frau sieht sie eine Weile stumm an, senkt die Augen und sagt leise: „Viel schlimmer!" Darauf entschließt sich auch Tina Georgi zur Flucht. Jeder Zug ist bis zu den Trittbrettern überfüllt. Züge gehen meist im Morgengrauen bei eiskaltem Wetter nur nach Westen ab.

Russen und Polen gedenken Kolberg schnell einzunehmen

Die an der Schlacht um Hinterpommern im Rahmen der Heeresgruppe Rokossowski beteiligten sowjetischen und polnischen Verbände haben den Auftrag, Kolberg schnell einzunehmen. Anschließend soll die 1. Polnische Armee vom Abschnitt Kolberg aus nach Westen hin bis zur Dievenow (Oder-Mündung) und zum Stettiner Haff die Küstenverteidigung übernehmen, also zweitrangige Hilfs- und Deckungsaufgaben im rückwärtigen Gebiet der Heeresgruppe Rokossowski ausführen. Nach dem großen Sieg in der Hinterpommern-Schlacht rechnen weder die sowjetischen noch die polnischen Stäbe mit größeren Kampfhandlungen im Kolberg-Abschnitt. Sie werden sich irren – wie Napoleon im Jahre 1807.

(Nach dem Zweiten Weltkrieg versuchen die Polen, Kolberg über Gebühr aufzuwerten – siehe die Parallele Preußen und vor allem Napoleon 1807 – und scheuen dabei nicht vor Geschichtsverfälschung im Sinne eines polnischen Kolberg-Mythos zurück. So heißt es in einer Darstellung von Michael Zurkowski: Das polnische Heer im Kampf um Pommern, enthalten in dem vom West-Institut in Posen 1949 herausgegebenen Sammelband „Ziemi Staropolski" [Altpolnische Lande], u.a.: „Die stark verteidigte Stadt war von drei Verteidigungsringen umgeben. Kolberg war eine Festung mit zahlreicher Garnison, einer größeren Menge von Waffen und Munitionsvorräten. Viele Gebäude waren zu Widerstandsnestern ausgebaut ..." Das ist polnische Phantasie.)

Warum die aussichtslose Verteidigung von Kolberg?

Die Kolberg-Verteidiger von 1945 klammern sich an Stadt und Hafen in der Hoffnung fest, die Flüchtlingsmassen, welche Kolbergs Einwohnerzahl auf 70.000 und mehr verdoppeln, über die Ostsee zu retten und sodann selbst zu entkommen. Diese doppelte Aufgabe erscheint unlösbar.

Die Kolberger Besatzung sieht sich, wie die von 1807, einer geradezu erdrückenden Übermacht gegenüber: drei Divisionen der 1.

Polnischen Armee und, vor allem, die 272. sowjetische Schützendivision, dazu eine Panzerbrigade, eine Artilleriebrigade, zuletzt
noch ein Werferregiment (Stalinorgeln), dazu Spezialeinheiten.
Insgesamt sind bei den Belagerern 1.254 Geschütze und Granatwerfer eingesetzt. Ungeklärt bleibt leider: Sowjetische Panzer
haben oft deutsch sprechende Besatzungen, die ihren Funkverkehr
in deutscher Sprache führen. Handelt es sich – womöglich – um
Angehörige des „Nationalkomitees Freies Deutschland" an der
Seite der Roten Armee?

Frontsoldaten fürchten die Todesfalle „Fester Platz"

Jede Einschließung ist grundsätzlich eine Krisenlage ersten
Ranges. Sie führt zu erheblichen Verlusten an lebendiger
Kampfkraft, meist auch der Masse des Materials, und setzt die
Kampfmoral der Truppe einer schweren Belastung aus. Der „Kampf
im Kessel" stellt Führung und Truppe bei sehr ungünstigen
Kampfverhältnissen vor höchste Aufgaben. Die Furcht vor sowjet-
ischer Kriegsgefangenschaft befähigt die Truppe im Ostheer beim
Durchhalten und bei Ausbruchskämpfen zu Leistungen, die unter
anderen Gegebenheiten kaum zu erwarten wären.

Die 1945 von Hitler zu „Festungen" erklärten Städte zwischen
Weichsel und Oder sind lediglich „Feste Plätze" im Sinne des befestigten Lagers früherer Jahrhunderte. Wird ein Fester Platz eingeschlossen und abgeschnitten, so ist nach traditionellem militärischen Verständnis zu fragen: Wiegt ein dadurch auftretender
Verlust an eigenen Truppen, Waffen und Gerät den vorüberge-
henden Vorteil des Bindens von Feindkräften auf? Eine solche
Prüfung gibt es bei Hitler nicht. Daß solche Kessel (Feste Plätze)
vor der Front starke Feindkräfte binden, ist nach den Kriegser-
fahrungen umstritten, wenn nicht unzutreffend.

Nur eine zeitlich begrenzte Abschneidung kann eine eigene
Kesselbildung rechtfertigen, wenn der Entsatz der Eingeschlosse-
nen verbürgt ist. Wenn behelfsmäßige Igelstellungen oder Feste
Plätze als „Wellenbrecher" dienen sollen, um vorübergehend
Feindkräfte aufzusplittern und erfolgreiche Gegenangriffe zu
ermöglichen, müssen starke bewegliche Reserven vorhanden sein.

Ist dies nicht der Fall, wie 1945, werden die Besatzungen, im Glauben an einen Entsatz, nutzlos aufgeopfert.

Für den deutschen Soldaten verbinden sich mit „Festen Plätzen", weil als Willensakt Hitlers geborene „Rangerhöhung" einer Stadt oder eines bestimmten Gebietes, höchst ungute Erinnerungen. Denn derartige Feste Plätze sind stets Improvisationen mit dem Wesen des Behelfsmäßigen und mit zufallbedingter Art und Stärke ihrer Besatzungen – so auch Kolberg. „Feste Plätze" gelten daher beim Ostheer, zu Recht, als Todesfallen.

Oberst Fritz Fullriede, ein ungewöhnlicher Offizier

Kolbergs Kommandanten fallen aus dem Rahmen üblicher Offiziersroutine. Man denke für die Belagerungen von 1758, 1760 und 1761 an Heinrich Sigismund von der Heyde, für 1807 an Neidhardt von Gneisenau. Nun, am Ende des Zweiten Weltkrieges, ist es ähnlich. Kampfkommandant Kolbergs ist seit 1. März 1945 der 50 Jahre alte Oberst Fritz Wilhelm Hermann Fullriede, bisher in der OKH-Führerreserve. Weil Hitler, seit 19. Dezember 1941 auch Oberbefehlshaber des Heeres, sich Berufungen auf ihm wichtige Kommandoposten (und Kolberg gilt als solcher) vorbehält, mag er womöglich die Berufung Fullriedes persönlich verfügt haben.

Fullriede, durch Schwerhörigkeit leicht behindert, ist energisch, ideenreich und zielbewußt, aber eigenwillig. Im „Zusammenfassenden Urteil" nennt das Oberkommando der 5. Panzerarmee am 1. März 1943 als Fullriedes starke Seite: „besonders tatkräftig", schätzt Fullriede nicht als überdurchschnittlich ein, sondern nennt ihn: „guter Durchschnitt." Sein Divisionskommandeur hebt in seiner Beurteilung vom 30. Juni 1944 hervor, daß Fullriede ein „besonders aufrechter Mann" sei, der „rücksichtslos seine Meinung nach oben" vertrete – was nicht eben häufig ist. Der Oberbefehlshaber Südwest, Feldmarschall Albert Kesselring, teilt am 4. Juli 1944 das „günstige Urteil" über Fullriede voll und ganz.

Fullriede verfügt über viel Erfahrung in schwierigen Situationen und gute Menschenkenntnis. Er pflegt selbständig zu denken, zu urteilen und zu handeln. Daher auch kennt er, im Unterschied zu den meisten Offizieren, keinen blinden Gehorsam, genannt: „Kadavergehorsam", im Befolgen von Befehlen, sogar von Führer-

173

befehlen. Jenes hohe Risiko nimmt Fullriede wiederholt auf sich und kommt damit – erstaunlicherweise – durch.

Der Lebenslauf Fullriedes ist untypisch. 1895 in Bremen als Sohn eines Postsekretärs geboren, besucht er acht Jahre die Realschule und meldet sich im August 1914 als Kriegsfreiwilliger. Er macht die Feldzüge in Frankreich, Rumänien und Serbien mit und wird dreimal verwundet. Trotz hoher Offiziersverluste befördert man ihn erst bei Kriegsende, im September 1918, zum Leutnant der Reserve. Er wird deshalb so verspätet befördert, weil er nach eigener glaubhafter Darstellung sich mit Vorgesetzten angelegt und sein Hauptmann ihn mindestens zwei Jahre nicht zur Beförderung vorgeschlagen hat.

1919 ist er zunächst mit einem Freiwilligen-Jäger-Bataillon im Grenzschutz in Schlesien. Im November 1919 tritt als Leutnant in die Schutzpolizei Bremen ein, reicht aber schon im Mai 1920 seinen Abschied ein. Er hat im März 1920 mit dem Kapp-Putsch, einem rechtsradikalen Umsturzversuch, sympathisiert und kommt mit dem Abschiedsgesuch seiner Entlassung zuvor. Anschließend lebt er auf dem Gut seines Schwiegervaters in Schlesien. Nach finanziellen Schwierigkeiten seiner Familie wandert er 1924 in die ehemalige deutsche Kolonie (1884 bis 1918) Südwestafrika aus, das seit 1920 als Völkerbund-Mandat von der Südafrikanischen Union verwaltet wird. Südwestafrika, mit rund 824.000 qkm anderthalbmal so groß wie Deutschland, ist damals ein nahezu unentwickeltes Land. Die riesigen Entfernungen müssen mit dem Pferd zurückgelegt werden. Fullriede pachtet eine Farm und baut sich eine neue Existenz auf. Er kann viel Vieh verkaufen und einige Zeit später eine eigene Farm im Raum Windhuk erwerben.

Was nicht in seiner militärischen Personalakte steht: Fullriede wird Reserveoffizier in der Armee der Südafrikanischen Union und tritt als Gauführer des Deutschen Bundes und als Kreisführer der NSDAP in Südwestafrika hervor. Er gehört damit der Auslandsorganisation der NSDAP an. Beides wird für ihn nach Kriegsende 1945 Folgen haben.

1934 beantragt Fullriede beim Reichsinnenminister seine Rehabilitierung nach dem erzwungenen Abschied aus dem Polizeidienst, was nun als „nationale Tat" gewürdigt wird. Im Juni 1936 stellt ihn die Schutzpolizei Bremen als Hauptmann ein – ein kluger Schachzug für seine angestrebte Reaktivierung in der

Wehrmacht. Im Juli 1937 übernimmt ihn die Wehrmacht als Hauptmann. Nach dem Polenfeldzug wird er im Dezember 1939 Major. Den Frankreichfeldzug macht er als Bataillonskommandeur in einem Infanterieregiment mit. Bei Beginn des Rußlandfeldzuges wird er im Juli 1941 schwer verwundet und verbringt anderthalb Jahre in der Heimat. Seit 1942 Oberstleutnant, versetzt man ihn im Februar 1943 nach Nordafrika. Die Heeresgruppe Afrika muß schrittweise ganz Libyen aufgeben und sich nach Tunesien zurück-kämpfen. In der Mareth-Stellung in Tunesien befehligt Fullriede in der 5. Panzerarmee eine „Kampfgruppe Fullriede" in Regiments-stärke. Bei Kairuan, 110 km südlich Tunis , sperrt seine Truppe einen Paß, um den Vormarsch der Engländer aufzuhalten. Dort soll er ein Munitionsdepot sprengen, verweigert aber den Befehl, weil sonst Kairuan, eine heilige Stadt des Islam und bedeutender Wallfahrtsort der Muslime, in die Luft geflogen wäre. Nachdem die Truppen, dank der erfolgreichen Paßsperrung Fullriedes, nach Tunis durchkommen, zeichnet man ihn am 11. April 1943 mit dem Ritterkreuz aus.

Mit einem Teil seiner Kampfgruppe wird er, vor der bevorste-henden Kapitulation der Heeresgruppe Afrika, vom Brückenkopf Tunis nach Sizilien ausgeflogen und ist, im Mai 1943, Kommandeur des Infanterieregiments „Sizilien" in Fontanezza. Im August 1943 wird Fullriede zum Oberst befördert. Im Jahr 1944 kämpft er an der Italienfront. Bei Rom verweigert er erneut einen Befehl: Er soll in Piglio Geiseln erschießen, tut dies aber nicht.

Seinen Vorgesetzten ist bekannt, daß Fullriede, in Sicht Pre-torias, fahnenflüchtiger südafrikanischer Reserveoffizier ist; die Engländer sollen ein Kopfgeld von 5.000 Pfund auf sein Ergreifen ausgesetzt haben. Daher nimmt man ihn, angesichts in Italien ein-gesetzter südafrikanischer Truppen, in die zweite Linie. Im Juli 1944 sitzt Fullriede, streng abgeschirmt, mit gefangenen Angehö-rigen der 6. südafrikanischen Panzerdivision zusammen und tauscht mit ihnen Erinnerungen aus.

Ende 1944 wird Fullriede nach Warschau kommandiert und tritt dann zur OKH-Führerreserve – bis zu seiner Verwendung als Kolberg-Kommandant.

In Kolberg heißt es im März 1945 bei seinen Widersachern, meist in der NSDAP-Kreisleitung, Fullriede sei „Vertrauensmann" der NS-Führung und stelle gern wichtigtuerisch sein gutes Verhältnis zu Hitler heraus. Fullriede hat jedoch, nach eigener Aussage, Hitler persönlich nie gesehen und ihm nie gegenübergestanden.

Man hat Fullriede, im Bann des 1945 fortzuführenden Kolberg-Mythos von 1807, als Besatzung drei Divisionen versprochen, also mindestens 15.000 Mann, wenn nicht mehr, aber daraus wird nichts.

Eine Erklärung Kolbergs zur „Festung" lehnt Fullriede mit Funkspruch an das OKH wegen gänzlich unzureichender Mannschaftsstärke, Bewaffnung und Bevorratung ab. Er setzt sich damit – wiederum – bei Hitler durch. Dieser Funkspruch an das OKH wird irrtümlich nicht mit der Unterschrift Fullriedes, sondern mit der seines la-Majors abgesetzt. Das OKH vermutet „Sabotage" und befiehlt, den Major gefesselt und degradiert an Bord eines Kriegsschiffes zu bringen. Als Fullriede klarstellt, daß er für jene Erklärung verantwortlich sei, wird der Verhaftungsbefehl kommentarlos aufgehoben. Fullriede leistet nicht den üblichen

Titelseite der „Kolberger Zeitung" vom 27. Februar 1945.

„Festungseid", dennoch bezeichnen die Oberkommandos der Heeresgruppe Weichsel und der 3. Panzerarmee Kolberg als „Festung."

Bis 1. März 1945 sind von der befohlenen „Stadtrandstellung" lediglich ein Teil des Panzergrabens und der Infanteriestellung fertig. Fullriede läßt diese Arbeiten an Stellungsbauten sofort einstellen, weil er sie als sinnlos betrachtet. Außerdem gibt es immerhin 16 behelfsmäßige Feuerstellungen für schwere 28 cm-Werfer mit 820 Schuß und Volkssturm-Bedienung.

Weil das Oberkommando der 3. Panzerarmee (sie kämpft inzwischen in der Hinterpommern-Schlacht um ihr Überleben) ihn nicht unterrichtet, hat Fullriede keine klare Vorstellung von der Frontlage. Wichtiger noch: Fullriede weiß nicht, wie er die „offene Stadt" Kolberg, ohne besondere Besatzung, verstopft mit Flüchtlingstrecks, zur Verteidigung einrichten soll. Daher läßt er jeden Uniformierten (Soldat, Gendarm, Parteimann) aufgreifen. Wer nicht in die kämpfende Truppe eingereiht wird, kommt zum Arbeitseinsatz, etwa zum Verbarrikadieren wichtiger Straßen und Plätze.

Am 1. März 1945 ist die Besatzung in Verpflegung zu 85 % bevorratet, in Munition nur für Flak und schwere Wurfkörper. Der Bahnhof ist mit Zügen überfüllt, Weiterfahrt nach Stettin kaum mehr möglich, so daß sich die von Köslin und Belgard kommenden Züge vor Kolberg stauen.

Fullriede fordert am 1. März Kreisleiter Gerriets auf, für Abtransport der Zivilbevölkerung zu sorgen, solange der Fluchtweg zur Oder noch feindfrei ist. Diese Anordnung wird von Gerriets nicht befolgt; er will nicht ohne Weisung seines Schwagers, des Pommern-Gauleiters Franz Schwede-Coburg, handeln. Eine zweite Aufforderung Fullriedes an Gerriets am 2. März bleibt ebenfalls erfolglos – wie zu erwarten.

Das gestörte Verhältnis Fullriede-Gerriets weist auf eine merkwürdige, allerdings umgedrehte Parallele zu 1807 hin. Kommandant Ludwig Moritz von Lucadou hatte 1807 als Gegenspieler und Widersacher den Bürgerrepräsentanten Joachim Nettelbeck samt dessen Anhang in Bevölkerung und Besatzung, er unterlag Nettelbeck. NSDAP-Kreisleiter Anton Gerriets wird 1945 samt Anhang in Partei und Behörden zum Gegenspieler und Widersacher von Kommandant Fritz Fullriede und muß zähneknirschend klein beigeben. Beide werden zu Todfeinden und bleiben es lebenslang.

Anton Gerriets, von Beruf Maler, ist nicht, worauf Einheimische Wert legen, Ostfriese, sondern oldenburgischer Friese. Er stammt aus der Gemeinde Hooksiel, 14 km nordwestlich Wilhelmshaven. 1901, als Gerriets geboren wird, ist Hooksiel ein bedeutungsloses Dorf von 500 Einwohnern an der in den Jadebusen mündenden Jade, seit 1911 mit dem ersten Fremdenverkehr ein Badeort einfachster Art. (Es sollte, viele Jahrzehnte später, 1980 die offizielle Anerkennung als Heilbad erhalten, was Gerriets noch erlebte.)

Gerriets' Geburtsort war nicht immer bedeutungslos, sondern hat eine bewegte Historie. Seit 1603 war Hooksiel wichtigster Hafen des Großherzogtums Oldenburg zwischen Emden und Brake-Unterweser und erlebte, dank kluger Neutralitätspolitik, im Dreißigjährigen Krieg eine Blütezeit. Hooksiel wurde sogar kurzzeitig Schauplatz von Weltpolitik. Am 21. November 1806 verfügte Napoleon in Berlin die Kontinentalsperre gegen England. In allen Häfen des Kontinents sollte die Einfuhr englischer Waren verhindert werden, die Folge war ausgedehnter Schmuggel. Hooksiel stieg zu einem bedeutenden Schmuggelhafen auf und erregt so Napoleons heftigen Zorn. (Weit mehr Bedeutung hatte freilich die 1714 von Dänemark, 1807 von England besetzte Schmuggel-Insel Helgoland, damals „Klein-London" genannt, weil dort 200 englische Kaufleute ihre Zelte aufschlugen.)

Am 1. Juni 1928 tritt Gerriets in die NSDAP ein. Er ist demnach kein Karrierist, sondern verschreibt sich schon früh aus Überzeugung der Hitler-Bewegung. Seit 1. Mai 1935 ist er Kreisleiter in Kolberg. Zum Jahreswechsel 1939/40 baut er im Auftrag des Pommern-Gauleiters die NSDAP-Organisation im neuen Kreis Zempelburg/Wartheland auf.

Am 1. September 1942 begründet der Gauleiter seinen Vorschlag zur Verleihung des Kriegsverdienstkreuzes II. Klasse an den „alten Aktivisten" Gerriets: Er habe seine Aufgaben stets „vorbildlich gelöst" und in der Menschenführung mit dem denkbar kleinsten Kreis von Mitarbeitern „Vorbildliches" zur „vollen Zufriedenheit" des Gauleiters geleistet. Zwei Tage danach, am 3. September, wird Gerriets für vier Monate zum Arbeitsbereich Osten der NSDAP in das Reichskommissariat Ukraine abkommandiert. Wieder zurück in Kolberg, wirkt Gerriets seit 1. April 1943 zusätzlich auch als NSDAP-Kreisleiter des Kreises Belgard.

Was findet Kampfkommandant Fullriede
als Besatzung vor?

Die Besatzung ist an Zahl, Bewaffnung und Kampferfahrung selbst für den engsten Verteidigungsring (Stadtkern) unzureichend. Nach dem Gefechtsbericht Fullriedes vom 20. März 1945 besteht die Besatzung aus zusammengewürfelten etwa 3.300 Mann Heer, Kriegsmarine, Luftwaffe und Volkssturm, davon etwa 2.200 Mann für Infanterie-Kampfeinsatz. Die Stärke der Besatzung beträgt zu keiner Zeit mehr als rund 3.300 Mann und sinkt zeitweise sogar auf 2.800 Mann ab. Es sind, alles in allem, eilig aufgestellte und mangelhaft bewaffnete Kampfgruppen.

Den Kern der Besatzung, weil am ehesten festgefügt, bilden im Kampfabschnitt Ost, Tarnname „Leibjäger", zwei unvollständige Bataillone, das heißt faktisch: ein verstärktes Bataillon des Feld-Ausbildungs-Regiments der 3. Panzerarmee, dafür mit Regimentsstab und Regimentseinheiten, unter dem 50 Jahre alten Oberst Fritz Woller. Er ordnet sich dem gleichrangigen Fullriede anstandslos unter; vielleicht ist Woller sogar froh, nicht Kampfkommandant Kolbergs geworden zu sein.

Die beiden Volkssturm-Bataillone mit etwa 700 Angehörigen im Kampfabschnitt West, Tarnname „Nußknacker", unter dem 58 Jahre alten Kapitän a. D. und Marine-SA-Standartenführer Erhard Pfeiffer, sind nur teilweise bewaffnet. Sie verfügen anfänglich, auch das nur zur Hälfte, pro Gewehr über sieben Patronen; die Volkssturm-Wache an der Freilichtbühne für ihre uralten Gewehre Typ 71 über je eine Patrone. Es fehlt an leichten Infanteriewaffen, sogar an dem bewährten Standard-Karabiner 98k. Vor allem aber fehlen luftgekühlte schwere Maschinengewehre des Typs sMG 42.

Die Kriegsmarine-Alarmeinheit von 380 Mann, Kern: Angehörige der Kolberger Torpedoschule III, im Kampfabschnitt Mitte, Tarnname „Indigo", untersteht dem 46 Jahre alten Korvettenkapitän Waldemar Prien aus Kiel. Sie hat anfangs, außer Handgranaten und 50 Panzerfäusten, nur alte italienische Gewehre mit zwar hinreichender Munition, aber meterweiser Streuung, die zehn veralteten französischen leichten MG fallen bald aus. Dennoch wird sich diese Kriegsmarine-Einheit im Landkampf bewähren und zuletzt, im Mitte- und Westabschnitt, zum Rückgrat der Verteidigung werden. Die italienischen Gewehre werden gegen deutsche Karabiner ausgetauscht, die man teilweise Heeressoldaten abgenommen, teilweise von der Sammelstelle für Waffen und Gerät empfangen hat.

Ferner gibt es kleine Spezialabteilungen, wie Eisenbahner, Pioniere, Nachrichtentrupps und technische Trupps der Stadtverwaltung, so der Telegrafen-Bautrupp, dem es unter größten Schwierigkeiten gelingt, für die Wehrmacht bis zum Schluß den Fernsprechverkehr offenzuhalten.

Außerdem gibt es schwer zu übersehende und zu erfassende, nach Kolberg verschlagene Troßteile mit meist geringer Disziplin und Kampferfahrung, die über ihr Festhalten in Kolberg höchst unglücklich sind.

Die artilleristische Ausstattung ist gering. Fullriede verfügt anfangs lediglich über insgesamt 16 schwere und leichte Flak-Geschütze. Am 2. März treffen acht leichte 10,5-cm-Feldhaubitzen ein. Mit ihrer Schußweite von 10,8 km sind sie die Hauptgeschütze zur Unterstützung der Infanterie. Sie kommen in Kolberg ohne Bedienung, Protzen und Bespannung an. Protzen können beschafft werden. Um wenigstens eine Batterie feuerbereit zu machen, werden von der I.G.-Kompanie zwei Beobachter und fünf Richtschützen und Kanoniere zur Stabskompanie versetzt, die fehlende Bedienung durch Volkssturm aufgefüllt. Außerdem sind acht liegengebliebene, schadhafte Panzer vorhanden.

Diese kaum nennenswerte artilleristische Feuerkraft wird später durch die von den Belagerern wegen ihrer Treffsicherheit gefürchteten mittleren Kaliber der Schiffsartillerie etwas ausgeglichen.

Am 6. und 7. März kommen, wider Erwarten, per Seetransport 100 t Munition aller Kaliber an. Da allenthalben Munitionsmangel herrscht, unterstreicht diese Zufuhr, welche Bedeutung Kolberg höheren Orts zugemessen wird.

An Verstärkungen kommen seit 3. März hinzu: ein Festungs-MG-Bataillon M (M = Magenkranke), ein Panzerzug sowie zwei durch Streifen zusammengeraffte Alarmbataillone aus Versprengten mit schwankendem Kampfwert. Zuletzt treffen versprengte Angehörige französischer Waffen-SS aus dem in Hinterpommern zerschlagenen Belgard-Körlin-Kessel ein. Sie gehören zur 33. Waffen-Grenadier-Division der SS Charlemagne. Dieser Freiwilligenverband ist im November/Dezember 1944 durch Zusammenlegung verschiedener französischer Einheiten entstanden, darunter Anfang 1945 etwa 2.000 Mann Miliz des Pétain-Regimes, das seinen Sitz in Vichy hatte und sich nun im Exil in Sigmaringen befindet. Die Charlemagne-Division wurde im Februar 1945, ohne Artillerie und ausreichende Panzerabwehrwaffen, in Hinterpommern eingesetzt und mit zwei Regimentern aufgerieben.

Vor 138 Jahren, 1807, hatten französische Truppen unter Napoleon Pommern erobert und Kolberg belagert. Nun kämpfen französische Waffen-SS-Freiwillige in Hinterpommern und Kolberg auf aussichtslosem Posten unter starken Verlusten Seite an Seite mit ihren deutschen Kameraden und vernichten mit Nahkampfmitteln Sowjet-Panzer.

Wirrwarr am Tag vor der Einschließung – 3. März 1945

Am 3. März verläßt der letzte Lazarettzug Kolberg, gelangt der letzte Personenzug von Kolberg über Cammin und Swinemünde nach Vorpommern. Alle noch Mitgekommenen sind heilfroh, in letzter Stunde aus der „Mausefalle Kolberg" heraus und in den Westen gelangen zu können.

Angesichts sich nähernder Front erhält am 3. März, 20.00 Uhr, Kreisleiter Gerriets von Fullriede Befehl, die Zivilbevölkerung (Einwohner und Flüchtlinge) zum unverzüglichen Verlassen der Stadt aufzufordern. Bei kaltem Wetter und Schneetreiben setzt panikartige Flucht ein. Die Strandstraße nach Gribow und Westen ist für die Trecks noch feindfrei – niemand weiß, wie lange.

Bei beginnender Einschließung stehen 22 Züge aus Belgard mit Flüchtlingen, Verwundeten und Material aller Art vor dem Bahnhof Kolberg; es gelingt, sie gerade noch hereinzuholen. Diese 22 Züge hätten, in Sichtabstand fahrend, tatsächlich die Oder erreichen können, jedoch die Reichsbahndirektion Stettin verweigert, wegen Überfüllung der Strecken und in Stettin, die Weiterleitung und Abnahme der Züge.

Am Abend des 3. März wird die Besatzung alarmiert. Es herrscht überall unbeschreibliche Konfusion. Kolberg könnte bei geschicktem Ansatz überrumpelt werden. Zwei Momentaufnahmen in der Kaserne an der Gribower Chaussee. Zunächst Hauptfeldwebel

Aufruf an die Bevölkerung Kolbergs.

Der Russe nähert sich Kolberg. Für Stadt und Umgebung Kolbergs wird der Belagerungszustand erklärt. Damit ist die alleinige Befehlsgewalt an den Festungskommandanten übergegangen. Sabotageakte, Plünderungen oder irgendwelche Handlungen, die die Wehrmacht schwächen, werden mit sofortigem Erschießen bestraft. – Sämtliche in Kolberg befindlichen und noch nicht eingesetzten Wehrmachtsangehörigen – außer weiblichen Wehrmachtsgefolge, die keinen gültigen Ausweis der Festungskommandantur besitzen dürfen Kolberg nicht verlassen und melden sich sofort beim Standortoffizier Schillkaserne.

gez. **Fullriede**
Oberst und Festungskommandant.

„Aufruf an die Bevölkerung Kolbergs", 4. März 1945. Mit diesem Plakatanschlag verkündete Kommandant Fullriede den Belagerungszustand.

Hoch: „Wenn der Russe mit fünf Panzern beim Tor des Kasernenblocks hineingefahren wäre, über den Kasernenhof hinweg, dann bei der Wache heraus, wäre er im Nu ungesehen und ungehindert in der Langenbeckstraße gewesen. Wir haben dann noch rasch das erste Tor behelfsmäßig gesperrt." Dann, deutlicher, Unteroffizier Lux: „Nach Alarm war die Kaserne in kürzester Zeit leer. Von unserer Kompanie waren nur fünf oder sechs Mann da. Alles andere war mehr oder weniger getürmt. Es war eine Schande. Keine Führung. Alles lief durcheinander." Dies erwähnt Fullriede später nicht.

Erster Kampfabschnitt – 4. bis 7. März 1945

In der Nacht 3./4. März stößt ein Spähtrupp am Südwestrand Kolbergs auf den Gegner, Einheiten der 45. Garde-Panzerbrigade Schukows. Einige Einwohner erkennen frühzeitig den Ernst der Lage und rufen am 4. März, 3.00 Uhr: „Rette sich wer kann! Der Russe steht vor der Stadt!"

Fullriede verhängt um 4.00 Uhr den Belagerungszustand (er sagt: Standrecht) und läßt dies durch Anschlag bekanntgeben. Damit ist, wie es das Festungsrecht vorschreibt, Fullriede Herr über Leben und Tod von Besatzung und Bevölkerung; ihm unterstehen alle Zivil- und Parteidienststellen. Die ersten Granaten schlagen in Kolberg ein. Dort sind alle Straßen und Plätze, Wege und Eisenbahngleise mit Fahrzeugen aller Art heillos verstopft. Züge, die noch abzufahren versuchen, bleiben nach Abriegelung der Strecke durch die Rote Armee stecken.

Am ersten Kampftag, 4. März, 4.30 Uhr, scheitert der Versuch, Kolberg im Panzer-Handstreich zu überrumpeln, nach Abschuß von sechs Panzern. Deutsche Kampfflugzeuge greifen ein, eine Seltenheit. Darauf ziehen sich die Rotarmisten zurück und fühlen nur mit schwachen Kräften vor. Die Rote Armee geht anschließend zur methodischen Einschließung über.

Warum hält sich der Gegner, zu Fullriedes Überraschung, zurück, da er doch Kolberg unschwer überrennen könnte? Einerseits soll die 1. Polnische Armee, seit 1943 in sibirischen Gefangenenlagern entstanden, die sowjetische 1. Garde-Panzerarmee Schukows auf dem Nebenschauplatz Kolberg ablösen. Andererseits scheint man, aus Prestigegründen, das Nachrücken der 3. und 6. Division der 1. Polnischen Armee aus den Kämpfen in Hinterpommern abwarten zu wollen.

Es verwundert noch mehr: Durchziehende deutsche Panzer und Artillerie werden nicht von Fullriede festgehalten und vereinnahmt, sondern sie erhalten von ihm sogar Erlaubnis zum Auftanken und Weiterfahren nach dem Westen. Dies ist ein unbegreiflicher Führungsfehler Fullriedes.

An diesem 4. März stehen Einheiten der 1. Garde-Panzerarmee an der Küste westlich Kolberg und westlich der Persante bei Belgard und Körlin. Nachdem Schukows Panzer die Landverbindung Kolbergs abschneiden und das Wasserwerk Koppendieksgrund besetzen, hört die Versorgung mit Trinkwasser auf. Dies wird von Tag zu Tag unerträglicher werden. Da in Kolberg kaum Brunnen und Zisternen existieren, muß das Wasser aus der Persante oder der Ostsee gepumpt und abgekocht werden. Statt der von Fullriede für Kinder angeforderten Frischmilch wird Milchpulver über See geliefert.

Die OKH-Tagesmeldung vom 5. März formuliert, Kolberg sei

„umfaßt". An diesem Tag werden erstmals, trotz größten Treibstoffmangels bei der Luftwaffe, Munition und Brennstoff ein- und Verwundete ausgeflogen; ein Beweis mehr für den Rang Kolbergs. An diesem Tag werden die ersten 100 (?) Toten in Kolberg auf Plätzen und in Gärten beerdigt.

Fullriede glaubt nicht, trotz des offenen Seeweges, an eine Rettung der Zivilbevölkerung über die Ostsee, zumal er nicht sicher sein kann, ob genügend Schiffe rechtzeitig herankommen werden.

Die Verpflegung der von 35.000 auf 70.000 verdoppelten Bevölkerung spielt sich verhältnismäßig reibungslos ein. Der Kreisbauernführer schafft mit seinen Helfern die nötigen Lebensmittel herbei. Von Swinemünde und Stettin werden Nährmittel und Dosenmilch für Säuglinge und Kinder über See zugeführt.

Da die Straßen von Osten her – noch – frei sind, strömen weiter Flüchtlingstrecks in die Stadt, verstopfen Straßen und Plätze und werden bis 6. März auf dem Strandweg nach Gribow weitergeleitet, obwohl unbekannt ist, ob der noch feindfrei ist; eine entsprechende Funkanfrage bleibt von Stettin unbeantwortet. Der Fluchtweg liegt aber bereits unter Feindbeschuß und fordert daher viele Opfer unter den Flüchtlingen. Ein deutscher Vorstoß am 6. März nach Westen hat nur teilweise Erfolg.

Der bekannt hohe Grundwasserstand macht, in fast allen Abschnitten, ein Eingraben der Verteidiger unmöglich, weil nach wenigen Spatenstichen sich die Erdlöcher mit Wasser füllen. Daher ist die Besatzung am Stadtrand dem feindlichen Feuer so gut wie deckungslos ausgesetzt.

Momentaufnahme Friedhof Maikuhle. Die 63 Jahre alte Offizierswitwe Margarete Reußner nimmt am Grab ihres Mannes Abschied und ist entsetzt: Tote deutsche Soldaten liegen zwischen den Gräbern, dazu umgekippte Sanitäts-, Verpflegungs- und Munitionswagen sowie hastig ausgezogene Wehrmachtuniformen. Auf dem Teich vor der Friedhofshalle treibt ein totes Pferd, das zuletzt noch ein Fohlen geworfen hat. Zurück auf dem Hubertusweg, findet Frau Reußner in einem verlassenen Treckwagen ein acht bis zehn Wochen altes jammerndes, halb erfrorenes und verhungertes Kind vor; ein Soldat holt es aus dem Treckwagen. Im Brandenburgischen Seehospiz, die Schwestern sind bereits geflüchtet, wird das Kind nicht aufgenommen, dafür jedoch glücklicherweise im Städtischen Krankenhaus.

Am 6. März erläßt Fullriede Befehl hinsichtlich Fahnenflucht; bisher wurden acht Heeressoldaten standrechtlich erschossen. Dieser nicht unwesentliche Vorgang bleibt im Gefechtsbericht Fullriedes unerwähnt.

Im Wehrmachtbericht – jeweils Ereignisse des Vortags aufführend – taucht Kolberg zuerst am 6., dann am 7. und 8. März auf. 6. 3.: „Im Raum südlich Kolberg sind erbitterte Kämpfe mit den gegen die Küste drängenden Angriffsgruppen der Bolschewisten entbrannt." Deutlicher ist die OKH-Tagesmeldung: „Die Festung Kolberg behauptete sich gegen starke Panzerangriffe." Wehrmachtbericht vom 7. 3.: „Im Raum südlich Kolberg stehen eigene Kräfte in schweren Kämpfen gegen sowjetische Panzer." Am 8. 3.: „Vor Kolberg stehen eigene Kampfgruppen in erfolgreicher Abwehr gegenüber starkem Feind." Die OKH-Meldung vom gleichen Tag: „Kolberg erwehrte sich erfolgreich starker Feindangriffe." Daß Kolberg seit vier Tagen eingeschlossen ist, erwähnt der Wehrmachtbericht mit keinem Wort, deutet aber – immerhin – eigene Unterlegenheit an.

Am 7. März, 15.35 Uhr, verbietet ein OKH-Funkspruch das weitere Freikämpfen einer Abschubstraße nach Westen, wie am Vortag versucht, und befiehlt, die eigenen Kräfte zusammenzuhalten, um den Abtransport der Bevölkerung über See zu schützen. Optimisten im Fullriede-Stab mögen sich fragen: Deutet sich, mit dieser OKH-Weisung, bei Hitler womöglich eine tolerierte Räumung Kolbergs nach Erfüllung dieser Aufgabe an? Darüber nachzudenken ist fruchtlos. Schiffe in größerer Zahl für den Abtransport der Zehntausende sind – vorerst – nicht in Sicht. Alle verfügbaren Schiffe leisten Dienst bei der Evakuierung der viel größeren, nach Hunderttausenden zählenden, gestauten Flüchtlingsmassen aus der Danziger Bucht und von Pillau/Ostpreußen.

Nach dem Eintreffen der polnischen 6., dann der 3. Infanteriedivision vor dem Stadtrand und nach Durchstoß westlich und östlich Kolbergs wird am Abend des 7. März der lockere Einschließungsring geschlossen. Die sowjetischen Einheiten operieren ohne Absprache mit den polnischen, es fehlt eine einheitliche und planmäßige Führung. Durch diesen sowjetisch-polnischen Führungsfehler weist die Einschließung Lücken auf. Daher kommen, von Westen her, immer noch Flüchtlinge nach Kolberg hinein.

Panzer, Artillerie, Granatwerfer beginnen zunächst planlos, dann zunehmend systematischer die Altstadt in Brand zu schießen, offenbar um die Besatzung zu zermürben. Das Artilleriefeuer trifft überfüllte Häuser und verstopfte Straßen. Genügend Luftschutzräume für die in Kolberg angestauten Menschenmassen kann es selbstredend nicht geben.

Am 7. März abends kommt es zur nie ganz aufgeklärten „Krapp-Affäre."

Anstelle des aus Lübeck stammenden, seit 1933 im Amt befindlichen und 1944 zur Wehrmacht einberufenen Oberbürgermeisters Dr. jur. Albrecht Wegener hat der Gauleiter und Oberpräsident von Pommern im Januar 1945 den 57 Jahre alten Generalmajor a. D. Oskar Krapp als „Staatskommissar" eingesetzt. Bis dahin ist die Stadtverwaltung ohne kommissarischen Amtsträger ausgekommen; es herrscht kein Verwaltungsnotstadt in Kolberg. Das Motiv für diese Bestallung bleibt dunkel.

Krapp hatte den Ersten Weltkrieg als Artillerie-Hauptmann beendet. Seit 1918/19 zum Großen Generalstab in Berlin kommandiert, eine Auszeichnung, war er seit 1924 im Heereswaffenamt, seit 1934 in Stäben der entstehenden Luftwaffe in Berlin tätig. Wenn Krapp in Stabsstellungen im OKL aufzusteigen hoffte, so sah er sich bitter enttäuscht. 1937 wurde er zum Aufbau des Flak-Schießplatzes Stolpmünde in Hinterpommern, 95 km nordöstlich Kolberg, abkommandiert; er blieb dessen Kommandant bis 30. November 1942, was er als Degradierung empfunden haben dürfte.

Er wird zwar routinemäßig 1941 zum Generalmajor befördert, erhält jedoch kein Frontkommando, bleibt also „Etappengeneral." Anschließend steht er sechs Monate zur Verfügung des Luftgaukommandos III in Berlin. Nach tiefen Meinungsverschiedenheiten mit dem OKL erbittet Krapp seinen Abschied und scheidet am 31. Mai 1943 aus dem Dienst. Das ist mitten im Krieg ungewöhnlich. Ob Krapp ein schwieriger, verbitterter Luftwaffen-General, doch dafür beim Pommern-Gauleiter gut angeschrieben ist, steht dahin. Über die Amtsführung Krapps als Staatskommissar in Kolberg ist nichts bekannt. Am 4. März 1945 jedenfalls sind die Dienstgeschäfte Krapps nicht offiziell, aber faktisch beendet, weil seitdem Kommandant Fullriede Inhaber der vollziehenden militärischen und zivilen Gewalt ist.

Fullriede will sich nur auf seine militärische Aufgabe konzentrieren. Daher beauftragt er mit der Aufsicht über alle nichtmilitärischen Dienststellen den – zwei Tage vor seinem eigenem Eintreffen als Kreiskommandant nach Kolberg geschickten – SS-Oberführer d. R. Heinz Bertling. Mit dem Eintreffen Fullriedes als Kampfkommandant sind dann auch dessen kurzzeitige Vollmachten erloschen.

Als „wahrer Herrscher" in Kolberg fühlt sich indes der 44 Jahre alte Kreisleiter Gerriets, zudem Gauleiter-Schwager (was er in seinem Bericht von 1952 nicht erwähnt). Schon mit dem Fullriede-Vorgänger stand er auf gespanntem Fuß. Gerriets entbindet am Abend des 7. März „im Namen und als Vertreter des Gauleiters" Krapp von seinen Obliegenheiten als Staatskommissar. Ob er das tatsächlich im Auftrag des Gauleiters als Oberpräsident vollzieht, ist unbekannt. Gerriets behauptet, von den Anwesenden unwidersprochen, er habe anstelle Krapps die zivile Verfügungsgewalt übernommen. Dies ist eindeutig Amtsanmaßung. Gerriets beauftragt Krapp, sich mit dem nächsten Schiff nach Stettin zum Gauleiter zu begeben, diesem die Zustände in Kolberg zu schildern (und dabei auch Stimmung gegen Fullriede zu machen?) und nachdrücklich für Zuführung von Schiffsraum für den Abtransport zu sorgen.

Als ehemaligem hohen Offizier müssen Krapp die militärischen Bestimmungen im Belagerungsfall bekannt sein. Oder kennt er sie womöglich nicht? Jedenfalls unterläßt es Krapp, entweder bei Fullriede oder bei Bertling die Ausreiseerlaubnis für seine Stettin-Fahrt einzuholen. Dies ist eine folgenschwere Unterlassung. Meint Krapp gar, er sei beiden sowohl im Alter wie im Rang schließlich übergeordnet? Oder glaubt er naiverweise, anstelle einer Ausreiseerlaubnis genüge der Auftrag des Kreisleiters? Krapps Verhalten ist unverständlich.

Vor dem Betreten des auslaufbereiten Schiffes „Theseus" wird Krapp mit Begleitung von einer Hafenstreife gestellt. Zu dieser Begleitung gehören Vertreter der im Hafen tätigen Behörden und Dienststellen. Wollen sie den Staatskommissar Krapp höflicherweise verabschieden oder, als Krapp-Begleitung, mit an Bord gehen, also sich nach Stettin „verdrücken"? Krapp und seine protestierenden Begleiter werden verhaftet und in den Befehlsstand Fullriedes, damals im Finanzamt, abgeführt. Dort werden sie von einem Gerichtsoffizier kurz vernommen, was auf Kriegsgericht hindeutet, und in der Nacht und am nächsten Vormittag von Posten unter Gewehr bewacht. Da die Inhaftierten am Abend und am nächsten Morgen weder Essen noch Trinken erhalten, teilen die Wachen ihre Verpflegung mit ihnen.

Wie reagiert Fullriede? Er muß Fluchtversuch einsatzfähiger Männer, mithin: Desertion, vermuten und stellt Krapp unter vier Augen energisch zur Rede. Krapp kehrt sehr blaß zu seinen Begleitern zurück, spricht kein Wort, bricht nach wenigen Minuten unter Krämpfen zusammen und stirbt. Alle Anwesenden glauben an einen Herzschlag nach übergroßer Aufregung.

Bald darauf erläutert Fullriede den inhaftierten Krapp-Begleitern, Krapp habe Selbstmord begangen, um dem Standgericht mit Todesurteil und Strang zu entgehen. Die Krapp-Begleiter protestieren heftig gegen Fullriedes Eröffnungen, der sie zwecks weiterer Untersuchung zu Bertling schickt. Bertling bedauert schließlich ihre Verhaftung als „groben Mißgriff" und setzt alle für ihre Hafenarbeit auf freien Fuß.

Fest steht, daß Kreisleiter Gerriets später wiederholt einen Behörden-Kurier nach Stettin entsendet, ohne Ausreiseerlaubnis zu beantragen.

Eine abschließende Beurteilung der „Krapp-Affäre" ist nicht möglich. Die Rolle von Gerriets, Krapp und Bertling bleibt ebenso unklar wie besonders die von Fullriede. Überlebende Beteiligte und sogar deren Kinder ziehen es später vor, an diese Affäre nicht erinnert zu werden und schweigen sich darüber aus.

Zweiter Kampfabschnitt – 8. bis 12. März 1945

Das Anhalten und Zurückziehen der sowjetischen 45. Panzerbrigade am 7. März abends verbucht die deutsche Seite – irrigerweise – als eigenen Abwehrerfolg. Tatsächlich löst das 16. Infanterieregiment der 6. polnischen Infanteriedivision nach einem 40-km-Nachtmarsch die sowjetische Panzerbrigade südwestlich vor Kolberg ab. Die polnische Seite glaubt irrigerweise, man könne die Kolberger Besatzung, bei nur geringem eigenen Kräfteeinsatz, fast mühelos über den Haufen rennen.

Die Belagerungs-Artillerie feuert auf Hafen, Bahnhof, Frontlinien und verursacht erhebliche Verluste. Eine Straße nach der anderen brennt und sinkt in Trümmer. Überall liegen tote Pferde und zerstörte Treckfahrzeuge. Was an Feuer in der Innenstadt nicht von selbst verlöscht, ist nicht mehr zu löschen. Bei der Zivilbevölkerung, Kolberger und Flüchtlinge, greift Panik um sich.

Am 8. März sind die Belagerer allmählich bis in die Außenbezirke Kolbergs vorgedrungen. Nach späterer polnischer Darstellung erbringen die Kämpfe bis 12. März keine größeren Erfolge, denn: „Entgegen aller Voraussicht, zeigte sich die Stadt als starker, mit zahlreicher Besatzung besetzter Widerstandspunkt." Das ist polnischer Kolberg-Mythos.

Die OKH-Tagesmeldung vom 9. März besagt: „Den ganzen Tag über stand die Besatzung der Festung Kolberg in schwerem Kampf gegen den mit Panzerunterstützung von allen Seiten angreifenden Feind. Bis auf kleinere Einbrüche konnten alle Angriffe abgewehrt werden." Der Wehrmachtbericht tags darauf verschleiert die tatsächliche Lage: „Auch im Raum Kolberg blieben zahlreiche feindliche Angriffe ohne Erfolg." Das OKH am 10. März: „Gegen Kolberg führt der Feind weiterhin mit überlegenen Infanterie- und Panzerkräften seine konzentrischen Angriffe. Einzelne Einbrüche wurden in verlustreichen Kämpfen eingeengt."

Obwohl seit 9. März die sowjetische 272. Schützendivision und die beiden polnischen Divisionen im Kampf stehen, gibt es weiterhin keine einheitliche Befehlsführung und kein planmäßiges Angriffsvorgehen. Diese Tatsache wirkt sich etwas entlastend für die Besatzung aus.

Am 10. März fordert Kriegsmarine-Kommandeur Prien von Fullriede: Innenstadt auf kampffähige, aber untätige Heeressoldaten auskämmen! Ähnlich wie Prien, beschwert sich nach 1945 Kreisleiter Gerriets darüber, daß Fullriede es verabsäumt habe, Drückeberger der Wehrmacht aufstöbern zu lassen und an die Front zu jagen. Am 10. März von polnischen Truppen eingebrachte Kriegsgefangene sagen angeblich aus, daß die Zivilbevölkerung sich erfolglos an Fullriede mit der Bitte um Kapitulation gewandt habe.

Ab 11. März, als nur noch eigene fünf 10,5-cm-Rohre feuern, schafft die Kriegsmarine Entlastung. Es wiederholt sich die einstige seeseitige Unterstützung von 1807 durch eine schwedische Fregatte mit 46 Kanonen. Die Geschütze vom Kaliber 12,7 und

15 cm der trotz Luftangriffen auf Reede bleibenden Zerstörer „Z 43", zeitweise „Z 34", dazu das alte Torpedoboot „T 33", verbessern durch ihr wirksames, zielgenaues Feuer auf feindliche Bereitstellungen von Panzern und Infanterie die eigene Feuerkraft und heben die Kampfmoral. Ohne diese Schiffsartillerie wäre ein Aushalten der Besatzung unmöglich. Jener Faktor gerät später bei den Beteiligten etwas in den Hintergrund.

Nach Verebben des Belagerer-Angriffs läuft „Z 34" am 11. März befehlsgemäß nach Swinemünde aus. Zusätzlich zur Besatzung von 320 Mann befinden sich mit Verwundeten mehr als 1.000 Menschen an Bord. (Der Kommandant, Korvettenkapitän Karl Hetz, wird später, 1956, als Fregattenkapitän in die Bundesmarine eintreten. Er steigt 1966 zum Vizeadmiral und Befehlshaber des Flottenkommandos auf.)

Gleichfalls 11. März 1945: An diesem Tag scheut sich Hitler, an der Feier zum Heldengedenktag in Berlin teilzunehmen. Er entschließt sich statt dessen zum Besuch in einem Korps-Hauptquartier der 9. Armee in Neu-Hardenberg, 25 km westlich Küstrin, an der Oderfront. Es ist Hitlers letzte Ausfahrt aus Berlin. Obwohl er wegen der Luftangriffe im unauffälligen VW fährt, wird er von verzweifelten Flüchtlingen und abgekämpften Frontsoldaten erkannt und umdrängt. Allein seine Anwesenheit erfüllt diese Menschen – noch immer! – mit neuer Hoffnung und Zuversicht ...

Inzwischen umlagern in Kolberg seit Tagen Abertausende, meist Frauen mit Säuglingen und Kindern sowie alte Menschen, das unter Artilleriefeuer liegende Hafengelände. Beim Ruf „Schiff in Sicht!" stürzen alle auf die Dämme und Molen. Wer dabei ins Wasser abgedrängt wird, ist meist verloren und ertrinkt. Bei jedem Feuerüberfall laufen nur die hinten stehenden Menschen in Deckung; die ersten Reihen harren aus, bleiben am Kai.

Um den Abtransport zunächst der Frauen und Kinder zu sichern, ist Waffengewalt der Hafenstreife erforderlich. Gegen Plünderer (neben Deutschen auch entwaffnete Letten) und Drückeberger verhängt man die Todesstrafe. Weil auch Männer und waffenlose Soldaten in Frauenkleidung auf die Schiffe drängen, greift die Hafenstreife rücksichtslos durch.

Der Mangel an Trinkwasser wird immer quälender; die Verpflegung für die Flüchtlinge beginnt knapper, die sanitären Verhält-

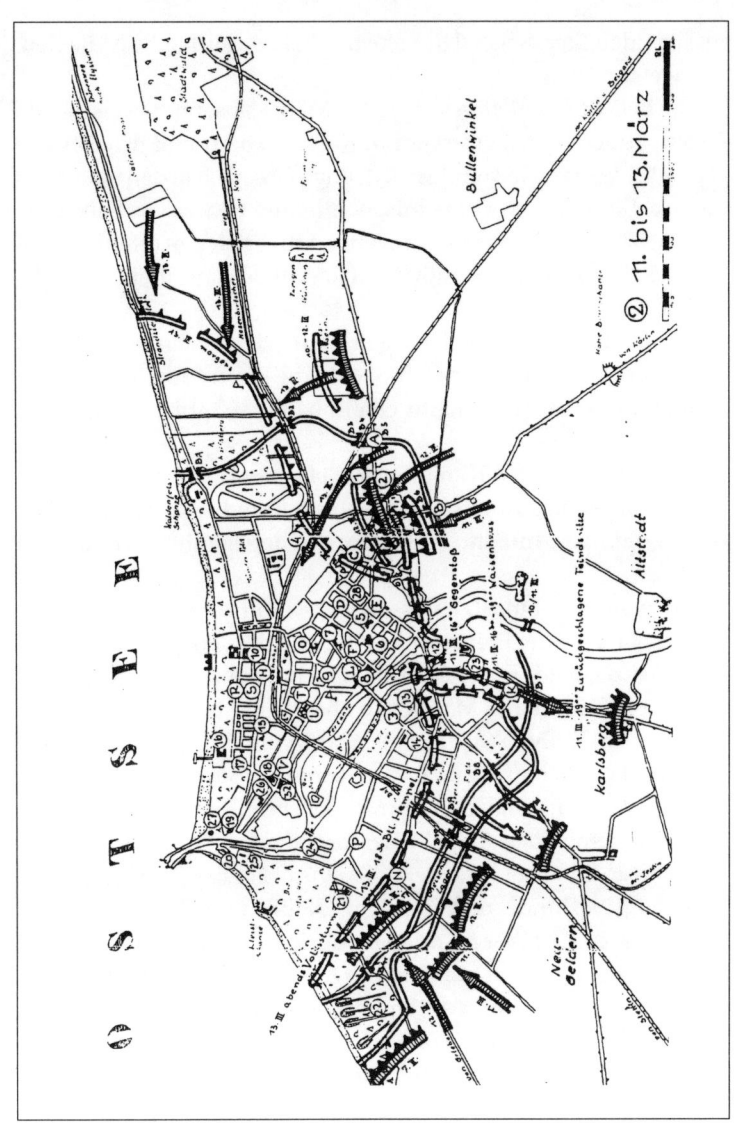

Stand der
Belagerung zwi-
schen 11. und 13.
März 1945.

nisse in den Sammelstellen katastrophal zu werden, was die Seuchengefahr erhöht.

Die Belagerer arbeiten sich seit 9. März – abschnittsweise – von Osten, Süden und Westen her in Kolberg voran und drücken die tapfer Widerstand leistende Besatzung allmählich in den Stadtkern zurück. Einheiten der 2. polnischen Infanteriedivision haben am 11. März große Verluste durch eigenes Artilleriefeuer; offenbar fehlt es den Polen im unübersichtlichen Gefechtsfeld an guten Artillerie-Beobachtern.

Damit der Turm der Georgenkirche dem Gegner nicht als Beobachtungsstelle dienen kann, wird die Kirche durch Stoßtrupp in Brand gesetzt. (1807 hatte Gneisenau den Turm abtragen lassen.)

Weil eigene Pak fehlt, können die Belagerer Haus um Haus systematisch mit Panzern zusammenschießen und sich, nach Ausfall der Verteidiger, mit ihrer Infanterie-Überlegenheit weiter vorschieben.

Kriegsmarine-Einsatzleiter für den Zivilisten-Abtransport ist der 52 Jahre alte Fregattenkapitän Carl Clemens Kolbe aus Leer/Ostfriesland. Er wird für die Flüchtlinge zu einer Schlüsselfigur. Kolbe, bis dahin Marine-Sachbearbeiter beim Wehrbezirkskommando Kolberg, ist am 3. März vom Kommandierenden Admiral Westliche Ostsee in Swinemünde/Seebad Ahlbeck auf Usedom mit dem schnellen Abtransport beauftragt worden. Kolbe löst seine schwierige Aufgabe hervorragend.

Brennstoffmangel reduziert die einsatzbereite Schiffstonnage. Zeitweilig verhindern, außerdem, Nebel und Sturm den Abtransport aus Kolberg und den übrigen hinterpommerschen Kleinhäfen, so daß an manchen Tagen kein Schiff ein- oder auslaufen kann. Die bekannten widrigen Wasser- und Wetterverhältnisse machen die Einfahrt in diese Kleinhäfen vielfach zu einem „seemännischen Kunststück". Nicht alle Handelsschiffs-Kapitäne wirken bei der Rettungsaktion bereitwillig mit. Kolbe spricht später (im Abschlußbericht vom 20. März 1945) davon, daß den Anforderungen nach Schiffsraum „nur unzureichend" entsprochen worden sei und er oft Druck gegen „die sich zum Teil erheblich sträubenden Kapitäne" ausüben mußte, damit sie ihre Pflicht erfüllten.

Es gelingt Kolbe dennoch, stetig Schiffe für die verängstigten, verzweifelten Menschenmassen heranzuholen, zunächst Fahr-prahme, private Fischkutter und sonstige Kleinschiffe, die meist gefährlich überladen auslaufen. Größere Schiffe müssen aus bekannten Gründen die Flüchtlinge weit vor der Hafeneinfahrt auf-nehmen; diese werden mit Kleinfahrzeugen von der Moleneinfahrt her herangebracht. Die Matrosen der Kriegs- und Handelsmarine leisten beim Ein- und Umbooten Hilfe bis zur Erschöpfung.

Später schafft es Kolbe, kleine seefähige Fahrzeuge zu erhalten, die an der Pier beladen werden und sofort auslaufen können. Auf den Rettungsschiffen sterben Flüchtlinge an Erschöpfung; andere springen aus Verzweiflung sogar über Bord. Bei der Einschiffung unter Beschuß, Frauen mit Kindern und Männer über 65 Jahre zuerst, wiederholen sich – immer wieder – Panikszenen: Die hin-ten Stehenden drängen vor und stoßen die Vordersten am Kai ins Wasser.

OKH-Tagesmeldung vom 11. März: „Die Festung Kolberg steht weiterhin in schwerem Kampf gegen den von Süden angreifenden und zum Teil in den Stadtrand eingebrochenen Feind." Der Wehrmachtbericht verschleiert erneut – und letztmalig: „Vor Kolberg brachen wiederum zahlreiche Angriffe des Feindes blutig zusammen." Das OKH am 12. März: „Am Vortag vom Feind erziel-ter Einbruch in den Südostteil der Stadt konnte nicht beseitigt wer-den. Durch anhaltendes starkes Feindfeuer entstanden hohe Verluste bei der eigenen Besatzung. Einsatz von Schiffsartillerie brachte zeitweilige Entlastung."

Auch die polnischen Verbände erleiden vom 8. bis 12. März erhebliche Verluste. Die 3. und die 6. Infanteriedivision verfügen nur noch über ein Drittel ihrer Sollstärken und beantragen drin-gend Verstärkung durch Panzer und Ersatz von Offizieren. Erst auf-grund dieser ernsten Lage wird für die drei polnischen Divisionen ein gemeinsamer Operationsstab geschaffen.

Am 12. März schlagen sich einige erschöpfte Waffen-SS-Angehörige in russischen Watteanzügen und Pelzmützen mit einem erbeuteten T 34-Panzer nach Kolberg durch. Die Belagerer mögen sie für Russen gehalten haben; in Kolberg gelten sie anfangs als NKFD-Angehörige. Sie stehen unter Führung des 30 Jahre alten SS-Hauptsturmführers und Ritterkreuzträgers Walter Girg. Es sind Überlebende einer Gruppe des SS-Jagdverbandes Ost. Dessen Chef ist der weltweit bekannte Haudegen und SS-Standartenführer

d. R. Otto Skorzeny. Er hatte am 13. September 1943 das Ritterkreuz für Mithilfe bei der Befreiung von Benito Mussolini erhalten, am 9. April 1945 sollte für das Halten des Oder-Brückenkopfes Schwedt das Eichenlaub zum Ritterkreuz folgen.

In Verbindung mit der Heeres-Generalstabs-Abteilung Fremde Heere Ost unter Generalmajor Reinhard Gehlen (später von 1955 bis 1968 Präsident des Bundesnachrichtendientes [BND]) und deren teilweise noch intaktem Agentennetz im Osten soll der SS-Jagdverband Ost im Hinterland operieren, etwa Nachschubwege angreifen und Nachrichten über Feindbewegungen und die Lage im Hinterland liefern. Bei ihrem 700 km langen Marsch im Partisanen-Einsatz wird die Kampfgruppe Girg oft von deutschen Frauen im sowjetisch besetzten Gebiet unterstützt.

Der Wehrmachtbericht vom 13. März (für den Vortag): „Die Verteidiger von Kolberg schlugen wiederholte, von Panzern unterstützte Angriffe des Feindes ab." Wie ersichtlich, bemüht sich das OKW, den Kolberg-Mythos von 1807 auf die Kolberg-Besatzung von 1945 zu übertragen.

In der Nacht des 12./13. März wirft die Luftwaffe 80 Behälter mit 9 t Munition über Kolberg ab; es ist nicht sicher, ob sie die Besatzung erreichen.

Dritter Kampfabschnitt – 13. bis 15. März 1945

In der zweiten Belagerungswoche nimmt die Zahl der Drückeberger und Deserteure zu, plündern disziplinlose Troßteile in den Nachtstunden. Einzelne Gruppen von Heer und Luftwaffe verlassen ihre Stellungen. Tapferkeit und Feigheit stehen dicht nebeneinander. Brennende Häuser, selbst einzelne Stockwerke, werden verbissen umkämpft. Die Besatzung schlägt sich teilweise im Nahkampf, ihr Kampfraum verengt sich mehr und mehr.

Tapfere Taten von Frauen, unter Einsatz ihres Lebens, beschämen viele männliche Zivilisten: Frauen löschen Brände, betreuen hilflose Menschen, bergen Verwundete. Daneben gibt es, vor allem unter zusammengebrochenen Frauen, zahlreiche Selbstmorde. Wieviele Menschen (Kolberger und Flüchtlinge) ihrem Leben ein Ende setzen, ist nicht bekannt. Wegen Mangels an Trinkwasser und Milch müssen auch viele Säuglinge und Kleinkinder sterben.

Am 13. März ist die Besatzung auf den Stadtkern zurückgedrängt. Der Volkssturm weist den Angriff im Westabschnitt, erstaunlicherweise, im Nahkampf ab, muß aber nach starken Verlusten auf eine verkürzte Linie zurückgenommen werden. Die OKH-Tagesmeldung vom 13. März: „Festung Kolberg wurde den ganzen Tag über weiterhin von allen Seiten angegriffen und liegt unter dem anhaltenden Feuer der feindlichen Artillerie, Pak und Panzer." Der Wehrmachtbericht dazu: „Kolberg wurde in erbittertem Kampf gegen überlegene Kräfte gehalten." Die „Berliner Morgenpost" zitiert am gleichen Tag Heinz Bertling, irrigerweise als „Kommandant von Kolberg" bezeichnet: „Wir werden solange kämpfen, solange noch ein Schuß da ist und wir noch am Leben sind!"

Am 13./14. März trifft auch die polnische 4. Division ein und kann sich am Sturmangriff an der 6 km langen Front beteiligen. Ihn leitet im Morgengrauen des 14. März ein Trommelfeuer von 645 Geschützen und Granatwerfern aller Kaliber ein. Den einheitlichen, konzentrischen Großangriff unterstützen mehr als 20 Panzer und Sturmgeschütze. Es stürmen drei Viertel der polnischen Infanterie und alle Panzer.

Man verzeichnet tiefe Einbrüche in die Innenstadt, hohe deutsche Verluste und Gegenstöße, erbitterte Häuserkämpfe. Die Belagerer sickern in die eigenen Linien ein. Trotz körperlicher und seelischer Erschöpfung und hoher Ausfälle leistet die Besatzung weiterhin Widerstand. In späteren polnischen Darstellungen heißt es, der deutsche Widerstand sei „unerhört verbissen" gewesen. Gegen 14.00 Uhr ist der Feinddruck aufgefangen, die deutsche Front, oft nur stützpunktartig und unübersichtlich, im großen und ganzen wiederhergestellt.

Ungenügend bewaffneter und verpflegter Volkssturm deckt, unter sehr hohen Verlusten, das Hafenvorgelände. Ohne diesen Volkssturm-Einsatz wäre der Hafen nicht so lange in deutscher Hand geblieben. Es muß daher erstaunen und befremden, daß Fullriede diese Leistung des Volkssturms in seinem Gefechtsbericht vom 20. März 1945 nicht angemessen würdigt.

In der Annahme, der deutsche Widerstandswille sei gebrochen, fordert das polnische Armee-Oberkommando über Funk am 14. März, 15.30 Uhr, den Kolberg- Kommandanten zur Kapitulation auf. Fullriede antwortet lakonisch: „Kommandant hat Kenntnis genommen." Eine zweite Kapitulations-Aufforderung um 16.00 Uhr bleibt ohne Antwort Fullriedes.

Nach polnischer Darstellung habe man das Feuer eingestellt und über die eroberte deutsche Radiostation (wahrscheinlich eine Artillerie-Funkstation) an Fullriede ein Ultimatum gerichtet, die Stadt um 16.00 Uhr zu übergeben. Fullriede habe das Ultimatum zur Kenntnis genommen und gleichzeitig um Verlängerung des Termins um eine Stunde gebeten; dieser Bitte habe man stattgegeben. Da um 16.00 Uhr keine Antwort eingegangen sei, habe man die Aufforderung zur Kapitulation wiederum erfolglos wiederholt.

Darauf folgt konzentrisches, schweres Feuer aller Kaliber auf Stadt und Hafen, jedoch bleiben weitere Angriffe der Belagerer wider Erwarten aus – offenbar unter dem Eindruck der am Vormittag erlittenen starken Verluste. Die psychologisch geschickte NKFD-Lautsprecherpropaganda mit lockenden Versprechen nach einem Überlaufen findet nur geringes Echo. Beim Volkssturm zeigen sich indes vermehrt Auflösungserscheinungen.

In den oberen Stockwerken der einen Straßenseite haben sich Polen und Russen, im Erdgeschoß der anderen Straßenseite die Deutschen eingenistet. Man bekämpft sich mit MPi und Handgranaten. Die Zivilbevölkerung im feindfreien Kolberg ist verzweifelt und wartet in den Kellern verstört auf ihr offenbar nahes Ende.

Der Wehrmachtbericht vom 15. März für den Vortag: „Die Verteidiger von Kolberg hielten unter schwerem Beschuß den anhaltenden Angriffen des Feindes stand und ließen die zweimalige Aufforderung zur Übergabe unbeantwortet." Die OKH-Tagesmeldung besagt demgegenüber: „In Kolberg wurde die geschwächte Besatzung in schweren Kämpfen auf den innerenVerteidigungsring zurückgedrängt und wehrt dort heftige konzentrische Feindangriffe ab. Der gesamte Festungsbereich liegt weiterhin unter schwerem ununterbrochenen Feuer."

An diesem 14. März unterstellt Stalin die eroberten ostdeutschen Provinzen der polnischen Zivilverwaltung und schafft damit vollendete Tatsachen. In Deutschland wird diese Anordnung vorerst nicht bekannt.

Am 15. März lautet die OKH-Tagesmeldung: „In Kolberg halten die schweren Kämpfe im Stadtgebiet an." Die polnische 3.

Infanteriedivision steht am Persante-Bahnhof, die 6. beim Dom. Die deutsche Abwehrkraft kann nicht mehr lange aufrechterhalten bleiben. Der Wehrmachtbericht meldet: „Die Besatzung von Kolberg hält sich, von Seestreitkräften wirksam unterstützt, in aufopferndem Kampf gegen den Ansturm überlegener Kräfte der Bolschewisten." Diese OKW-Wortwahl läßt keinen Zweifel am bevorstehenden Ende des Kampfes; das OKW ist bemüht, noch im Untergang den Kolberg-Mythos zu festigen.

Am Vormittag des 15. März trifft, ohne vorherige Benachrichtigung, das Alarmbataillon Kell aus Swinemünde ein. Es bleibt die einzige Verstärkung von außerhalb. Will sich das Oberkommando der 3. Panzerarmee in letzter Stunde ein Alibi verschaffen? Fullriede will das Alarmbataillon nicht mehr landen lassen: Die Besatzung ist – inzwischen – auf sehr schmalem Raum zusammengedrängt. Bevor Fullriedes Absage die Schiffe erreicht, werden jedoch drei Kompanien gelandet.

Sie bringen nur geringe Entlastung. Diese zusammengeraffte Truppe kennt nicht die Namen ihrer Vorgesetzten und Kameraden. Sie ist nicht an Straßen- und Häuserkampf gewöhnt. Sie findet sich in den Trümmern des Hexenkessels Kolberg nur schwer zurecht und hat hohe Verluste zu verzeichnen. Die Namen der Gefallenen und Verwundeten gehen verloren, da sie nur auf der Sammelstelle erfaßt worden sind. Einige Angehörige des Alarmbataillons Kell tauchen sofort unter. Am Ende des Kampfes existiert das Alarmbataillon nicht mehr.

Vierter Kampfabschnitt – 16. bis 18. März 1945

Am 16. März ist der größte Teil Kolbergs verloren, die Besatzung völlig ausgepumpt. Die OKH-Tagesmeldung vermerkt, die Besatzung kämpfe gegen den bis zur Stadtmitte eingebrochenen Feind.

Während fast alle eigenen Geschütze ausgefallen sind, belegen die Belagerer den Rest des Stadtgebietes pausenlos mit Feuer aller Kaliber. An diesem Tag trifft auch die von Schukow zur Verfügung gestellte 6. Leningrader Raketen- Artillerie-Brigade unter Oberst Lobanow bei den Polen ein. Deren erlahmter Angriffswille wird dadurch erheblich gestärkt. Die Stalinorgeln werden auf alle polnischen Verbände aufgeteilt.

15./16. März 1945: Momentaufnahmen von der dramatischen Rettung der Einwohner Kolbergs auf dem Seeweg (Fotos: Dr. Otto Marquard).

Ebenfalls an diesem 16. März kann die Rettung über die Ostsee abgeschlossen werden. Dank vorbildlicher Leistung der Handels- und Kriegsmarine sind, unter Beschuß, rund 71.000 Zivilisten abtransportiert. Bisher ist noch kein kampffähiger Soldat auf ein Schiff gekommen. Zwei Nachrichtenhelferinnen und eine Wehrmachthelferin hatten freiwillig bis zum letzten Abtransport von Frauen und Kindern bei der Truppe ausgeharrt. Die Rettungsschiffe landen vorwiegend in Swinemünde, Stralsund, Saßnitz/Rügen.

In einem Fernschreiben vom 18. März an den Kommandierenden Admiral Westliche Ostsee teilt der Oberbefehlshaber der Kriegsmarine, Großadmiral Karl Dönitz, zur Kolberger Rettungs- aktion mit: „Improvisierter, erfolgreich durchgeführter Abtrans- port von Truppen, Verwundeten und Flüchtlingen aus Kolberg ist bei der gegebenen Lage von mir als ausgezeichnete militärische Leistung gewürdigt worden. Ich spreche Ihnen und den beteiligten Kommandostellen, Bootsbesatzungen, Landmarineeinheiten mei- ne besondere Anerkennung aus."

Rettung oder Untergang der Kolberger Besatzung stehen auf des Messers Schneide. Am Nachmittag des 16. März zeichnet sich ein gefährlicher Doppelkeil der Belagerer auf den Hafen ab, den Lebensnerv der Besatzung. Polnische Stoßtrupps dringen bis bei- derseits der Hafeneinfahrt vor, werden aber durch gezieltes Feuer der Schiffsartillerie zurückgezwungen. Der Sperriegel vor dem Hafengelände soll durch die Heeresreserve Merkens verstärkt wer- den. Heeres-Stabsapotheker Merkens wird mit 40 Mann aufge- spürt und in den Sperriegel gezwungen, am nächsten Morgen sind sie jedoch nicht mehr auffindbar.

Wäre nicht jetzt, in der Nacht des 16./17. März, der beste und vertretbare Zeitpunkt für Fullriede, den aussichtslosen Kampf abzubrechen und die Besatzung auf die Schiffe zu bringen? Zwar ist der Hafen von allen seefähigen Fahrzeugen geräumt, doch sind tatsächlich in dieser Nacht und am 17. März keine Rettungsschiffe zu erwarten? Könnten sie nicht durch Funkersuchen an Großad- miral Dönitz mit Notrufaktion herbeibeordert werden?

Wie dem auch sei, Fullriede entschließt sich, entweder gezwun- genermaßen oder freiwillig, das Risiko eines weiteren letzten, ver- lustreichen Kampftages einzugehen. Seine Kommandeure jedoch wissen, daß Fullriede die Verteidigung auch ohne oder gegen Befehl

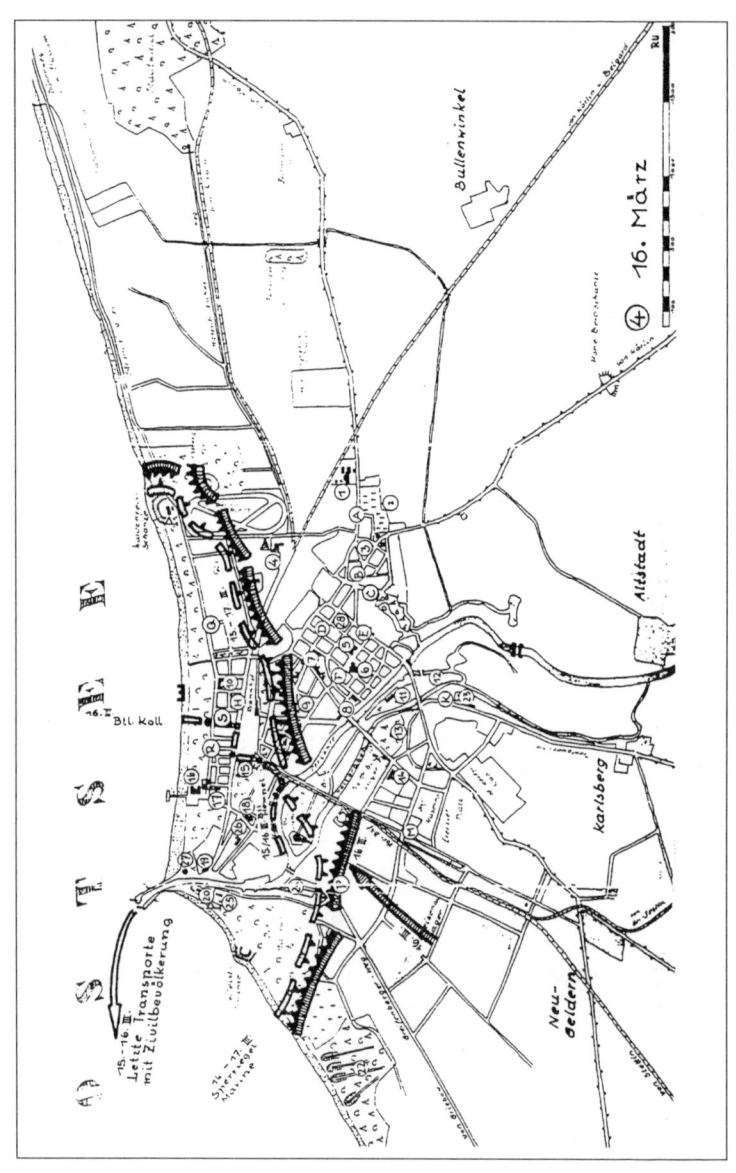

Stand der
Belagerung
am 16. März
1945

200

auf jeden Fall einstellen wird, wenn keine Schiffe zum Abtransport kommen; dann wird es jedem freigestellt sein, sich auf eigene Faust durchzuschlagen. Nach polnischer – unzutreffender – Darstellung habe in der Nacht des 16./ 17. März der „Kriegsrat" Fullriedes beschlossen, die Besatzung „teilweise noch in dieser Nacht" auf dem Seewege zu evakuieren.

Am 16. März, 23.00 Uhr, meldet sich bei Kreisleiter Gerriets der Kommandant eines U-Boot-Jägers mit der Order, ihn und seinen Einsatzstab nach Swinemünde zu bringen. Hat der Gauleiter in Stettin seine Beziehungen spielen lassen, um seinen Schwager aus Kolberg herauszuholen? Gerriets und seine Leute von Partei und Behörden lassen sich jedenfalls in dieser Nacht auf einen auf Reede liegenden Transporter übersetzen. Im Morgengrauen des 17. März verlassen die NS- Hoheitsträger Kolberg und erleben infolgedessen den Endkampf nicht mehr mit. (Gerriets verstirbt 1981 im Alter von 80 Jahren in Wilhelmshaven.)

Das Schicksal von Kreiskommandant Heinz Bertling ist rätselhaft. Man sollte meinen, er sei zwei Tage später, zusammen mit dem Fullriede-Stab, ebenfalls auf ein Rettungsschiff gekommen. Dem ist aber nicht so. Nach einer Irrfahrt im Schlauchboot mit einigen Kameraden gerät Bertling am 18. März in sowjetische Kriegsgefangenschaft. Sein letzter Adjutant aber, August Böhmer, dessen Platz doch an Bertlings Seite sein müßte, gelangt auf das Rettungsschiff. Fullriede scheint sich also für Bertling nicht sonderlich interessiert zu haben (der nach zehnjähriger Kriegsgefangenschaft erst 1955 in seine Heimatstadt Kiel zurückkehrte).

Der Wehrmachtbericht meldet für den 16. März: „Die Verteidiger von Kolberg halten, von Seestreitkräften nachhaltig unterstützt, Stadtkern und Hafen in unbeugsamem Kampfwillen gegen starke feindliche Angriffe." Damit muß das OKW endlich – und erstmals – eingestehen, daß die unterlegene Besatzung auf verengtem Raum eingeschnürt ist.

Am nächsten Tag, 17. März, liegt Trommelfeuer aller Art und Kaliber auf Stadt, Hafen und Strand, dazu kommen zuletzt sogar Flammenwerfer. Die Volkssturm-Linie vor dem Hafen-Sperriegel läuft größtenteils auseinander; die Volkssturm-Führer erklären offen, daß sie keine Gewalt mehr über ihre Angehörigen haben; alles strebt zum Hafen – in der Hoffnung auf Rettung.

Kolberg brennt, die Lage ist hoffnungslos. Später wird Fullriede die „Feuerhölle Kolberg" mit den mörderischen Schlachten des Ersten Weltkriegs um Verdun, Douaumont und an der Somme vergleichen.

Doch wider Erwarten Fullriedes erfolgt am Morgen des 17. März nicht der letzte Sturmangriff, offenbar aus Respekt vor dem teilweise noch verbissenen Widerstand. Dem Endkampf müßte die Besatzung zweifellos erliegen. Es geht jetzt nicht mehr um Tage, sondern um Stunden.

Aber die polnischen Truppen brauchen einen Tag Kampfpause, gruppieren um und bereiten ihren Generalangriff erst für den nächsten Morgen des 18. März vor. (Hier wiederholt sich Geschichte: Die Situation erinnert an den letzten Kampftag in Kolberg am 2. Juli 1807, als die Besatzung nur durch den Waffenstillstand gerettet wurde.)

Am Vormittag des 17. März geht Kriegsmarine-Kommandeur Prien die Stellungen seiner Männer ab und ermutigt sie zum Aushalten, da nur dann Aussicht bestehe, selbst herauszukommen. Seine Marine-Soldaten, stets in vorderster Stellung und praktisch ohne Ablösung und Ruhepause, sind weder durch Rückschläge noch durch schlechte Beispiele anderer entmutigt. Prien fügt in seinem Gefechtsbericht freimütig hinzu: „Neben jetzt guter Bewaffnung spielt hier sicher, auch im Gegensatz zu Heer und Volkssturm, regelmäßige und reichliche Verpflegung eine Rolle." Die Frage bleibt ohne Antwort: Wie schafft es die Kriegsmarine auch in Kolberg, besser als andere Einheiten verpflegt zu werden?

Eine OKH-Tagesmeldung vom 17. März liegt nicht vor, nur der Wehrmachtbericht, wie üblich vom Folgetag: „Die Besatzung von Kolberg erwehrt sich, wirksam durch Einheiten der Kriegsmarine unterstützt, in heldenhaftem Kampf der feindlichen Übermacht." Mit diesen sorgfältig gewählten Worten kündigt das OKW – indirekt – das nahe Ende an. Seitdem schweigt der Wehrmachtbericht über Kolberg ...

Die OKH-Tagesmeldung vom 18. März, offenkundig auf den Vortag bezogen, vermerkt das nahe Ende so: „Die heldenmütigen Verteidiger der Festung Kolberg setzten, in einzelne Gruppen aufgespalten, ihren aufopfernden Kampf fort." Nach deutschen und polnischen Berichten ist der 17. März für die Besatzung „eine wahre Hölle".

In letzter Stunde, am Nachmittag des 17. März, handelt Fullriede auf eigene Verantwortung, entgegen Führerbefehl. Er setzt um 15.35 Uhr einen Funkspruch an das Oberkommando der 3. Panzerarmee ab: „Restbesatzung im Nah- und Häuserkampf. Feind drückt mit Panzern. Widerstand wird stündlich geringer. Beabsichtige, Restbesatzung auf Prahme zu laden, falls noch möglich." Fullriede hat sich seine Worte überlegt. Der Kommandant verzichtet – bewußt – auf jede Rückfrage, ob er Kolberg räumen dürfe, denn die Antwort müßte nur „Nein" lauten. (Heeres-Generalstabschef Generaloberst Heinz Guderian hatte in seiner Dienstanweisung für Festungskommandanten vom 28. September 1944 verfügt: „Die Festung muß sich ... bis zur letzten Patrone verteidigen." Ihr Aufgeben könne „nur mit Genehmigung des Führers und Obersten Befehlshabers der Wehrmacht" erfolgen.)

Überall zurückgebliebenes Hab und Gut der per Schiff geretteten Zivilbevölkerung – ein Chaos. Momentaufnahme vom 16. März 1945 (Foto: Dr. Otto Marquard).

So meldet Fullriede lediglich seine Räumungsabsicht in der Überlegung: Vollendete Tatsachen sind höheren Orts nicht mehr rückgängig zu machen! Die 3. Panzerarmee bestätigt zwar den Eingang des Fullriede-Funkspruchs, gibt aber keine Stellungnahme dazu ab: Man könne Fullriede „wegen Überlastung" nicht antworten. Dies ist erkennbar eine Notlüge; Fullriede versteht ...

Der Oberbefehlshaber der 3. Panzerarmee, General der Panzertruppen Hasso von Manteuffel, bei Hitler wohlgelitten, hat nicht expressis verbis der – entgegen Führerbefehl – von Fullriede beabsichtigten, also eingeleiteten Räumung widersprochen, nach dem Motto: „Keine Antwort ist auch eine Antwort!" Dies ist für Manteuffel ein erhebliches persönliches Risiko, aber damit ist Fullriede, dem man die Entscheidung zuschiebt, mittelbar „von oben" gedeckt.

Fullriede befiehlt die Evakuierung der Besatzung für die Nacht des 17./18. März.

Bis zum Morgengrauen wird die völlig erschöpfte Besatzung auf einen 1.800 m langen und 400 m breiten Strandstreifen zusammengedrängt und ist dort schutzlos dem Feindfeuer ausgesetzt, das sich von Osten, Süden und Westen auf Strand und Hafen konzentriert.

Kampfbeispiel Waldenfels-Schanze: Diese Stellung und damit die Deckung für den Kpstenabschnitt zur Ostsee kann bis zuletzt gehalten werden. Die Verteidiger haben sich in den alten Kasematten eingenistet und jeden Angriff abgeschlagen. Tagelang haben sie als Trinkwasser nur das modrige Wasser aus dem alten Graben an der Schanze. An das aber können sie nur unter Lebensgefahr gelangen, weil sie ständig ständig von Scharfschützen in den Bäumen bei der Freilichtbühne am Wolfsberg belauert werden. Sie verlassen Kolberg mehr tot als lebendig.

Nur die schützende Dunkelheit verhindert den völligen Zusammenbruch der Besatzung. Alle hoffen auf ein Entkommen in letzter Stunde.

Auf Reede liegen die letzten Rettungsschiffe. Es sind die Handelsschiffe „Hestia" und „Nautik", begleitet von den Seeschleppern „Charles Nungesser" (aus Le Havre) und „C 72 S". Zuletzt laufen noch vier Flugsicherungsboote der Luftwaffe an der Ostmole ein.

Der Abtransport der Besatzung liegt unter massiertem Feuer. Die Belagerer müssen die Evakuierung erkannt haben, können aber nur schwach mit Infanterie nachdrücken, um nicht die eigene Truppe zu gefährden – ein entscheidender Vorteil für die Besatzung. Das Absetzen erfolgt, wie von Fullriede befohlen, in zwei Wellen: am 17. März um 24.00 Uhr und am 18. März um 2.00 Uhr.

In dieser Nacht werden runf 5.000 Mann Kampftruppen und Wehrmachtgefolge unter direktem Panzer- und Pakbeschuß mit Booten der Kriegsmarine, Ruder-, Schlauch- und Paddelbooten oder auf Flößen von Strand und Mole abgeholt und an Bord der auf Reede liegenden Schiffe transportiert. Damit sind am Ende rund 76.000 Menschen aus Kolberg gerettet worden. Den Panzer- und Pakbeschuß erwidern die Zerstörer „Z 34" und „Z 43" sowie das Torpedoboot „T 33" mit gemeinsamen Feuerschlägen und decken so das Ablegen der Zubringerboote zu den Schiffen.

Da die Belagerer den Rest der Stadt unter Trommelfeuer halten, Vorbereitung für den morgigen Endansturm, erkennen sie die Räumung erst verspätet.

Als die Kriegsmarine nur noch drei langsame Fährprahme zur Verfügung hat, springt der Luftwaffen-Seenotdienst ein. Die schnellen Boote der Seenotgruppe 81, Standort: Bug auf Rügen, unter dem 35 Jahre alten Oberleutnant Hartwig von Aswegen preschen wieder und wieder an die Seebrücke, um Menschen abzuholen.

Nachdem die Hafenstreife meldet, daß am Hafen kein Soldat mehr sei, meldet sich die letzte Sicherung vor dem Befehlsstand Fullriedes am Kreishaus ab. Darauf will Fullriede mit einigen Begleitern noch einmal mit einer Jolle Strand und Mole abfahren, um sich persönlich von der Räumung zu überzeugen. Seine Jolle bleibt kurz nach Ablegen mit Motorschaden unbeweglich liegen, wird von Land aus beschossen, dann durch ein Verkehrsboot von „Z 34" unter Feindfeuer gegen 4.30 Uhr geborgen und abgeschleppt. Damit ist auch Fullriede mit Stab gerettet.

Als der Tag anbricht, sind alle Rettungsschiffe in Richtung Swinemünde auf See. Kein einziges Schiff der Evakuierungsflotte wird, trotz wiederholter sowjetisch-polnischer Luftangriffe, versenkt.

In der OKH-Tagesmeldung vom 19. März heißt es über Kolberg abschließend in generalstäblerischer Kürze: „Der Kampf um die Festung Kolberg ist beendet. Festungskommandant und Reste der Besatzung haben sich auf einem Zerstörer [was unzutreffend ist – d. A.] eingeschifft."

Ein Polen-Mythos: Verluste von Besatzung und Belagerern

Verfälschung der Kräfteverhältnisse und der Verlustzahlen ist in der Militärgeschichte auf beiden Seiten nicht unüblich, besonders bei Belagerungen. Jedesmal geht es – auf beiden Seiten – darum, den eigenen Sieg zu glorifizieren. So pflegt die Führung der Verteidiger (Besatzung) die eigene Stärke und eigenen Verluste zu

Kolberg und sein Wahrzeichen, der Dom, in Trümmern. Aufnahmen nach der Einnahme durch die Rote Armee am 19. März 1945.

verkleinern, die der Angreifer (Belagerer) zu vergrößern. Umgekehrt pflegt die Führung der Belagerer die Stärke der Besatzung möglichst hoch anzusetzen und die eigenen Verluste entsprechend zu verkleinern, um den Sieg gegenüber der belagerten Festung in möglichst hellem Licht erstrahlen zu lassen.

Wie wirkt sich besagte Tendenz der Kriegsgeschichtsschreibung im Fall Kolberg aus? Sowjetische und polnische Darstellungen pflegen die Besatzung (Wehrmacht und Volkssturm) auf 10-12.000

Mann zu veranschlagen. Mit dieser Phantasiezahl soll das krasse Mißverhältnis zwischen dem Häuflein der Besatzung und der stetig steigenden personellen und materiellen Kampfkraft der Belagerer tunlichst abgeschwächt werden.

In die Kategorie „Siegeslegende", im Sinne eines umgedrehten Kolberg-Mythos, gehören sowjetische und polnische Angaben über etwa 5.000 deutsche Gefallene und Verwundete und etwa 4.000 Kriegsgefangene. Michael Zurkowski spricht sogar von 8.000 deutschen Kriegsgefangenen. Die Behauptungen von zusammen 9.000 gefallenen, verwundeten und gefangenen deutschen Soldaten, mithin nur etwa 1.000 bis höchstens 3.000 Entkommenen, passen in das Bild sowjetischer und vor allem polnischer Darstellungen, sind aber, weil Phantasiezahlen, unzutreffend.

Die Stärke der Besatzung ist, im Einklang mit dem Gefechtsbericht Fullriedes vom 20. März 1945 und Aussagen seiner Kommandeure, mit 3.300 Mann zugrundezulegen. Fullriede nennt als eigene Verluste (Gefallene und Verwundete) 2.300 Mann, davon beim Volkssturm 450 von 700 Angehörigen. Demnach sind fast 70 % der Besatzung Opfer der Belagerung geworden. Fullriede umschreibt diese schlimme Tatsache dahingehend, die Verluste seien laufend durch „Aussieben" unbewaffneter Soldaten und durch das zuletzt über See zugeführte, von Fullriede bekanntlich abgelehnte Alarmbataillon Kell ausgeglichen worden. Der Prien-Bericht beziffert die Verluste der Besatzung an Gefallenen, Verwundeten und Kranken auf „bis zu 40 %", beim Volkssturm „sogar 60 %", exakt: 64 %.

Es muß erstaunen, daß Fullriede weder bei der Wehrmacht noch beim Volkssturm, wie üblich, nach Gefallenen und Verwundeten (und Kranken) aufgliedert, um genaueren Aufschluß über den Blutzoll der Belagerung zu geben. Die Verlustmeldung des Kommandanten Fullriede von 1945 unterscheidet sich in ihrer unpräzisen Art wesentlich von der des Kommandanten Gneisenau im Jahre 1807. Wenn indessen Fullriede einem Verlust von 2.300 Mann die Rettung von rund 76.000 Menschen gegenüberstellt, so hat er recht.

Die Verluste der Belagerer sind, wie 1807, nie offiziell bekanntgegeben worden und bleiben somit ungenannt. Dies ist in der Tat eine unangemessene Art des Umgangs mit den Gefallenen, Verwundeten und Kranken der sowjetisch- polnischen Seite und wird ihrer Leistung nicht gerecht. Warum dies so ist, wissen wir nicht. Zumindest die polnische Seite sollte, wenngleich aus Propagandagründen, ein Interesse daran gehabt haben, die eigenen – hohen – Verluste wahrheitsgetreu zu melden, die bei der „Befreiung" des „uralt-polnischen Kolobrzeg" entstanden waren.

Der Fullriede-Stab hat gewiß Grund dafür, die Feindverluste möglichst hoch zu veranschlagen, um die eigene, von niemand, auch vom Gegner nicht bestrittene Abwehrleistung gebührend herauszustreichen. Die deutsche Seite schätzt die Verluste der Belagerer (Gefallene und Verwundete), zuletzt im Kampf Haus um Haus, mindestens so hoch wie die deutschen, wenn nicht, teilweise, bis zu 50 % der Gefechtsstärke. Dies erscheint zweifelhaft.

Von hohen Verlusten der Belagerer zeugen die großen sowjetischen und polnischen Soldatenfriedhöfe um und in Kolberg. Als Hunderte Kolberger am 16. März 1945 aus der Stadt abgeführt werden, sind alle Leichen der Polen und Russen bereits abtransportiert worden. Ob eine Schätzung von 30 bis 40 % Verlusten der Belagerer der Wahrheit nahekommt?

Die Verluste der Zivilbevölkerung während der Belagerung und nach der Besetzung sind weder zu ermitteln noch annähernd zu schätzen.

Der Wehrmachtbericht schweigt über das Ende Kolbergs

Moskau meldet die Einnahme Kolbergs im Anschluß an einen rühmenden Tagesbefehl Stalins. Der Wehrmachtbericht, der bisher fast täglich über den Kampf um und in Kolberg berichtet hat, schweigt sich über das elende Ende und die Räumung der Stadt völlig aus.

Auf Anordnung Hitlers wird der Fall Kolbergs nicht erwähnt. Über dieses ominöse Schweigen kann sich der einfache Deutsche, der den Wehrmachtbericht zu lesen gelernt hat, selbst seine Meinung bilden. Die Wirklichkeit widerlegt den von der NS-Propaganda genährten und ausgebeuteten Kolberg-Mythos von 1807 samt „Kolberg"-Film von 1944. Weil die Tatsache der Einnahme von Kolberg allem bisher Gesagten widerspricht, hat das Ende Kolbergs nicht zu existieren. Die NS-Propaganda tut seit dem 18. März 1945 einfach so, als habe es niemals eine belagerte, historisch bedeutsame Stadt namens Kolberg gegeben.

Gleiches war bereits im Fall der historisch noch bedeutenderen Stadt Aachen geschehen. Nach siebentägigen, erbitterten Kämpfen fiel Aachen am 21. Oktober 1944, zu zwei Drittel zerstört, in amerikanische Hand. Es war die erste von den Alliierten eroberte westdeutsche Großstadt. Wie meldete der Wehrmachtbericht die letzten drei Tage des Aachen-Kampfes?

Am 19. 10 .1944 hieß es zum „heißen Ringen um Aachen": „Haus um Haus am Stadtrand von Aachen wird erbittert gegen den von Norden, Osten und Süden angreifenden Feind verteidigt." Am 20. 10.: „Die Materialschlacht um Aachen tobt weiter. Die tapfere Besatzung der Stadt fügte in erbitterten Straßenkämpfen den eingedrungenen Amerikanern schwere Verluste zu." Am 21. 10.: „Nach 19 Tagen blutigen Ringens und gewaltigem Materialeinsatz auf engstem Raum zerschlugen die tapferen, aber zusammengeschmolzenen Verteidiger von Aachen auch gestern noch starke Angriffe gegen den Nordrand der Stadt, die durch das wochenlange amerikanische Artilleriefeuer und die starken Luftangriffe umfangreiche Zerstörungen erlitten hat. Um einzelne Häusergruppen tobt noch ein erbitterter Kampf Mann gegen Mann."

Mit der zweimaligen Benutzung des Wortes „noch" signalisierte das OKW das nahe Ende. Nach der – nicht gemeldeten – Kapitulation der Reste der Besatzung am 21. Oktober 1944 schwieg der Wehrmachtbericht fortan über das Ende des Kampfes in Aachen; der Name Aachen wurde nicht mehr erwähnt – wie fünf Monate später der von Kolberg.

Kolberg und Breslau, eine unpopuläre Bilanz

Entgegen dem ebenso künstlichen wie verlogenen Kolberg-Mythos der NS- Propaganda, hat Fullriede nur so lange die Stadt gehalten, bis die Zivilbevölkerung, darunter auch ausländische Kriegsgefangene, gerettet war und die Besatzung gerade noch herausgezogen werden konnte. Der militärisch aussichtslose Kolberg-Widerstand ist daher sinnvoll gewesen. Dies ist, beim Endkampf 1945 im deutschen Osten, ein überzeugendes Beispiel militärischer

Pflichterfüllung in verzweifelter Lage. Fullriede hat den besonders von Goebbels gewollten Kolberg-Mythos, bis zum letzten Mann zu fallen, nicht fortgesetzt, sondern beendet.

Nach 1945 behauptet Fullriede, er habe mit der Verteidigung Kolbergs sowjetische und polnische Verbände gebunden, so daß der vorgesehene Operationsplan gegen Stettin und weiter gegen Berlin habe „zurückgestellt" werden müssen. Das ist eine unverständliche Selbsterhöhung Fullriedes und trifft nicht zu. Es erstaunt, daß Fullriede, dessen Leistung unbestritten ist, zu derartigen falschen Behauptungen greift; das hat er gewiß nicht nötig.

Fullriedes nachträgliches Verhalten erinnert an das ungute Beispiel der Breslau-Verteidiger nach 1945. Die Kampfkommandanten der „Festung Breslau", zunächst Generalmajor Hans von Ahlfen, dann General der Infanterie Hermann Niehoff, sind in ihren späteren Kriegserinnerungen verständlicherweise bestrebt, die opferreiche, 84 Tage während Verteidigung Breslaus militärisch zu rechtfertigen. Sie behaupten allen Ernstes, man habe mit 50.000 Mann Besatzung fast drei Monate lang sieben Front- und sechs Führungsreserve-Divisionen der Roten Armee mit dreifacher Überlegenheit gebunden. Das trifft in der behaupteten Feindbindung nicht zu und will den Hintergrund des Gesamtgeschehens an der Ostfront nicht wahrhaben.

Es ist – so im Fall Breslau – zu fragen: Sollte eine dichtbevölkerte Stadt, und sei es eine Provinzhauptstadt, im deutschen Osten wie Königsberg, Breslau oder Stettin, kampflos der Roten Armee überlassen und ihre Bevölkerung vor dem Leiden der Straßenkämpfe bewahrt werden? Oder sollte eine Stadt – stets mit unzureichender Besatzung – Tage, Wochen, Monate mit hohen Verlusten verteidigt und schließlich doch, nach unsäglichen Leiden und Opfern, dem Sieger überantwortet werden?

Freiwillige Kesselbildung, wie im Fall Breslau, bedeutete 1945 einzig sinnloses Opfern von Truppe und Zivilisten. Zum einen war an Entsatz real nicht zu denken, zum anderen wurden Feindkräfte nicht in einem derartigen Ausmaß gebunden, daß das Opfer der zahlen- und materialmäßig ohnehin unterlegenen Besatzung zu rechtfertigen war. Daher bleibt der Opfergang der „Festung Breslau" militärisch sinnlos. Alle Opfer wurden einem betrogenen Volk abverlangt. Das von Hitler befohlene, von Ahlfen/Niehoff befolgte Weiterkämpfen war kein Heldenkampf, sondern ein schreckliches Verbrechen. Beide Generale befahlen, im Verein mit Gauleiter Karl Hanke, einen großen Teil der Verwüstung Breslaus nach den Gesetzen ausschließlich militärischer Logik.

Eine Verteidigung Breslaus war wichtig und sinnvoll einzig und allein im Stadium des Bewegungskrieges zum Monatswechsel Januar/Februar 1945. Zu diesem Zeitpunkt kommt Breslau, als bedeutendem Verkehrsknotenpunkt, besondere Bedeutung zu. In dieser nur kurzen Phase werden verhältnismäßig starke Feindkräfte um Breslau gebunden und, wichtiger noch, es wird der Aufbau einer neuen deutschen Front in Niederschlesien und vor der Sudeten-Gebirgskette ermöglicht. Daher auch können, unter ihrem Schutz, Abertausende Deutsche in Trecks und Flüchtlingskolonnen den Weg nach Südwesten über das schlesische Gebirge und nach Westen in Richtung Sachsen und Thüringen nehmen. Damit aber ist die Bedeutung der „Festung Breslau" erschöpft. Die Verteidigung Breslaus hat, seit etwa 15. Februar 1945, keinerlei Einfluß mehr auf das Kriegsgeschehen an der Ostfront. Seitdem vermindert sich die operative Bedeutung der Stadt von Tag zu Tag mehr, bis schließlich auf den Nullpunkt.

Doch zurück zu Kolberg. Die Besatzung hat 14 Tage lang – fast pausenlos – einer Übermacht von drei polnischen Divisionen und einer sowjetischen Division nebst schweren Waffen und Teilen der sowjetischen und polnischen Luftwaffe standgehalten, ohne auch nur zeitweilig Ruhe zu finden. Um so erstaunlicher sind die Leistungen der Verteidiger, die weit mehr taten, als von ihnen zu erwarten war.

Ohne eigene Pak wurden 28 Panzer vernichtet, davon zwölf mit Nahkampfmitteln. Hervorzuheben sind der tapfer kämpfende Volkssturm, viele namenlose Helfer, dazu Ärzte, vor allem der selbstlose Einsatz von Offizieren und Mannschaften der Kriegs- und Handelsmarine.

Als Kontrapunkt äußerte Fullriede 1952: „Was ich ... an unglaublicher Feigheit besonders bei der Gestapo, Polizei und Partei-Angehörigen erlebte, behalte ich besser für mich. Den Beweis dafür kann ich aber erbringen." Näheres darüber wird jedoch nicht bekannt.

Kolberg war im übrigen die einzige umkämpfte Stadt, die gehalten wurde, bis die Zivilbevölkerung und Besatzung evakuiert worden waren.

Hitler dekoriert Fullriede, die Briten erpressen ihn

Nach der Räumung Kolbergs wird Fullriede verdächtigt, er habe „nicht entschlossen genug" verteidigt. Die Quelle jener haltlosen Verdächtigung bleibt leider unbekannt. Im Kriegstagebuch des OKW-WFSt heißt es am 19. März 1945 knapp: „Eine Untersuchung läuft." Von einer „Untersuchung" wird Fullriede indes nichts bekannt; man befragt ihn auch nicht.

Kolberg-Kommandant Fritz Fullriede. Aufnahme von 1943, während des Afrika-Feldzuges. (Foto: privat)

Gegen alle Erwartung wird Fullriede von Hitler nicht degradiert, sondern dieser verleiht ihm am 23. März 1945 das Eichenlaub zum Ritterkreuz. Fullriede hat sich Hitlers Gunst erhalten und darf Urlaub antreten.

Fullriede behauptet, er sei mit Wirkung vom 20. April 1945 zum

213

Generalmajor befördert worden. Das mag beabsichtigt gewesen sein, ist aber nicht mehr offiziell geschehen. 1944/45 werden zahlreiche Obersten als Divisionsführer (nicht: Divisionskommandeur) bestellt, ohne den Generalmajor-Rang erreicht zu haben. So ergeht es auch Fullriede. Gleichwohl bezeichnet er sich nach dem Krieg als Generalmajor.

Bei Kriegsende befehligt Fullriede südlich Stettin, an der Oderfront, die Division z. b. V. 610. Das ist, trotz der tönenden Bezeichnung, lediglich eine Polizei-Jägerbrigade aus Volksdeutschen (außerhalb Deutschlands in den Grenzen von 1937 und Österreichs lebende Personen deutscher Volks- und fremder Staatszugehörigkeit), Slowaken, Ungarn usw. mit jämmerlicher Bewaffnung nebst schwachen deutschen Infanterie-Einheiten. Man erhofft sich demnach von Fullriede, er werde diesen „Haufen" schon zu einem kampfkräftigen Verband schmieden.

Fullriede kämpft mit seiner Einheit danach in Vorpommern und Mecklenburg, so am 27. April 1945 als Kampfkommandant von Neubrandenburg. Mit den an die Elbe zurückflutenden deutschen Truppen geht er in britische Kriegsgefangenschaft, wird bald entlassen und ist schon am 4. Mai 1945 bei seiner Kusine in Hanstedt bei Uelzen/Niedersachsen. Dort holt ihn seine bereits geschilderte Südwestafrika-Vergangenheit ein und führt zu einem düsteren, ihn schwer belastenden Abschnitt seines Lebens. Fullriede wird im Dezember 1945 verhaftet und später an Holland ausgeliefert.

Grund ist die sogenannte „Putten-Affäre". Worum geht es hier? Der Ort Putten liegt 20 km nordöstlich Amersfoort und 35 km nordwestlich Arnheim. Anfang Oktober 1944 brannte die deutsche Besatzung, als „Sühnemaßnahme", einen Teil des Dorfes nieder und verschleppte etwa 600 männliche Einwohner in deutsche KZs, aus denen die meisten nicht zurückkehren. Von Fullriede selbst stammt die Darstellung: Er habe den Führerbefehl verweigert, die Gemeinde Putten/Niederlande niederzubrennen. Später habe ihn die holländische Justiz wegen erwiesener Nichtbeteiligung am Kriegsverbrechen in Putten freigesprochen und rehabilitiert.

Der tatsächliche Hintergrund und Hergang der Putten-Affäre sieht ganz anders aus.

Den Hintergrund bildet die Schlacht bei Arnheim seit 17. September 1944 mit alliierten Luftlandetruppen. Der Wehrmachtbefehlshaber in den Niederlanden, General der Flieger und

Pour le mérite-Träger von 1917 Friedrich Christiansen, wird 1948 von einem Gericht der Niederlande wegen angeblicher Kriegsverbrechen zu 12 Jahren Gefängnis verurteilt, jedoch 1951 entlassen. Mitentscheidend für seine Verurteilung ist ein von den Engländern vorgelegtes „Kriegstagebuch" Fullriedes – der nachweislich nie in den Niederlanden eingesetzt war!

Wie kommt es dazu? Die Engländer spüren den lange steckbrieflich gesuchten Fullriede auf. Er ist erpreßbar: ein „Kriegstagebuch" Fullriedes gegen die Aufhebung des Haftbefehls. Der Überfall von Putten, Anlaß für die deutsche Repressalie gegen das Dorf, dürfte von einem englischen Kommando ausgeführt worden sein. Nun folgt also eine finstere, mit Fullriede eingefädelte Machenschaft, die englische Mitschuld an den Putten-Morden vergessen zu machen. Der Stachel dieser erpreßten, von ihm nie zugegebenen Falschaussage muß in Fullriede tief sitzen.

1949 auf freien Fuß gesetzt, kann er mit dem ersten deutschen Schiff 1950 als freier Mann nach Südwestafrika einreisen. Seine Frau stirbt 1952 mit 55 Jahren. Erst im Oktober 1953 kehrt Fullriede nach Deutschland zurück. Seine Farm bewirtschaftet Sohn Fritz mit tüchtiger Schwiegertochter. Fullriede und seine Lebensgefährtin mieten ein kleines Haus im Dorf Borstel bei Bad Oldesloe/Schleswig-Holstein. In den nächsten sechzehn Jahren lebt Fullriede mehrmals für je ein Jahr auf seiner Farm in Afrika; in seiner „zweiten Heimat" blüht er auf. Beim letzten Farmbesuch erleidet er im Januar 1968 einen Schlaganfall und verstirbt ein Jahr später mit fast 75 Jahren in seiner Heimatstadt Bremen. Er bekommt eine militärische Trauerfeier. Sechs Bundeswehr-Offiziere halten die Ehrenwache, ein siebter trägt das Ordenskissen Fullriedes.

Verlorene Heimat Kolberg: Abschied, Trauer, Erinnerung

Kolberg ist zu 90 % zerstört. Es bleibt, unter kilometerhoher Rauchwolke, als verwüstete und brennende Ruinenstadt zurück. Vom mächtigen fünfschiffigen Mariendom, der markantesten Kirche Hinterpommerns, stehen seit dem 9. März 1945 nur noch Chor und Turmstumpf; bald wird der Dom als polnisches Militärmuseum dienen. Sämtliche Brücken sind gesprengt. Der

Bahnhof samt Gleisanlagen ist vernichtet, der Hafen mit Verlade-einrichtungen für längere Zeit unbrauchbar. Wenige Städte im deutschen Osten sind derart zerstört. Der prominente Schriftsteller Hans Werner Richter, Fischersohn aus Bansin/Usedom, Initiator und Leiter der „Gruppe 47", kommt 1956 nach Kolberg. Er findet, neun Jahre nach der Belagerungsschlacht, immer noch eine bis auf die Grundmauern zerstörte Stadt vor. Im Mariendom grasen Ziegen. Neben dem Dom entdeckt er im halbhohen Gras das zer-schlagene Denkmal von Gneisenau und Nettelbeck, „mit ange-schossenen Nasen, ziegenköttelverschmutzt".

Nach offizieller deutscher Darstellung ist „kein transportfähiger Deutscher mehr in Kolberg" zurückgeblieben. Das aber ist nur die halbe Wahrheit. Meist unerwähnt: Zurück bleiben einige tausend Deutsche, die – resigniert oder trotzig – auch nach sowjetisch-pol-nischer Besetzung in ihrer Heimat bleiben wollen oder wegen Alter, Krankheit oder Gebrechlichkeit auf kein Rettungsschiff kommen konnten oder wollten.

Später wird es heißen: Etwa 300 oder mehr Mann seien als „Nachhut", welche die Einschiffung der Besatzung bis zuletzt hätte decken sollen, nicht mehr abtransportiert und von Fullriede „im Stich gelassen" worden. Zu diesem schweren Vorwurf gibt Fullriede zu: Womöglich hätten einzelne Trupps, trotz aller Bemühungen der Einheitsführer in der brennenden Stadt, nicht rechtzeitig benach-richtigt werden können. Dabei könne es sich nicht um Angehörige der kämpfenden Truppe gehandelt haben. In diesem Zusammen-hang meist verschwiegen: Zurück bleibt auch eine unbestimmba-re Zahl von versprengten und desertierten Soldaten. Diese haben sich in Ruinen und Kellern versteckt und verbarrikadiert und müs-sen nun den Marsch in eine ungewisse Kriegsgefangenschaft antre-ten.

Den nach Westen, meist nach Schleswig-Holstein verschlagenen Kolbergern bleibt, nach dem Abschied, nur die Erinnerung an ihre schwer geprüfte, nun endgültig verlorene Heimatstadt. Diese Generation wird ihr Bild nicht vergessen.

Auf Heimattreffen singen die Kolberger unter Tränen, im Gedenken an ihre verlorene Heimat, verhalten das Pommernlied: „Wenn in stiller Stunde Träume mich unweh'n,/bringen frohe Kunde Geister ungeseh'n,/reden von dem Lande meiner Heimat mir,/hellem Meeresstrande, düsterem Waldrevier!/Weiße Segel wiegen sich auf blauer See, weiße Möwen fliegen in der blauen Höh'/blaue Wälder krönen weißer Dünen Sand,/Pommerland, mein Sehnen ist dir zugewandt!"

Die damit angesprochenen Pommernfarben „blau-weiß" werden später nicht mehr so oft auftauchen.

Polnisches Kolberg (Kolobrzeg), polnisches Hinterpommern

Nach ihrem Einmarsch in Kolberg feuern Polen und Russen, in spontaner Siegesfreude, mit Gewehren und Geschützen in die Ostsee. Wer wollte es ihnen verdenken, „davongekommen" und zudem Sieger zu sein? Ihre Siegesfeier dauert drei Tage. Die polnischen Truppen besetzen den gesamten Küstenstreifen. Aber Einwohner und Flüchtlinge müssen mithelfen, in den Dünen Stellungen gegen einen erwarteten deutschen Angriff von der Ostsee her auszuheben. Ist dies nur Erinnerung an 1807, mit der damals von Preußen und Franzosen vermuteten Landung der Engländer gegen Napoleon? Oder traut man gar der Wehrmacht, in ihrer offenkundigen Agonie, tatsächlich ein derartig abenteuerliches Unternehmen zu?

Noch am 18. März 1945 tauchen polnische Truppen, in feierlicher Kundgebung, ihre Truppenfahnen in die Ostsee. Dies ist ein symbolischer Akt dafür, daß Polen Kolberg, nun Kolobrzeg (= Salzstadt) und ganz Hinterpommern in Besitz genommen hat. Seitdem begeht man alljährlich am 18. März die Feier zur „Befreiung Kolbergs" von den Deutschen. Das ist ein später Triumph über die deutsche Glorifizierung der Festungszeit von 1807 und über das 700 Jahre lang deutsche Hinterpommern. (In der deutschen Zeit wurde alljährlich der 2. Juli, Ende der Belagerung von 1807, als Volksfest gefeiert.) Später wird es in Warschau, allen Ernstes, heißen, daß die 1. Polnische Armee (allein) Kolberg erobert habe. Im übrigen: Die deutschen Soldatengräber um und in Kolberg sind alsbald eingeebnet und verschwunden; nichts erinnert heute mehr an sie.

Mit der Räumung Kolbergs ist die Schlacht um Hinterpommern zu Ende. Zwei Tage später, in der Nacht des 19./20. März 1945, wird der Brückenkopf Altdamm auf dem Oder-Ostufer vor Stettin mit

Genehmigung Hitlers geräumt. Nach dem Rückzug der Reste der Besatzung des Stettin-Brückenkopfes ist – fast – der gesamte deutsche Osten in sowjetischer Hand. Abgesehen von der Heeresgruppe Kurland, existieren deutsche Brückenköpfe in Danzig bis zum Fall am 31. März, in der Danziger Bucht, besonders Halbinsel Hela, bis zum 8./9. Mai 1945 und die „Festung Breslau" bis zu ihrer separaten Kapitulation am 6. Mai 1945.

Auf versprengte deutsche Kampfgruppen oder Trupps östlich der Oder macht die Rote Armee Hasenjagd. Das Motto der Rotarmisten heißt: Einfangen! Einkesseln! Vernichten! Viele (die meisten?) jener versprengten deutschen Soldaten werden in sowjetische oder polnische Kriegsgefangenschaft geraten. Versprengte oder Flüchtlinge (Frauen, Kinder, Insassen von Jugendlagern und Mütterheimen, französische Kriegsgefangene usw.) versuchen sich in den Wäldern zu verbergen oder schlagen sich noch Wochen später in den Nächten einzeln oder in Gruppen über die Oder durch.

Besonderes Aufsehen erregt ein Vorfall in Greifenberg, 40 km südwestlich Kolberg. In dieser Kleinstadt (1939: 10.817 Einwohner) sind lediglich Landesschützen, Volkssturm und versprengte Teile der französischen Waffen-SS-Division Charlemagne unter Kampfkommandant SS-Oberführer von Veil. Er läßt Greifenberg am 5. März 1945 in Richtung Cammin räumen. Vom Reservelazarett Greifenberg treffen 60 bis 70 Boote mit einer Ärztin, fünf Krankenschwestern, zwei Sanitätern und 169 verwundeten oder kranken Soldaten und Zivilisten an der Oder ein und werden herübergeholt. Dies dank bewundernswerter Leistung der verbliebenen französischen Ärztin Madeleine P. Sie hat, nach sowjetischer Besetzung Greifenbergs, die Flucht über 50 km Luftlinie geleitet, nachdem alle deutschen Ärzte geflüchtet waren.

Hitler kommt, vier Wochen vor seinem Ende, nicht von Kolberg los. Ende März 1945 fragt er, in Erinnerung an Kolberg 1807, im Blick auf den Kommandanten der „Festung" Frankfurt/Oder, Oberst, später Generalmajor Ernst Biehler, mißtrauisch: „Ist er ein Gneisenau?" Dies ist Biehler gewiß nicht, doch kann er seine schwierige Aufgabe lösen.

In Frankfurt – alter Handelsplatz, einst Schnittpunkt der Handelswege Magdeburg-Posen und Ungarn-Schlesien-Ostsee, seit 1250 zu Brandenburg gehörend, jetzt Eisenbahnknotenpunkt, mit Oder-Hafen und viel Industrie, 1939: 87.141 Einwohner – liegt eine Besatzung von rund 30.000 Mann. Sie ist mithin ebenso stark wie die Besatzung der Provinzhauptstädte Königsberg und Breslau. Diese Aufwertung der Stadt Frankfurt wird verständlich, weil sie – mit Küstrin – Angelpunkt der Oderfront vor Berlin ist. Die Frankfurter Besatzung verteidigt sich wirkungsvoll gegen vielfache Übermacht und kann sich behaupten. Nach dem am 22. April 1945 viel zu spät genehmigten Rückzug schlägt sich die Besatzung mit dem Rest der an der Oder zerschlagenen 9. Armee nach Westen durch. Am 9. Mai 1945 erhält Biehler für seine Abwehrleistung das Ritterkreuz.

Ein dänischer Kapitän: „Als ob die Hölle ihre Glutöfen aufgemacht hatte"

Im März 1945 beobachtet ein dänischer Kapitän entsetzt die Pommernküste und schreibt in sein Tagebuch: „Es war, als ob ganz Pommern in eine einzige Glut getaucht sei. Bis zu uns auf See leuchtet der blutrote Schein der Flammen, die ganze Küste entlang ... Ich habe in diesen Wochen viel gesehen. Aber hier war es, als ob die Hölle ihre Glutöfen aufgemacht hatte, und man konnte nur ahnen, was darin geschah ..."

Der Frühling 1945 ist in ganz Deutschland, so auch in Hinterpommern, prachtvoll. In den Kampfzonen fast überall Trümmer, Leichen, Kadaver, Ruinen – und dennoch strahlender Sonnenschein über dem ge- und zerschlagenen Deutschland Hitlers. Viele Deutsche stehen unter Schock.

Hinterpommern ist nach Kriegsende, wie früher auch, ein stilles Land. Unter blauem Himmel wächst der Flieder über Zäune und Hecken, umrankt duftender Jasmin Türen und Mauern. Doch die von Russen und besonders Polen gehetzten, hungernden Deutschen können sich, in ihrem Elend, nicht an der Pracht der Natur erfreuen. Noch Monate später bewahren die Wälder in Hinterpommern, wie auch vor Kolberg, die Spuren des Krieges. Die jungen Schonungen haben noch nicht die Spuren der Panzer überwachsen können. Erdbunker, Schützengräben, Stellungen zeugen von den Kämpfen.

Über Hinterpommern liegt süßlicher Leichengeruch. An Pferdekadavern haben Insekten und Waldtiere das Werk der

Verwesung beschleunigt oder beendet. Um die gefallenen Soldaten, meist Deutsche, darunter auch viele Hitlerjungen, ist Gras gewachsen. Später schaufeln verbliebene Zivilbevölkerung und Kriegsgefangene Massengräber für sie. Wer von den zurückgebliebenen Deutschen versucht, den Gefallenen aus Pietät Soldbücher oder Erkennungsmarken abzunehmen, gilt als Leichenfledderer. Wer soll diese Toten identifizieren, wenn, nach dem heißen Sommer 1945, Regen, Kälte und Schnee über sie hinweggehen?

Dies sind die letzten – ungenannten – Kriegsopfer. Wer östlich der Oder aus diesen oder jenen Gründen zurückbleibt, geht im verwüsteten Hinterpommern oder in sowjetischen Arbeitslagern unter oder er wird, bis zur Vertreibung, vogelfrei. Diese Verluste, genannt „Vertreibungsverluste", sind schwer zu zählen. Das alte Kinderlied aus dem Dreißigjährigen Krieg gewinnt 1945 und später neue, makabre Bedeutung: „Maikäfer flieg!/Mein Vater ist im Krieg,/meine Mutter ist in Pommerland,/Pommerland ist abgebrannt./Maikäfer flieg!" Die Hinterpommern vermögen dieses Kinderlied nicht einmal mehr zu summen.

Der Untergang von Königsberg, Breslau und Stettin

Königsberg hatte 1939 372.164 Einwohner. Seit 1457 war es Sitz der Hochmeister des Deutschen Ordens gewesen, seit 1701 Krönungsstadt der preußischen Könige und, bis 1918, zweite Haupt- und Residenzstadt des Königreichs Preußen mit der größten Garnison im Reich.

Seit 29. Januar 1945 ist Königsberg faktisch eingeschlossen. Bei Militär, Partei und Behörden herrscht Panik, am beschämendsten ist die überstürzte Flucht von Ärzten und Pflegepersonal aus Standortlazaretten. Angeblich verlassen 100.000 Einwohner die Stadt, etwa 300.000 bleiben vorerst. Bis 1914 galt Königsberg als eine der stärksten Festungen in Europa, 1945 kann von einer „Festung Königsberg" nicht ernsthaft die Rede sein. Da der Einmarsch der Roten Armee ausbleibt, legt sich die Panik bei Einwohnern und Prominenz, das Leben „normalisiert" sich.

Abgesehen von Luftangriffen und planlosem Artilleriebeschuß, gewährt die Rote Armee der Stadt eine Atempause von neun

Wochen, um vorher, bis 29. März 1945, die 4. Armee im Heiligenbeil-Kessel zu zerschlagen. Bis zum 5. April musiziert im Funkhaus das 70-köpfige Sinfonieorchester, um gewollte Gelassenheit und Normalität zu demonstrieren.

Nach einem Trommelfeuer-Orkan von fast 30 Stunden beginnt am 6. April der sowjetische Großangriff mit größter Wucht: 137.000 Angreifer mit 540 Panzern/Sturmgeschützen, 5.000 Geschützen, 2.400 Flugzeugen gegen 35.000 Verteidiger. 110.000 Einwohner sind verblieben. Am zweiten Kampftag sind die deutschen Stellungen zerschlagen, Kompanien in umgepflügten Gräben begraben, Nachrichtenverbindungen abgerissen, Munitionslager zerstört. Führung und Befehl fallen zunehmend aus. Am vierten Kampftag sind die Russen im Stadtkern, die Verteidiger auf engem Raum zusammengedrängt. Es gibt keine durchlaufende Kampflinie mehr, nur einige Widerstandsnester. Häuser zeigen vermehrt weiße Fahnen.

Die Zahl der Deserteure und der Überläufer nimmt stündlich zu. Der Widerstandswille der Besatzung ist fast erloschen. Kommandant General der Infanterie Otto Lasch unterzeichnet am 10. April 1945, 1.00 Uhr, im Befehlsbunker die Kapitulationsurkunde. Hitler tobt über den „feigen Verrat an der heldenhaften Stadt" und läßt Lasch, als Racheakt, ohne Kriegsgerichtsverfahren zum Tode durch den Strang verurteilen. Wieviel Soldaten und Zivilisten ums Leben kommen, ist wegen fehlender Unterlagen weder zu ermitteln noch zu schätzen.

Breslau hatte 1939 629.565 Einwohner. Ab 992 zu Polen gehörend, seit 1225 Siedlung nach deutschem Recht, entwickelte es sich in den darauffolgenden Jahrhunderten zur bedeutendsten Stadt des deutschen Ostens.

Seit 14. Februar 1945 ist Breslau durch die 6. Armee unter Generalleutnant Wladimir A. Glusdowski mit 50.000 Mann, 250 Panzern/Sturmgeschützen und 1.400 Geschützen eingeschlossen. Die Besatzung umfaßt 35.000 Mann und 10.000 Volkssturm-Angehörige. Nach vorheriger opferreicher Zwangsevakuierung von Frauen, Kindern, Alten verbleiben 116.000 (140.000?) Menschen in der Stadt. Die Hoffnung auf Entsatz bleibt lange glaubwürdig, da sich die deutsche Schlesienfront vor und auf den Kämmen des Sudetengebirges stabilisiert.

Wider Erwarten kann sich Breslau fast drei Monate halten. Zum einen wegen der Tapferkeit großer Teile der Besatzung und der einfallsreichen Taktik von Kommandant Niehoff. Zum anderen wegen krasser Führungsmängel und in gewissen Phasen entscheidender Führungsfehler des Glusdowski-Stabes. Die Luftversorgung kann man nicht unterbinden.

Der schwerste Führungsfehler: Sechs Wochen lang bildet die 6. Armee mit fünf ihrer sechs Divisionen und fast 90 % ihrer Artillerie nur einen Angriffsschwerpunkt. Es kommt nicht zu einem konzentrischen, auf den Stadtkern zielenden Großangriff, dem die Besatzung binnen weniger Tage, wie in Königsberg, erliegen müßte. Der von 750 Bombern unterstützte Großangriff vom 1. April 1945 erzwingt zwar den Durchbruch, kann aber aufgefangen werden. Der Widerschein der Breslauer Flächenbrände ist nachts bis in das 100 km entfernte Riesengebirge zu sehen.

Nach dem seit der Nacht des 1./2. Mai bekannten, zum „Heldentod" umgefälschten Selbstmord Hitlers steht für Niehoff der Entschluß zur Kapitulation fest; die Lage ist ohne den wiederholt versprochenen Entsatz hoffnungslos. Nach Hitlers Tod steht die „Festung Breslau" als letzte Insel im verebbenden Kriegslärm auf deutschem Boden, ist die letzte Gauhauptstadt des deutschen Ostens in deutscher Hand und ein brennender Scheiterhaufen. Am 5. Mai befiehlt Niehoff alle Kommandeure zum letzten Appell zu sich und teilt ihnen seinen Kapitulationsentschluß mit. Niehoff unterzeichnet die Kapitulationsurkunde am 6. Mai im Glusdowski-Hauptquartier.

Breslau, zuletzt eine Stadt österreichischer Anmut und preußischer Strenge, ist nach 700 Jahren deutscher Stadtgeschichte (wieder) Wroclaw geworden.

Stettin hatte 1939, nach einer Großeingemeindung, 382.984 Einwohner. Es war größter deutscher und ausländischer Ostseehafen, drittgrößter Seehafen Deutschlands.

Die „Festung Stettin" erlebt weder eine Belagerung noch eine Schlacht um die Stadt, auch keine Kapitulation. Vom 6. bis 19. März 1945 tobt eine erbitterte, für beide Seiten verlustreiche Schlacht um den Stettin vorgelagerten, großen Oder-Brückenkopf Altdamm/-Greifenhagen. Altdamm liegt 8 km südöstlich des Stettin-Zentrums, Greifenhagen am rechten Ufer der Ost-Oder und 20 km südwestlich des Stettin-Zentrums.

Am 16. März befiehlt Hitler, die 9. Armee vor Berlin auf Kosten des Stettiner Brückenkopfes zu stärken. Damit wird Stettin zum Nebenschauplatz. Nach Aufspalten des Brückenkopfes wird die Lage für die dezimierte Besatzung hoffnungslos. Der Oberbefehlshaber (OB) der 3. Panzerarmee, General Hasso von Manteuffel, beantragt am 19. März bei Hitler, die Restbesatzung auf das Oder-Westufer zurückzunehmen. Hitler stimmt der Räumung für diese Nacht zu. Für den Endkampf wird Stettin zwangsweise von Frauen und Kindern geräumt, aber es tritt, wider Erwarten, hier eine Kampfpause von fast fünf Wochen ein.

Am 20. April bricht die Heeresgruppe Rokossowski zu ihrem Großangriff auf die Oder-Übergänge zwischen Gartz und Stettin los. Vier Tage später stürmt Rokossowski aus seinem großen Oder-Brückenkopf nach Westen vor. Die Reichsbahn räumt, unter Artilleriefeuer, Stettin in Richtung Westen.

Am 25. April, Berlin ist eingeschlossen, beginnen Rokossowskis Panzer Stettin von Süden her zu umgehen. Der OB der 3. Panzerarmee meldet dem OB der Heeresgruppe Weichsel, Generaloberst Gotthard Heinrici, den Durchbruch seiner Front südlich Stettin. Heinrici handelt sofort, gibt Manteuffel die erwünschte Rückzugserlaubnis und ordnet, entgegen Führerbefehl, auch die Räumung Stettins an. Heinrici unterrichtet nicht das OKW, um nicht Widerruf gewärtigen zu müssen.

Die Stettiner Besatzung (8.000 Mann?) marschiert in dieser Nacht in Nordwest- Richtung ab. Überall wird gesprengt, feste Flakrohre wie Lebensmittellager, im Hafen Kais und Verladeeinrichtungen. Mit dieser kampflosen Räumung enden 702 Jahre deutsche Stadtgeschichte Stettins. Es ist in der Alt- und Innenstadt, vor allem durch alliierte Luftangriffe, zu 70 bis 100 % zerstört und wird zum polnischen Szczecin.

IX

Abschied von 700 Jahren deutscher Osten

Schon 1926 hatte Adolf Hitler in „Mein Kampf", gesperrt gedruckt, verkündet: „Deutschland wird entweder Weltmacht oder überhaupt nicht sein." Dies war der rassen-ideologisch begründete Anspruch nicht nur auf Großdeutschland, Weltmacht und Weltvorherrschaft, sondern tendenziell sogar auf Weltherrschaft. Hitlers Machtwahn scheiterte im Zweiten Weltkrieg mit der totalen Selbstzerstörung des Dritten Reiches. Was viele Deutsche der Hitler-Generation – bis heute – nicht wahrhaben wollen: Deutschlands Zerstörung, die innere wie die äußere, begann bereits 1933.

Ein notwendiger, unbequemer Blick zurück. Seit 1930 verurteilten die deutschen Wähler die staatstragenden Parteien zur Minderheit und bekannten sich mit wachsenden absoluten Mehrheiten zu den staatsfeindlichen Parteien (Speerspitze: NSDAP und KPD) und damit zur Diktatur. Anfangs, 1919, harten die Deutschen zu drei Viertel demokratische Parteien gewählt, 1932/33 nur noch zu einem Drittel. In ihrem Kern existierte die Weimarer Republik 1931/32 nur noch als Scheinwesen. Die parlamentarische Demokratie hatte ihre Legitimation durch die Wähler eingebüßt.

In Deutschland herrschte 1932 überdies ein Gefühl seelischer Heimatlosigkeit und Entwurzelung vor. Viele Deutsche empfanden ihr Dasein als sinnentleert und waren innerlich vereinsamt. Nach der tiefen Enttäuschung über das Versagen von Liberalismus, Kapitalismus und parlamentarischer Demokratie war für sie die Hitlerbewegung ein großer Sammlungsgedanke, der auf die große Krise eine überzeugende Antwort parat hatte.

Der Nationalsozialismus sprach den Massenmenschen in seiner Existenzangst an und ordnete ihn in eine sinnerfüllte Kultgemeinschaft ein. Wer vor 1933 an Hitler glaubte, der opferte Freizeit und Geld, sogar das Leben im Bewußtsein, einen wichtigen Beitrag für die strahlende Zukunft Deutschlands zu leisten. Daher fiel die bedingungslose Unterordnung unter den Willen des als Heilsträger erlebten „Führers" Hitler nicht schwer. Die Hitler-bewegung entwickelte ein Sendungsbewußtsein, das ihren Anhängern zum Lebensinhalt wurde. Massenwirksame Schlag-worte von politischer Einheit, nationaler Größe und sozialer Volksgemeinschaft versprachen ein rasches Ende der Wirtschafts-und Staatskrise.

Einzig vor dem düsteren Hintergrund der wirtschaftlichen und politischen, gesellschaftlichen und geistigen Krise konnte sich das demagogische Genie Hitlers voll entfalten. Nicht die Wahlerfolge der NSDAP lösten die Krise des parlamentarischen Systems aus, sondern das Versagen des parlamentarischen Systems machte den Durchbruch der NSDAP als Massenbewegung überhaupt erst mög-lich. Die Weimarer Demokratie scheiterte nicht an Hitler, sondern Hitler und seine Massenbewegung waren die letzte Konsequenz ihres selbst verschuldeten Scheiterns.

Aus der Sicht vieler Jugendlicher hatte die ältere Generation mas-siv versagt. Der Erfolg der NSDAP wurde entscheidend dadurch mitbestimmt, daß sie als junge Bewegung auftrat, die, wie sie ver-kündete, über neue, zukunftsweisende Ideen verfüge, während die sieche Demokratie zum Absterben verurteilt sei. Die NSDAP war bis 1932, im Unterschied zu anderen Parteien, eine nicht bürokra-tisierte Partei der enttäuschten Jugend. 1930 waren fast drei Viertel der NSDAP-Mitglieder jünger als 40 Jahre, ein Drittel jünger als 30 Jahre. Von den NSDAP-Funktionären waren 1930 zwei Drittel unter 40 Jahre, ein Viertel unter 30 Jahre alt. 1933 sollten dann Dreißigjährige führende Positionen in fast allen Bereichen beset-zen.

Hitlers außenpolitische Triumphe bis 1938 waren unvergleich-lich und gipfelten in einer sechs Jahre zuvor unvorstellbar gewese-nen Machtstellung des Deutschen Reiches. Hitlers innenpolitische Triumphe bis 1938 waren die Beseitigung der Massen-Arbeits-losigkeit (1933/34 noch nicht durch Aufrüstung) mit Vollbe-schäftigung schon 1936/37, dazu ein Wirtschaftsaufschwung son-dergleichen. Dieses NS-Wirtschaftswunder, keine Scheinblüte, bescherte den Deutschen einen 1932 für undenkbar gehaltenen, im Ausland beneideten Lebensstandard. Sie hatten das höchste durchschnittliche Wohlstands-Niveau ihrer bisherigen Geschichte.

Hitlers Wirtschaftswunder war für die Zeitzeugen ein größeres Wunder als die spätere Wiederaufbaukonjunktur ab 1948 unter Ludwig Erhard.

Nicht das Volk, nur Eingeweihte wußten: Hitler wollte nicht abstrakt das Bruttosozialprodukt erhöhen und den Wohlstand des Volkes mehren, sondern das Wirtschaftswunder stand im Dienst der Kriegsvorbereitung.

Nie gekannte soziale Errungenschaften festigten die Treue zu Hitler. Es wäre kurzsichtig und irreführend, diese mit dem Namen Hitlers verbundenen Errungenschaften zu bagatellisieren oder zu ignorieren. Ebenso kurzsichtig und irreführend wäre es, nicht die hinter den sozialen Errungenschaften stehende Zielsetzung zu erkennen. Wirtschafts- und Sozialpolitik sollten, in Sicht Hitlers, seiner auf Eroberungskrieg zielenden Militär- und Außenpolitik dienen. „Volksgemeinschaft" und „soziale Errungenschaften" sollten eine breite Popularität für Hitler und das NS-Regime schaffen, besonders in Kriegszeiten, und die Geschlossenheit im NS-Sinne sicherstellen. Dies gelang Hitler weitgehend.

1938/39, nach Proklamation des Großdeutschen Reiches, Erfüllung alter Sehnsüchte, standen schätzungsweise 90% der Deutschen hinter Hitler.

Im Dritten Reich koexistierten ideologischer Zwang und ideologische Freiräume. Es war ein Nebeneinander von Entrechtung und Verfolgung einerseits, von Kulturbetrieb und Massenkonsum andererseits. Die meisten Deutschen fühlten sich unter Hitler nicht unfrei, hatten sie sich doch freiwillig unterworfen. Bindung wurde „Freiheit" genannt und oft als Freiheit empfunden. Die Deutschen unter Hitler lebten in einem Alltag zwischen Verfolgung und Vergnügen, zwischen KZ und Ufa-Unterhaltung.

Die ersten Tagesnachrichten des Großdeutschen Rundfunks am 1. September 1939, 6.00 Uhr, verlasen den Führer-Aufruf zum Beginn des Krieges mit Polen; er sollte zum Weltkrieg werden. Hitler spürte die gedrückte, erschrockene Stimmung im Volk. Die Erinnerung an das Ende des Ersten Weltkrieges vor 21 Jahren war noch zu wenig verblaßt, um Begeisterung wie 1914 für einen neuen Krieg zu wecken. Die Deutschen folgten Hitler allerdings gehorsam in den Krieg mit dem Gefühl, für Deutschlands Größe und Zukunft die unerläßlichen Opfer bringen zu müssen. Mit Kriegsbeginn kamen Hitler Treuegefühle zugute; auch NS-Gegner zeigten sich bereit, aus patriotischen Gründen und Pflichtgefühl Hitler in den ungewünschten Krieg zu folgen.

Unter Hitler brachen die gestauten, geballten, aufgepeitschten Energien von 90 Millionen Deutschen vulkanartig aus, wirkten in einem weiten Umkreis verheerend und zogen die Gegenkräfte eines noch weiteren Umkreises nach Deutschland hinein. Im April/Mai 1945 stürzte das Imperium Hitlers dann wie ein ausgebrannter Vulkan in sich zusammen.

Die Deutschen hatten mit Hitler einen raumgreifenden Eroberungskrieg geführt. Wie die Weltgeschichte zeigt, haben das andere Völker auch unternommen. Aber Hitlers Deutsche hatten, darüber hinaus, einen ungeheuerlichen Anschlag auf die menschliche Gesellschaft, auf die natürlichen Menschenrechte, auf die Existenzbedingungen der Zivilisation unternommen. Er begann – oft vergessen – in Polen: Ziel der NS-Ausrottungs- und Versklavungspolitik war, Polens Existenz auszulöschen.

Durch die deutsche Besatzungsherrschaft wurde die Bevölkerung Polens dezimiert: Von den 35 Millionen Staatsbürgern 1939 waren 1945 nur noch 22 Millionen übriggeblieben. Die Zahl der direkten Kriegsopfer, vor allem der Besatzungsopfer, wird auf sechs Millionen geschätzt. Ein Großteil der bisherigen Elite war gefallen, ermordet worden oder im Exil geblieben. Tot waren nach mehr als fünf Jahren Krieg und Besatzung 30 % der Wissenschaftler, 57 % der Rechtsanwälte, fast 22 % der Richter und Staatsanwälte, 39 % der Ärzte – insgesamt mehr als ein Drittel der polnischen Akademiker der Vorkriegszeit. Die Ermordung der polnischen Juden hatte an diesen Zahlen wie an den besonders hohen Verlusten der städtischen Bevölkerung einen bedeutenden Anteil.

Vor tausend Jahren, 936 bis 1002, war Deutschland, das Reich Ottos des Großen und der Ottonen, Schutz- und Grenzmark der westlichen Christenheit an der Elbe bis an die böhmischen Grenzgebirge gewesen. Der deutsche Kaiser war die weltliche Spitze des Abendlandes, das Reich der Deutschen wurde zur breiten Mitte des Abendlandes. Die Elbe-Saale-Linie markierte die Ostgrenze der Deutschen und der abendländischen Kultur.

Als Auftakt der späteren deutschen Ostsiedlung erfolgte, seit der Mitte des 8. Jahrhunderts, von der Elbe-Saale-Linie aus die Besiedlung der Donau- und Ostalpenländer in das werdende Österreich bis zur Thaya- und Leitha-Grenze. Sie wurde getragen, mit der lockeren Unterwerfung der Alpenslawen, von Stammesherzogtum und Kirche Bayerns.

Es folgte, vom 12. bis 14. Jahrhundert, das weitere und breitere Hinausgreifen über Elbe und Saale zur Oder und Weichsel, Memel und Düna. Dieses Gebiet ist ein Teil der großen europäischen Tiefebene vom Ural bis zur Straße von Calais. Nach der Germanen-Völkerwanderung im 3. bis 6. Jahrhundert war die deutsche Ostbewegung der bedeutsamste Vorgang der europäischen Volksgeschichte. Er vollzog sich, ganz überwiegend, als friedliche Durchdringung bis dahin ungenutzter Lebensräume.

Um 1100 begannen slawische Fürsten, oft mit deutschen Frauen verheiratet, den Ostraum einer Siedlungsbewegung aus dem Westen zu öffnen. Damit suchten sie die Wirtschaft ihrer Völker und ihre eigene Macht zu fördern, durch politische und familiäre Anlehnung an Deutschland ihre Herrschaft und Selbständigkeit zu sichern. Die Ostsiedlung erreichte im 13. Jahrhundert ihren Höhepunkt und endete nach dreihundert Jahren um 1400. Für die Gebiete östlich der Oder und Neiße wurde die deutsche Ostkolonisation das entscheidende, zukunftsweisende Ereignis. Dadurch wurden diese Gebiete aus ihren frühgeschichtlichen Verhältnissen herausgelöst und wirtschaftlich und kulturell der hoch entwickelten Formenwelt des europäischen Westens angeglichen.

Die Slawenfürsten riefen zur Ostsiedlung vornehmlich ihre unmittelbaren Nachbarn, die Deutschen, auf. Entgegen einer Legende war die deutsche Ostsiedlung nur in zeitlich und räumlich sehr begrenzten Fällen eine Ausbeutung unterworfener Gebiete zugunsten des „Mutterlandes", des Reiches, das als Staatswesen kaum beteiligt war. Eine Verdrängung Ansässiger gab es ziemlich selten; wenn sie erfolgte, dann im wirtschaftlichen Interesse des Landes- oder Grundherrn. Meistens entwickelte sich im Zuge der deutschen Ostsiedlung ein friedlich konkurrierendes Miteinander von Deutschen und Slawen.

Tatkräftige junge Deutsche, denen es zu Hause zu eng geworden war, wanderten in größeren und kleineren Gruppen aus den Stämmen des alten Reiches nach Osten. Da der Landausbau im Westen seinen technisch bedingten Abschluß erreicht hatte, war dessen Fortsetzung im Osten verlockender als erneute Besitzteilung. Zu dieser bäuerlichen Landsuche kam der wachsende kaufmännisch-handwerkliche, stadtbürgerliche Unternehmungsgeist hinzu. Im „Ostland" fanden die Siedler jene Aufstiegsmöglichkeiten, die ihnen in der Heimat versagt geblieben waren.

Heute vergessen: Die deutsche Ostsiedlung war ein partnerschaftlich-vertragsrechtlich geregeltes Unternehmen zugunsten beider Teile. Es wurde vereinbart zwischen Landgeber (Landesoder Grundherr) und Landnehmer (Siedler oder Bürger) und vollzog sich in festen Formen.

Noch bevor es im Reich überhaupt ein gesamtdeutsches Recht gab, erfolgte die Ansiedlung nach „deutschem Recht": persönliche Freiheit, weitgehende Verfügbarkeit des Besitzes, feste Zinsabgaben statt Dienstleistungen, eigene Gerichtsbarkeit. Häufig legten die deutschen Siedler ihre neuen Dörfer neben den slawischen an. Vielfach erschlossen sie auch von den Slawen bisher ungenutzte Gebiete, rodeten Wälder, legten Sümpfe trocken; sie leisteten mithin Pionierarbeit.

Die deutsche Dreifelderwirtschaft schon seit dem 8. Jahrhundert war der slawischen Feld-Gras-Wirtschaft weit überlegen. Mit ihrem seit der Bronzezeit im 2. Jahrtausend v. Chr. bekannten eisernen Schar-Pflug erzielten die Deutschen das Vielfache der bisherigen Ernten der Slawen. Die Slawenfürsten hatten vom bald einsetzenden wirtschaftlichen Aufschwung ihrer Länder den größten Gewinn. Frühzeitig riefen sie daher auch, wenig bekannt, deutsche Bergleute vom Harz, aus Thüringen und dem Erzgebirge herbei, um die Bodenschätze ihrer Länder zu erschließen.

Im deutschen und europäischen Westen hatten sich an den Sitzen der Verwaltung und an den Verkehrsknotenpunkten Städte entwickelt, deren Leben durch feste Ordnungen geregelt war. Im Osten gab es die Stadt, im rechtlichen Sinne, nicht. Da das große Siedlungswerk ohne Städte nicht zu denken war, wurde die Stadt als fertiger Typus in die neue Ostheimat übernommen. Der eigene Rechtsstatus war in den Städten noch deutlicher als bei den Bauernsiedlungen. Die städtischen Neubürger behielten ihr Recht aus den konstituierten Städten des Westens bei oder bekamen es nach deren Vorbild verliehen. Überall dort, wo sie im Rahmen des Landausbaus notwendig erschienen, legte man Städte an.

Das vorbildliche deutsche Städterecht verbreitete sich weit über den deutschen Siedlungsraum in den slawischen Osten hinein.

Entlang der Ostseeküste galt das Lübecker Recht, im Binnenland das Magdeburger Recht in verschiedenen Formen mit mehreren hundert Tochterstädten bis nach Rußland, für die Magdeburg bis ins 17. Jahrhundert der „Oberhof" (Gericht) blieb, im Süden das Nürnberger Recht. Alle mittelalterlichen Städte Polens waren Gründungen nach deutschem Recht.

Die deutschen Siedler genossen dank ihrer Rechte in der neuen Ostheimat eine Sonderstellung, waren aber in vollem Sinne Angehörige des betreffenden Territoriums oder Staatswesens. Sie waren an dessen politischer, wirtschaftlicher, kultureller Entwicklung führend beteiligt. Oft bildeten sie die zuverlässigsten Stützen der Staatsordnung, an der sie wegen ihrer Sonderstellung interessiert sein mußten.

Jene Landnahme der Ostsiedlung fast aller deutschen Stämme und sozialen Gruppen, teilweise in Zusammenhang mit der Kreuzzugs-Bewegung, verdoppelte den ursprünglichen deutschen Siedlungsraum über Pommern und Ostpreußen in das Baltikum. Deutsche Bauern und Handwerker, Ritter und Kaufleute schlossen Leipzig und Berlin, Stettin, Breslau und Königsberg in deutscher Weise an die westeuropäische Kultur an.

Die weit, über Prag und Krakau bis in die Ukraine und zum Schwarzen Meer ausstrahlende kulturelle Einwirkung durch das deutsche Städterecht war über drei Jahrhunderte (1100-1400) ebenso ein Stück europäischer Geschichte wie zuvor die Ausweitung des Reiches der Deutschen nach Süden hin. Die weitgespannte Tätigkeit der Hanse, die Herrschaft des preußisch-christlichen Staates des Deutschen Ordens bis Riga und Reval, die Kloster-Neugründungen der Zisterzienser, die vorgeschobenen deutschen Siedlungen in Wolhynien, Siebenbürgen und den Karpaten bestimmten – entscheidend – den Weg der kulturellen Entwicklung des gesamten Europa. Das einstige romanisch-germanische Abendland war damit zum römisch-germanisch-slawischen Europa geworden.

Die Deutschen, im einzigen Überschneidungsgebiet der romanischen, germanischen und slawischen Völker, waren das Volk der Mitte Europas. Sie hatten somit eine Fülle und Weite von Möglichkeiten – und ebensoviele Versuchungen. Den Deutschen war die einzigartige Aufgabe zugefallen, Antike, Germanentum und Christentum – also Kultur, Rasse und Religion – zu einer

Synthese zu bringen. Dies war einst bewundernswert dem alten Ägypten und dem alten China gelungen. Es gelang nicht den Deutschen, obwohl jeder mittelalterliche Herrscher außerhalb der Einflußsphäre von Byzanz „germanisch" war, da fast alle Adelsgeschlechter blutsmäßig oder zumindest rechtsförmig germanischer Abkunft waren.

Das Heilige Römische Reich deutscher Nation (962 bis 1806) wollte ein Stück Statthalterschaft des Reiches Gottes auf Erden sein. An dieser Aufgabe scheiterten die Deutschen. Die Höhe dieser „abendländischen Sendung" enthielt schon im Keim die Tiefe des schließlich von allen Seiten gewünschten und um 1200 vollzogenen Sturzes des Reiches.

Seit seiner Jugend begeisterte sich Hitler für diese tausendjährige deutsche Kaisergeschichte, beginnend 800 mit Karl dem Großen. Sie war eine dramatische Geschichte von Glanz und Elend, von Aufschwüngen und Zusammenbrüchen. Die deutsche Kaisergeschichte war für Hitler ein Vorbild für sein Wollen als Weltreich-Gründer. Er glorifizierte sie, bezeichnenderweise in seinen Tischgesprächen während der fast zum Untergang führenden Krise des Ostheeres vor Moskau im Dezember 1941, um sich aufzurichten, so: „Das Jahr 1933 ist nichts anderes als die Erneuerung eines tausendjährigen Zustandes ... Wenn wir [gemeint: ich – d. A.] überhaupt einen Weltanspruch erheben wollen, müssen wir uns auf deutsche Kaisergeschichte berufen ... Die Kaisergeschichte ist das gewaltigste Epos, das – neben dem alten Rom – die Welt je gesehen hat ... Fünfhundert Jahre lang war das unbestritten die Herrschaft der Welt!"

Vor allem Kaiser Friedrich II. von Hohenstaufen (1194-1250) mußte für Hitler einen großen Ansporn darstellen. Ebenso anziehend dürfte für Hitler das rätselhafte, zwiespältige Genie dieses „Nihilisten auf dem Thron" gewesen sein. Vom Volk wurde dieser energische und schönheitssinnige, hochgebildete und skrupellose Kaiser zur Sagengestalt erhoben, die einst als Heiland und Weltkaiser wiederkehren und das Friedensreich aufrichten werde. Noch im September 1944 lag die, 1927 erstmals erschienene, hochgerühmte Biographie „Kaiser Friedrich der Zweite" von Ernst Kantorowicz auf dem Nachttisch Hitlers. Daß der gelehrte Autor Jude und längst Emigrant war, störte Hitler in diesem Falle keineswegs.

Seit uralten Zeiten gab es die Vision eines tausendjährigen Gottes- oder Friedensreiches auf Erden. Sie stammte aus dem vom persischen Propheten Zarathustra (um 600 v. Chr.) begründeten Parsismus, wurzelte in der altjüdischen Apokalyptik und drang in das frühe Christentum ein. Der mythenkundige Hitler sah sich auch in jener alten Tradition.

In Hitler geisterte dabei seine NS-Form von „Eschatologie." Jede Eschatologie deutet die Geschichte der Menschheit als einmaliges Heilsgeschehen und ist gebunden an einen Heilsbringer. Der Nationalsozialismus war, in der Sicht Hitlers, die letzte, gültige politische Ausformung jener uralten Endzeit- Erwartungen. Mit seiner Vision vom Tausendjährigen Reich knüpfte Hitler, der sich als Jahrtausend-Genie der Menschheit empfand, neben der deutschen Kaisergeschichte auch an die Erwartung und Verheißung des „Neuen Jerusalem" an, nun im NS-Sinne.

Hitler sah die Weimarer Republik (1919-1932) lediglich als „Zwischenreich", sein nationalsozialistisches Deutschland als drittes Reich der Deutschen – nach dem (ersten) Heiligen Römischen Reich deutscher Nation und dem (zweiten) Kaiserreich Otto von Bismarcks (1871-1918). Gemäß Hitler sollte das Dritte Reich jene beiden Reiche historisch erfüllen und sie, darüber hinaus, gigantisch überhöhen zum kontinentalen NS-Weltreich. Mittelalter-Mystik und wilhelminisch-alldeutsche Gloria sollten im Raub-Imperialismus des Nationalsozialismus ihre alle Zeiten überdauernde Synthese finden – mit Weltherrschafts-Anspruch.

Mit dem tausendjährigen „Germanischen Reich deutscher Nation", wie zu Beginn seiner politischen Karriere am 1. Januar 1921 formuliert, war es Hitler völlig ernst. Ein Beispiel: Am 27. November 1937 bezeichnete er die bauliche Neugestaltung Berlins als die Aufgabe, „einem tausendjährigen Volk mit tausendjähriger geschichtlicher und kultureller Vergangenheit für die vor ihm liegende unabsehbare Zukunft eine ebenbürtige tausendjährige Stadt zu bauen." Aus Berlin sollte „Germania" als Welthauptstadt werden. Hitler träumte von einem neuen „Heiligen Römischen Reich deutscher Nation" unter dem Hakenkreuz – von den Pyrenäen bis zum Ural, von Skandinavien bis nach Afrika. Weil es Hitler tödlich ernst mit der Verwirklichung seines Traumes von Weltmacht, Weltvorherrschaft, gar Weltherrschaft war, gestützt auf die Machtmittel eines totalitären Staates von 90 Millionen Deutschen, mußte erst eine ganze Welt sich zusammenfinden, um Hitler zu stürzen.

Der geschlossene deutsche Volkstums- und Siedlungsraum im Osten umfaßte 1944 Ostpreußen, Danzig, Hinterpommern, Ostbrandenburg, Schlesien, das Sudetenland, größere Teile Westpreußens und Posens, darüber hinaus zahlreiche deutsche Volkstumsinseln in Ost- und Südosteuropa.

Durch die NS-Umsiedlungsverträge wurden im Zweiten Weltkrieg 1,4 Millionen Deutsche aus dem Baltikum (Estland, Lettland, Litauen), aus Wolhynien, Ostgalizien, Bessarabien, der Nord- und Südbukowina, Norddobrudscha und der Ukraine in das Großdeutsche Reich Hitlers umgesiedelt. Sie alle kamen, im Zuge der „Eindeutschung", in die annektierten Gebiete Polens, im NS-Sprachgebrauch „Eingegliederte Ostgebiete": Westpreußen, Posen, Lodz („Litzmannstadt") und Teile Westgaliziens.

Diese erste, vom NS-Regime betriebene Umsiedlung begann im Baltikum. Jene Region, 700 Jahre lang in allen ihren wesentlichen Zügen von Deutschen geprägt, war damit „deutschenfrei" (Lothar Dralle) gemacht worden. Die Deutsch-Balten wurden vor allem in den durch Deportation von 1,2 Millionen Polen und 300.000 Juden „polenfrei" gemachten Gebieten des Reichsgaues Wartheland angesiedelt. So siedelte man, beispielsweise, die ehemaligen Einwohner von Riga oder Dorpat meist in die Städte Gdingen, nun „Gotenhafen", und Posen um. Diese „Rückführung" unter dem Motto: „Heim ins Reich!" war, was damals wenige ahnten, der Auftakt zum Untergang des Deutschtums im Osten Europas.

1945 hat das deutsche Volk, in den „Versailles"-Grenzen von 1937, genannt „Altreich", fast ein Viertel seines Raumes verloren: ganz Ostpreußen, ganz Ostbrandenburg, fast ganz Schlesien, über zwei Drittel Pommerns. Etwa 12 Millionen Deutsche haben 1945, freiwillig oder unfreiwillig, ihre Heimat verlassen, davon 7 Millionen aus Ostpreußen, Hinterpommmern, Ostbrandenburg und Schlesien, 5 Millionen aus Siedlungsgebieten außerhalb der Reichsgrenzen von 1937, darunter 3 Millionen Sudetendeutsche. Viele Ostdeutsche wollten im Mai 1945, unter dem Schock der totalen Niederlage des Dritten Reiches, nicht glauben, daß ihre Heimat für immer verloren sei, und dachten an ihre Rückkehr.

Durch Hitler ist ein geschichtlich gewachsener und geformter deutscher Volks- und Kulturraum in Ost-, Mittelost- und Südosteuropa versunken. Zerstörtes kann man wieder aufbauen, Versunkenes nicht, weil das deutsche Leben aus ihm verwiesen ist. Die von Hitler provozierte, von Stalin erzwungene Rückverlegung der deutschen politischen und ethnographischen Ostgrenze hat 700 Jahre deutscher und ostdeutscher Geschichte vom 13. bis 20. Jahrhundert unwiderruflich beendet. Der deutsche Osten und das Deutschtum in Osteuropa sind ausgelöscht.

Dieser deutsche Osten war ein Kerngebiet des Königreichs Preußen. Daher hier noch ein Blick auf Preußen. Das im ostelbischen Raum historisch gewachsene friderizianische Preußen wurde 1945 bis zur Unkenntlichkeit verstümmelt und ist tot. Der preußische Staat war nicht durch Ideologie, Religion, Geographie begründet, sondern er war zugegebenermaßen ein künstliches Gebilde. Preußen war ein durch Erbgang zusammengebrachter Zufallsstaat. Sebastian Haffner urteilte über das „Zufällige, Willkürliche" von Preußens Entstehung: „Preußen brauchte es sozusagen nicht zu geben, es mußte nicht sein." Seine Landschaften von der polnischen, später russischen bis zur holländischen Grenze wurden durch keinerlei innere Interessen, sondern ausschließlich durch die Dynastie zusammengehalten. Diese Dynastie schuf das Beamtentum und schuf die Armee, die in diesem Staat die Einheit bildeten. Dieser preußische Staat war eigenwillig und hart, anziehend und abstoßend für Ausländer wie für nichtpreußische Deutsche, immer über seine Grenzen hinweg wirksam – im Guten wie im Bösen.

Neben seinem nicht zuletzt durch offene Grenzen gebotenen „Militarismus", war Preußen im 18. Jahrhundert der modernste Staat Europas und ein Wegbereiter der Toleranz. Gemessen an den übrigen Monarchien Europas, verkörperte Preußen bis zur Französischen Revolution von 1789 den politischen Fortschritt. Indessen stieß der Fortschritt, immer sehr schnell, an die Grenzen des absolutistischen Ständestaates.

Seit der Mitte des 19. Jahrhunderts war das konservativ-protestantische Preußen eine konstitutionelle Monarchie auf der Grundlage des Rechtsstaates – mit einem überwiegend bürgerlichen Beamtentum von seltener Bildungshöhe, Unbestechlichkeit und Pflichttreue.

Dieser preußische Staat hatte eine Haltung des Denkens erzwungen, die der auf Absonderung und Eigenbrötelei gerichteten Wesensart der Deutschen – scheinbar – völlig zuwiderlief. Diese preußische Haltung indessen erwies sich, ohne eigentliche „deutsche Sendung" Preußens, als lebensnotwendig für den Bestand des ganzen Deutschland. Die Spur Preußens bleibt tief eingegraben in die gesamte deutsche Geschichte, ob man es wahrhaben will oder nicht. Bis heute bleibt das verklärte oder verdammte Preußen ein Stachel im Fleisch, ob bewußt oder nicht.

Die Hitlerbewegung errang schon 1932 im deutschen Osten die meisten Wählerstimmen. Warum votierten die agrarisch geprägten ostdeutschen Provinzen, aber auch Schleswig-Holsteins Bauern, mehrheitlich für die NSDAP?

Die Bauernschaft, mit Familienangehörigen 14,7 % der Gesamtbevölkerung, hatte im Prosperitätsjahr 1928 ein Pro-Kopf-Einkommen von 646 RM, der Volks- Durchschnitt lag bei 1.105 RM. In der allgemeinen Prosperität hatte der Bauer also ein um 44 % (1913: 22%) geringeres Einkommen.

Der Preisverfall der Agrarprodukte als Folge der Weltwirtschaftskrise einerseits, der Konsumrückgang in Deutschland als Folge der Massenarbeitslosigkeit andererseits ließen die landwirtschaftliche Bevölkerung besonders im Osten und Norden Deutschlands verelenden. Im Westen des Reiches arbeitete der Landwirt ohne Verdienst, im Osten mußte er um seine nackte Existenz kämpfen. In Ostelbien waren große und kleine Landwirte verzweifelt: Bauern ließen ihre Höfe stehen und liegen; Landarbeiter mancher Güter bekamen keinen Lohn und wanderten ab; Gläubiger blieben ohne Zinsen.

Die Bauernschaft grollte der Republik und sah sich als Opfer von Kräften, denen sie sich nicht gewachsen fühlte: Opfer der Versailler Siegermächte, der Industriellen, der Städter, der Arbeiter, der traditionellen politischen Parteien. Daher war die Bauernschaft, besonders im protestantischen deutschen Osten, sehr empfänglich für die Demagogie der NSDAP. Die Bauern waren nicht vom Nationalsozialismus überzeugt, sondern ihre Hinwendung zur NSDAP war – vorrangig – ein Protest gegen die Republik und die Deutschnationale Volkspartei, die sich als unfähig erwiesen, die Forderungen der Bauern wirkungsvoll zu vertreten. Der Bauer hätte sich, unter den gegebenen Elendsumständen, auch dem Teufel verschrieben; es wurde Hitler leichtgemacht, ihn zu gewinnen. Die Bauernbevölkerung versprach sich von der Hitlerbewegung Steuernachlaß, „Brechung der Zinsknechtschaft", Schuldenstreichung, Sicherung des Erbes.

1932 stand die Landwirtschaft vor dem Ruin. Ihre Erlöse waren gegenüber 1928 um ein Drittel auf 6,5 Mrd. RM gesunken, ihre Gesamtverschuldung hatte um die Hälfte auf 12,5 Mrd. RM zugenommen. Kann es verwundern, daß die NSDAP 1932 in keinem Berufsstand so starken Rückhalt fand wie in der Landwirtschaft vor allem im protestantischen Norden und Osten Deutschlands? Ohne die Stimmen der Bauern wäre die NSDAP 1932 nicht zur stärksten Fraktion im Reichstag aufgestiegen.

Dazu ein Lagebild aus Pommern. In der „Deutschen Allgemeinen Zeitung" vom 26. Juli 1932 erschien ein Beitrag „Das Hakenkreuz als Bauernfahne?" von Gerhard Freiherr von König. Darin hieß es: „Ganz Pommern ist bis auf wenige unbedeutende Inseln von der Welle des Nationalsozialismus überflutet ... Jedes Kind auf der Straße, jeder Hütejunge am Chausseegraben erhebt die Hand zum Hitlergruß ... Was veranlaßt den Pommern, der, ob Junker oder Bauer, im Grunde seines Herzens konservativ und allen Extremen abgeneigt ist, seinen Namen dieser Fahne zu verschreiben? ...

[Überall] steht die bange Frage nun schon seit Jahr und Tag, bin ich morgen noch im Besitz meines Ackers, meiner Wiesen, meines Geschäftes?... Die NS-Bewegung gibt den Verzweifelten und Verbitterten ein, wenn auch noch unklares, Ziel."

Nach dem propagandistisch geschicktesten Wahlkampf, den je eine Partei zuvor in Deutschland entfesselt hatte, gab es bei der – halbfreien – Reichstagswahl vom 5. März 1933 eine nie zuvor erreichte Wahlbeteiligung von 88,8 %. Die NSDAP errang 43,9 % der Stimmen, blieb also im Reich deutlich unter der absoluten Mehrheit. Mit ihren 43,9 % übertraf sie jedoch das in 62 Jahren Geschichte des Reichstags bisher höchste Ergebnis einer Partei, das der SPD am 19. Januar 1919 zur Wahl der Nationalversammlung mit 37,9 %, erheblich.

Bei einem Reichs-Durchschnitt von 43,9 % erhielt die NSDAP in allen Wahlkreisen der deutschen Ostprovinzen allerdings die absolute Mehrheit, nämlich in Ostpreußen 56,5 %, Pommern 56,3 %, Ostbrandenburg/Neumark/Grenzmark 55,2 %, Niederschlesien

(Liegnitz) 54,0 %, Niederschlesien (Breslau) 50,2 %. In vier Kreisen feierte die NSDAP einen Rekord von 80 % und mehr der Stimmen: Rothenburg ob der Tauber/Franken und Schotten/Hessen mit je 83 %, Neidenburg/Ostpreußen mit 81 % und Lyck/Ostpreußen mit 80 %.

1945 haben Ostpreußen, Ostbrandenburger, Hinterpommern und Schlesier, stellvertretend für alle Deutschen, als Konsequenz des Raub- und Vernichtungskrieges Hitlers mit dem Verlust ihrer Heimat bezahlt. Von den 1939 in den Vertreibungsgebieten ansässigen Deutschen ist jeder fünfte gefallen oder umgekommen. Flucht, Vertreibung, Deportation der Ostdeutschen forderten zwei bis drei Millionen Todesopfer – durch Verbrechen, Hunger, Seuchen, Erschöpfung. Diese Toten sind die wohl vergessensten Opfer, die es je gegeben hat. Kein Gedenkstein erinnert an sie, kein Ehrentag ist ihnen gewidmet, auch kein Schriftsteller oder Dichter aus dem deutschen Osten hat sich ihrer angenommen.

Zum 40. Jahrestag der bedingungslosen Kapitulation am 8. Mai 1945 hielt der damalige Bundespräsident Richard von Weizsäcker vor dem Deutschen Bundestag eine im In- und Ausland vielbeachtete Rede, in der er auch derjenigen Deutschen gedachte, denen mit dem Verlust ihrer Heimat „das Schwerste ... abverlangt" worden war. Ihnen sei „noch lange nach dem 8. Mai bitteres Leid und schweres Unrecht widerfahren". Und selbstkritisch fügte der Bundespräsident hinzu: „Um ihrem schweren Schicksal mit Verständnis zu begegnen, fehlt uns Einheimischen oft die Phantasie und auch das offene Herz."

1970 waren 25 Jahre seit der größten Rettungsaktion der Weltgeschichte vergangen, als 1945 fast drei Millionen Ostdeutsche durch Kriegs- und Handelsmarine über die Ostsee gerettet wurden. Damals nahm das deutsche Volk kaum, die Bundesregierung überhaupt keine Notiz davon. Ein solches Erinnerungsdatum (man betrachte etwa die Gedenkfeiern zum Jahrestag der alliierten Invasion am 6. Juni 1944) wäre für jedes Volk der Erde ein Anlaß, zum einen der Leistung jener Kriegsgeneration zu gedenken, die kämpfend und rettend deutsche Landsleute vor dem Tod im Osten bewahrte, zum anderen den Toten der Vertreibung die Ehre zu erweisen. In Deutschland war (und ist?) dies ein Tabu-Thema.

Nach dem Versinken des deutschen Ostens veränderte sich, weithin unbemerkt, das Bewußtsein der Deutschen. Sie verloren insgesamt ein Stück eigener Identität. In einem Lesebuch für die Ostkunde fragte man 1957: „Müßte nicht jeder Deutsche sich jederzeit des verlorenen Ostens bewußt sein?" Es ist unvorstellbar, daß, beispielsweise, geschichtsbewußte Franzosen, Engländer oder Italiener eine Amputation von einem Viertel ihres Raumes verdrängen, vergessen würden. So geschah es aber in Deutschland. War vielleicht damals (und später) das „Amputationsgefühl" durch die von Hitler befohlenen, von Deutschen willig ausgeführten millionenfachen Verbrechen mit tiefer Schuld zugedeckt und betäubt? Oder wurzelt vielmehr das fehlende Amputationsgefühl in alten Vorurteilen und Klischees über den deutschen Osten?

Seit alten Zeiten hörte man oft im deutschen Westen an Rhein und Donau, daß die wahre europäische Kultur und somit deutsche Kultur nur innerhalb des römischen Limes zu finden sei, im Kern also: westlich des Rheins oder südlich der Donau. Die Versetzung eines Landrats aus dem Westen in die ostdeutschen Provinzen galt im 19. und weit bis ins 20. Jahrhundert als Strafe. Dies war (und ist) „zivilisatorischer Hochmut" – im Sinne eines unterstellten „west-östlichen Kulturgefälles". Tatsächlich war die mittelalterliche Ostsiedlung die großartige „Verpflanzung des alten karolingisch-ottonisch-salisch-staufischen Deutschlands vom Rhein über Weser, Niederelbe und Saale an Mulde, Elster, Pleiße, Mittelelbe, Oder und Nogat. Damals, zwischen dem 12. und 14. Jahrhundert, wurde das Eine Deutschland geschaffen" (Hermann Heimpel).

In den fünfziger Jahren sprach man im Westen Deutschlands von der erfolgreichen Eingliederung und Integration der heimatvertriebenen Ostdeutschen und grämte sich über die bürokratische Verzögerung bei der Zahlung des ihnen zugedachten, sich Jahrzehnte hinziehenden „Lastenausgleichs". Diese erstaunlich rasche Integration der Heimatvertriebenen spiegelte sich auch im raschen Niedergang des (heute vergessenen) „Blocks der Heimatvertriebenen und Entrechteten" (BHE) wider.

Der BHE wurde 1950 in Schleswig-Holstein von dem aus Posen-Westpreußen stammenden Bauernverbandsfunktionär Waldemar Kraft gegründet. Wegen der NS-Politik im Reichsgau Wartheland war Kraft schon 1940 als Präsident der Landwirtschaftskammer in Posen zurückgetreten.

In Bundesländern mit hohem Vertriebenen-Anteil (Schleswig-Holstein, Bayern, Niedersachsen) gewann der BHE eine größere Mitgliederzahl und einen hohen Stimmenanteil bei Landtagswahlen, in Schleswig-Holstein 1950: 23,4 %. 1952 nahm die Partei den Namen Gesamtdeutscher Block (GB) an. Unter der Bevölkerung von 47,7 Millionen lebten damals in der Bundesrepublik Deutschland 7,88 Millionen oder 16,5 % Heimatvertriebene. Bei der Bundestagswahl 1953 kam der GB/BHE, als Höhepunkt, auf 5,9 % der Stimmen und 27 Mandate. Bei der Bundestagswahl 1957 scheiterte der GB/BHE dann knapp an der Fünfprozenthürde. Seine Wirksamkeit auf Bundesebene war beendet; der GB/BHE wurde schließlich bedeutungslos.

Bei den Heimatvertriebenen ist der einst tiefe Schmerz über ihre verlorene Heimat im Lauf der Jahrzehnte weitgehend abgeklungen, bei der großen Mehrheit der Westdeutschen war er nie besonders vorhanden. Jene Flüchtlinge und Vertriebenen, die ihre Heimat als Kinder verlassen mußten, traten fünfzig Jahre später in das Rentenalter ein. Und Schmerz wurde Geschichte.

Vielleicht schlimmer noch: Es regte sich kein spontanes Interesse an der Vorgeschichte und dem Ausmaß dieser ungeheuren Einbuße an Lebensraum, Vermögen und Geltung im einst deutschen Osten. Ein Beispiel: In dem 1983 von der Bonner Bundeszentrale für politische Bildung verantworteten, von Werner Weidenfeld herausgegebenen Sammelband „Die Identität der Deutschen" blieb der verlorene Osten als Element des Selbstbewußtseins unerwähnt. Der einst deutsche Osten entrückte in weite, unerwähnte Ferne. Eine 1974 vom Bundesvertriebenenministerium erarbeitete Dokumentation der Vertreibung wurde von der damaligen SPD/FDP-Bundesregierung unterdrückt, um nicht die Entspannungspolitik zu belasten.

Bei den Enkeln der Hitler-Generation sind Städtenamen wie Kolberg und Stolp in Pommern, Liegnitz und Oppeln in Schlesien, Allenstein und Insterburg in Ostpreußen so gut wie unbekannt, unwert des Nachdenkens.

Aus dem Erfahrungsschatz der Deutschen insgesamt ist der schneereiche, frostklirrende Winter des Ostens mit seiner monatelangen dicken Schneedecke über dem weiten Land entschwunden. Entschwunden ist der kurze, heiße Sommer über Wäldern, Seen und Kornfeldern. Nicht mehr bekannt ist der genügsame, widerstandsfähige Bauer des Ostens und der ostdeutsche Landadel mit seinen großen Gütern, soldatischen Traditionen und großzügigen Lebensformen. Die deutsche Sprache ist um die Mundarten der ostdeutschen Stämme ärmer geworden. Mit der schwindenden Sprache, mit dem verklingenden Lied formt dieses Versinken der ostdeutschen Kulturlandschaft zugleich den heutigen Bestand und die Zukunft des gesamten deutschen Volkes.

Literaturverzeichnis

Archenholtz, Johann Wilhelm von: Geschichte des Siebenjährigen Krieges in Deutschland. Leipzig/Berlin 1788.

Archenholz, Bogislaw von: Die verlassenen Schlösser. Ein Buch von den großen Familien des deutschen Ostens. Berlin 1967.

Archenholz, Bogislaw von: Bürger und Patrizier. Ein Buch von Menschen und Städten des deutschen Ostens. Berlin 1970.

Archenholz, Bogislaw von: Erinnerung und Abschied. Schicksal und Schöpfertum im deutschen Osten. Berlin 1972.

Baedeker, Karl: Nordostdeutschland. Leipzig 1914.

Baedeker, Karl: Norddeutschland. 6. Aufl. Leipzig 1936.

Bahr, Ernst: Ostpommern unter polnischer Verwaltung. Frankfurt a. M. 1957.

Bender, Peter: Deutsche Parallelen. Anmerkungen zu einer gemeinsamen Geschichte zweier getrennter Staaten. Berlin 1989.

Benz, Wolfgang (Hsg.): Legenden, Lügen, Vorurteile. Ein Wörterbuch zur Zeitgeschichte. 2. Aufl. München 1992.

Bidlingmaier, Ingrid: Entstehung und Räumung der Ostseebrückenköpfe. Neckargemünd 1962.

Binder von Krieglstein, Carl Frh.: Ein Krieg ohne Chancen (1806/07). Leipzig 1893.

Binder von Krieglstein, Carl Frh.: Ferdinand Schill. Ein Lebensbild; zugleich ein Beitrag zur Geschichte der preußischen Armee. Berlin 1902.

Blumenberg, Hans-Christoph: Das Leben geht weiter. Der letzte Film des Dritten Reiches. Berlin 1993.

Boberach, Heinz (Hsg.): Meldungen aus dem Reich. Die geheimen Lageberichte des Sicherheitsdienstes der SS. Bd. 16-17. Herrsching 1984.

Bock, Helmut: Schill. Rebellenzug 1809. Berlin-Ost 1969.

Bornhak, Conrad: Preußen unter der Fremdherrschaft 1807-1813. Leipzig 1925.

Bracher, Karl Dietrich/Manfred Funke/Hans-Adolf Jacobsen

(Hsg.): Nationalsozialistische Diktatur 1933-1945. Eine Bilanz. Düsseldorf 1983.

Bracher, Karl Dietrich/Manfred Funke/Hans-Adolf Jacobsen (Hsg.): Deutschland 1933-1945. Neue Studien zur nationalsozialistischen Herrschaft. Düsseldorf 1992.

Bracher, Ulrich: Gustav Adolf von Schweden. Eine historische Biographie. Stuttgart 1971.

Brühl, Reinhard: Militärgeschichte und Kriegspolitik. Zur Militärgeschichtsschreibung des preußisch-deutschen Generalstabes 1816-1945. Berlin-Ost 1973.

Buchbender, Ortwin/Reinhold Sterz (Hsg.): Das andere Gesicht des Krieges. Deutsche Feldpostbriefe 1939-1945. München 1982.

Buchholz, Friedrich: Gemählde des gesellschaftlichen Zustandes im Königreiche Preußen bis zum 14ten Oktober des Jahres 1806. Tl. 1 und 2. Berlin/Leipzig 1808.

Büsch, Otto: Militärsystem und Sozialleben im alten Preußen 1713-1807. Die Anfänge der sozialen Militarisierung der preußisch-deutschen Gesellschaft. Berlin 1963.

Clausewitz, Carl von: Historische Briefe über die großen Kriegsereignisse im Oktober 1806. Berlin 1807. Neudruck (Hsg. Joachim Niemeyer) Bonn 1977.

Clausewitz, Carl von: Nachrichten über Preußen in seiner großen Katastrophe. Hsg. Großer Generalstab, Kriegsgeschichtliche Abteilung II. Berlin 1888. 2. Aufl. 1908.

Cnotka, Hans-Günter (Hsg.): Reiseführer Stettin. Leer 1991.

Daniel, Wolfram/Christoph von der Ropp: Pommerland ist abgebrannt. Ein aktueller Bericht über Stettin und das Land östlich der Oder unter polnischer Verwaltung. Hamburg 1956.

Delbrück, Hans: Das Leben des Feldmarschalls Grafen Neidhardt von Gneisenau. Bd. 1 u. 2. 3. Aufl. Berlin 1908.

Delbrück, Hans: Geschichte der Kriegskunst im Rahmen der politischen Geschichte. Teil IV: Neuzeit. Berlin 1920.

Delbrück, Hans: Weltgeschichte. Teil IV: Neuzeit. Die Revolutionsperiode von 1789 bis 1852. Berlin 1927.

Dralle, Lothar: Die Deutschen in Ostmittel- und Osteuropa. Ein Jahrtausend europäischer Geschichte. Darmstadt 1991.

Eitner, Hans-Jürgen: Hitlers Deutsche. Das Ende eines Tabus. Gernsbach 1990.

Falter, Jürgen/Thomas Lindenberger/Siegfried Schumann: Wahlen und Abstimmungen in der Weimarer Republik. Materialien zum Wahlverhalten 1919-1933. München 1986.

Fellgiebel, Walther-Peer: Die Träger des Ritterkreuzes des Eisernen Kreuzes 1939-1945. Die Inhaber der höchsten Auszeichnung des Zweiten Weltkrieges aller Wehrmachtteile. Friedberg 1986. Ergänzungsband 1988.

Fiedler, Siegfried: Grundriß der Militär- und Kriegsgeschichte. Bd. 1: Die stehenden Heere im Zeitalter des Absolutismus 1640-1789. München 1972. 2. Aufl. 1980. Bd. 2: Das Zeitalter der Französischen Revolution und Napoleons. München 1976. Bd. 3: Napoleon gegen Preußen. München 1978.

Fraschka, Günter: Das letzte Aufgebot. Vom Sterben der deutschen Jugend. Rastatt 1960.

Fredmann, Ernst: Sie kamen übers Meer. Die größte Rettungsaktion der Geschichte. Düsseldorf 1971.

Freytag, Gustav: Bilder aus der deutschen Vergangenheit. Leipzig 1859-1867. Bd. 3: Aus dem Jahrhundert des großen Krieges (1600-1700). Bd. 4: Aus neuer Zeit (1700-1848). 27. Aufl. Leipzig 1908.

Friedrich der Große: Geschichte des Siebenjährigen Krieges. Tl. 1 und 2. Berlin 1913.

Gehrmann, Karlheinz (Hsg.): Wir Pommern. Einleitung Herbert von Bismarck. Salzburg 1951/Frankfurt a. M. 1981.

Georgi, Tina: Mein Leben im Wechsel der Zeit. Ein Mädchen aus Kolberg erzählt seine Geschichte. Leichlingen o. J. (1977).

Giese, Ernst: Ostdeutschland – unvergessenes Land. Pommern-Schlesien-Ostpreußen. 2. Aufl. Frankfurt a. M. 1957.

Görlitz, Walter: Der Zweite Weltkrieg. Bd. I-II. Stuttgart 1951-1952.

Goltz, Colmar Frh. v. d.: Von Roßbach bis Jena und Auerstedt. Ein Beitrag zur Geschichte des preußischen Heeres. Berlin 1906.

Goltz, Colmar Frh. v. d.: Kriegsgeschichte Deutschlands im neunzehnten Jahrhundert. Tl. I: Im Zeitalter Napoleons. Berlin 1910.

Granzow, Klaus: Pommern. Ein Bildband der Heimat mit 159 Fotografien. 2. Aufl. Frankfurt a. M. 1978.

Granzow, Klaus (Hsg.): Letzte Tage in Pommern. Tagebücher, Erinnerungen und Dokumente der Vertreibung. 2. Aufl. München 1985.

Granzow, Klaus: Tagebuch eines Hitlerjungen. München 1986.

Grieben-Reiseführer Nr. 55: Ostseebäder und wichtige Küstenstädte. 22. Aufl. Berlin 1931.

Grieben-Reiseführer Nr. 65: Rügen mit Hiddensee, Stralsund, Greifswald und Stettin. 31. Aufl. Berlin 1938.

Großer Generalstab, Kriegsgeschichtliche Abteilung II (Hsg.): 1806. Das Preußische Offizierkorps und die Untersuchung der Kriegsereignisse. Berlin 1906.

Großer Generalstab, Kriegsgeschichtliche Abteilung II (Hsg.): Urkundliche Beiträge und Forschungen zur Geschichte des Preußischen Heeres. Bd. 4. Kolberg 1806/07. Berlin 1912.

Haffner, Sebastian: Preußen ohne Legende. 2. Aufl., Hamburg 1979.

Harlan, Veit: Im Schatten meiner Filme. Gütersloh 1966.

Hegemann, Werner: Entlarvte Geschichte. Prag 1934/Hildesheim 1979.

Heimpel, Hermann: Kapitulation vor der Geschichte? Gedanken zur Zeit. Göttingen 1956.

Henning, Eleonore: Aus Deutschlands dunklen Tagen. Erlebnisse in Pommern am Ende des zweiten Weltkriegs. Bad Liebenzell 1982.

Hillgruber, Andreas: Der Zusammenbruch im Osten 1944/45 als Problem der deutschen Nationalgeschichte und der europäischen Geschichte. Opladen 1985.

Hillgruber, Andreas: Zweierlei Untergang. Die Zerschlagung des Deutschen Reiches und das Ende des europäischen Judentums. Berlin 1986.

Historischer Arbeitskreis Kolberg (Hsg.): Beiträge. Bd. 2. Günter Bartelt: Verzeichnis der Kolberg-Literatur und der Literatur des Kreises Kolberg- Körlin. Hamburg 1987.

Höffkes, Karl: Hitlers politische Generale. Die Gauleiter des Dritten Reiches. Ein biographisches Nachschlagewerk. Tübingen 1986.

Höpfner, Eduard von: Der Krieg von 1806 und 1807. Ein Beitrag zur Geschichte der Preußischen Armee nach den Quellen des Kriegs-Archivs bearbeitet. Tl. 1, Bd. 1-2. Tl. 2, Bd. 3-4. Berlin 1850.

Hoffmann, Egbert Alfred: Pommern heute. Ein Reisebericht. München 1968.

Holborn, Hajo: Deutsche Geschichte in der Neuzeit. Bd. 1 und 2. München 1970.

Holmsten, Georg: Der Brückenkopf. Bericht vom Zusammenbruch einer Armee. Berlin 1948.

Horsetzky, Adolf von: Kriegsgeschichtliche Übersicht der wichtigsten Feldzüge seit 1792. 7. Aufl. Wien 1914.

Jany, Curt: Geschichte der Königlich Preußischen Armee bis zum Jahre 1807. Bd. 2. Berlin 1928. Bd. 3. Berlin 1929. Bd. 4. Berlin 1933.

Kershaw, Ian: Der Hitler-Mythos. Volksmeinung und Propaganda im Dritten Reich. Einführung Martin Broszat. Stuttgart 1980.

Kershaw, Ian: Hitlers Macht. Das Profil der NS-Herrschaft. München 1992.

Klaje, Hermann: Waldenfels und seine Grenadiere. Ein Beitrag zur Geschichte der Belagerung Kolbergs im Jahre 1807. Kolberg 1907.

Klaje, Hermann: Die Russen vor Kolberg. Zur Erinnerung an die Belagerung der Stadt vor hundertfünfzig Jahren (1760). Kolberg 1911.

Klaje, Hermann: Joachim Nettelbeck. Kolberg 1927.

Klaje, Hermann: Die dritte Belagerung Kolbergs durch die Russen. Ein Vortrag. Kolberg 1930.

Kleßmann, Christoph (Hsg.): Nicht nur Hitlers Krieg. Der Zweite Weltkrieg und die Deutschen. Düsseldorf 1989.

Krätschmer, Ernst-Günther: Die Ritterkreuzträger der Waffen-SS. 3. Aufl. Preußisch Oldendorf 1982.

Krockow, Christian Graf von: Warnung vor Preußen. Berlin 1981/1993.

Küpper, Heinz: Am A... der Welt. Landserdeutsch 1939-1945. Düsseldorf 1970.

Lange, Erna: Unvergeßliches Kolberg. Eine Erinnerung an unsere verlorene Heimat. Leichlingen 1953.

Laregh, Peter: Heinrich George. Komödiant seiner Zeit. München 1992.

Le Tissier, Tony: Der Kampf um Berlin 1945. Von den Seelower Höhen zur Reichskanzlei. Berlin 1991.

Lettow-Vorbeck, Oskar von: Der Krieg von 1806 und 1807. Bd. 1-4. Berlin 1891-1896.

Lindenblatt, Helmut: Pommern 1945. Eines der letzten Kapitel in der Geschichte vom Untergang des Dritten Reiches. Leer 1984.

Mann, Thomas: Friedrich und die große Koalition. Berlin 1916.

Maser, Werner: Heinrich George. Mensch aus Erde gemacht. Die politische Biographie. Berlin 1998

Mehner, Kurt (Hsg.): Die geheimen Tagesberichte der Deutschen Wehrmachtführung im Zweiten Weltkrieg 1939-1945. Bd. 12: 1. Januar 1945 - 9. Mai 1945. Osnabrück 1984.

Mommsen, Hans/Susanne Wellems (Hsg.): Herrschaftsalltag im Dritten Reich. Düsseldorf 1988.

Münkler, Herfried: Gewalt und Ordnung. Das Bild des Krieges im politischen Denken. Frankfurt a. M. 1992.

Murawski, Erich: Der deutsche Wehrmachtbericht 1939-1945. Ein Beitrag zur Untersuchung der geistigen Kriegführung. Mit einer Dokumentation der Wehrmachtberichte vom 1. 7. 1944 bis zum 9. 5. 1945. Boppard 1962.

Murawski, Erich: Die Eroberung Pommerns durch die Rote Armee. Boppard 1969.

Nawratil, Heinz: Die deutschen Nachkriegsverluste unter Vertriebenen, Gefangenen und Verschleppten. Mit einer Übersicht über die europäischen Nachkriegsverluste. München 1988.

Noack, Ulrich: Geist und Raum in der Geschichte. Einordnung der deutschen Geschichte in den Aufbau der Weltgeschichte. Göttingen 1961.

Normann, Käthe von: Ein Tagebuch aus Pommern. 4. Aufl. München 1980.

Pagel, Karl-Heinz: Stolp in Pommern. Ein Buch über unsere pommersche Heimat. Lübeck 1977.

Pick, Albert (Hsg.): Aus der Zeit der Noth 1806 bis 1815. Schilderungen zur Preußischen Geschichte aus dem brieflichen Nachlaß des Feldmarschalls Neidhardt von Gneisenau. Berlin 1900.

Rathkolb, Oliver: Führertreu und gottbegnadet. Künstlereliten im Dritten Reich. Wien 1991.

Reepel, Martin: Pommern. Reiseführer 1932. Nachdruck Leer 1988.

Reepel, Martin: Ostpommern, Land und Mensch. Stettin 1938.

Reuth, Ralf Georg: Goebbels. München 1990.

Richter, Hans Werner: Deutschland deine Pommern. Wahrheiten, Lügen und schlitzohriges Gerede. Hamburg 1970.

Riemann, Hermann: Geschichte der Stadt Kolberg. Kolberg 1873/1924.

Schäfer, Hans Dieter: Das gespaltene Bewußtsein. Über deutsche Kultur und Lebenswirklichkeit 1933-1945. Berlin 1984.

Scheurig, Bodo: Spiegelbilder der Zeitgeschichte. Oldenburg 1978. Neuausgabe: Verdrängte Wahrheiten. Zeitgeschichtliche Bilder. Berlin 1988.

Scheurig, Bodo: Verräter oder Patrioten. Das Nationalkomitee „Freies Deutschland" und der Bund Deutscher Offiziere in der Sowjetunion 1943-1945. München 1960/Berlin 1993.

Schlieffen, Graf Alfred von: Gesammelte Schriften. Bd. 1-2. Berlin 1913.

Schmidt-Scheeder, Georg: Reporter der Hölle. Stuttgart 1977.

Schoeps, Hans-Joachim: Preußen und Deutschland. Wandlungen seit 1763. 2. Aufl. Berlin 1969.

Schreckenbach, Paul: Der Zusammenbruch Preußens im Jahre 1806. Eine Erinnerungsgabe für das deutsche Volk. Jena 1906.

Schulz, Maximilian Maria: Abendland und Ostdeutschland. Recklinghausen 1948.

Seeber, Gustav/Karl-Heinz Noack (Hsg.): Preußen in der deutschen Geschichte nach 1789. Berlin-Ost 1983.

Seidler, Franz W.: „Deutscher Volkssturm". Das letzte Aufgebot 1944/45. München 1989.

Semmler, Rudolf: Goebbels, the man next to Hitler. London 1947.

Siedler, Wolf Jobst: Weder Maas noch Memel. Ansichten vom beschädigten Deutschland. Stuttgart 1982.

Siedler, Wolf Jobst: Abschied von Preußen. Berlin 1991.

Söderbaum, Kristina: Nichts bleibt immer so. Rückblende auf ein Leben vor und hinter der Kamera. 3. Aufl. Bayreuth 1984.

Sponholz, Hans/Hildegard Behr: Das war unser Kolberg. Ein Heimatbuch. Würzburg 1974.

Steinert, Marlis G.: Hitlers Krieg und die Deutschen. Stimmung und Haltung der deutschen Bevölkerung im Zweiten Weltkrieg. Düsseldorf 1970.

Stern, Selma: Karl Wilhelm Ferdinand Herzog zu Braunschweig und Lüneburg. Hildesheim/Leipzig 1921.

Stoewer, Rudolf: Geschichte der Stadt Kolberg. 2. Aufl. Kolberg 1927.

Surdykowski, Jerzy: Entlang der polnischen Ostseeküste. Warszawa 1975.

Thorwald, Jürgen (d. i. Heinz Bongartz): Die große Flucht. Es begann an der Weichsel. Das Ende an der Elbe. Stuttgart 1949/1965.

Thorwald, Jürgen (d. i. Heinz Bongartz): Die ungeklärten Fälle. 2. Aufl. Stuttgart 1952.

Tieke, Wilhelm: Das Ende zwischen Oder und Elbe. Stuttgart 1971.

Venohr, Wolfgang: Fridericus Rex. Friedrich der Große. Porträt einer Doppelnatur. Bergisch Gladbach 1985.

Völker, Ernst (Hsg.): Stettin. Daten und Bilder zur Stadtgeschichte. Leer 1986.

Voelker, Johannes: Die letzten Tage von Kolberg (4.-18. 3. 1945). Würzburg 1959/Hamburg 1993.

Voelker, Johannes: Geschichte der Stadt Kolberg. Leichlingen 1964/Hamburg 1984.

Wehrmann, Martin: Geschichte der Stadt Stettin. Stettin 1911. Nachdruck Frankfurt a. M. 1979.

Wehrmann, Martin: Pommern. Ein Gang durch seine Geschichte. Arolsen 1949.

Zayas, Alfred Maurice de: Die Wehrmacht-Untersuchungsstelle. Deutsche Ermittlungen über alliierte Völkerrechtsverletzungen im Zweiten Weltkrieg. Unter Mitarbeit von Walter Rabus. 3. Aufl. München 1980.

Zayas, Alfred Maurice de: Die Anglo-Amerikaner und die Vertreibung der Deutschen. Vorgeschichte, Verlauf und Folgen. Vorwort Robert Murphy. 6. Aufl. München 1981.

Zilm, Franz Rudolf: Geschichte der Festung und Garnison Stettin. Osnabrück 1988.